대한제국
망국사

대한제국 망국사

초판인쇄 | 2023년 4월 19일
초판발행 | 2023년 4월 27일

지 은 이 | 김 세 곤
펴 낸 이 | 김 남 진
펴 낸 곳 | 온새미로
주 소 | 서울시 중구 다산로 11길 19(신당2동 355-8) 백석빌딩 신관 3층
출판신고 | 제301-2009-241호
편집·디자인 | 최 가 영

판매대행 | (주)중앙경제
주 소 | 서울시 중구 다산로 11길 19(신당2동 355-8) 백석빌딩 신관 4층
홈페이지 | www.elabor.co.kr
전 화 | 02-2231-7293
팩 스 | 02-2235-5344

정 가 | 23,000원
I S B N | 978-89-7017-519-5 (03040)

대한제국 망국사

김세곤

도서출판 온새미로

시작하면서

"모든 역사는 현대사다."
이탈리아 역사철학자 크로체(1866~1952)

 # 1

1800년 6월에 개혁군주 정조가 갑자기 승하했다. 다산 정약용(1762~1836)은 1801년부터 18년간 전라도 강진에서 유배살이 하였다. 1817년에 다산은『경세유표(經世遺表)』서문에서 이렇게 적었다.

"그윽이 생각건대 대개 터럭 하나만큼이라도 병통 아닌 것이 없는바, 지금이라도 고치지 않으면 반드시 나라가 망한 다음이라야 그칠 것이다."

1910년에 조선이 망했다. 그러면 망국의 역사 110년을 간략히 살펴보자. 순조 4년(1805)부터 헌종, 철종까지 안동김씨, 풍양조씨의 60년 세도정치가 이어졌다. 외척들은 권력을 독점했고 절대 부패했다. 매관매직은 풍습이 되었고, 수령과 아전의 수탈은 일상이었으며, 삼정(三政 전정 · 군정 · 환곡)의 문란(紊亂)이 극에 달했다.『매천야록』을 쓴 황현(1855~1910)은 '수령과 아전은 강도와 다름없었다.'고 개탄했다.

1862년에 임술농민항쟁이 일어났다. 3개월 사이에 70여 개 경상 · 전라 · 충청 삼남지역에 퍼졌다. 당황한 안동김씨 정권은 삼정이정청을 설치하고 개혁안을 공포했다. 하지만 농민항쟁이 수그러들자 개혁안을 폐지했다. 눈 가리고 아웅이었다.

당시의 국제관계를 살펴보자. 1840년에 영국은 아편전쟁을 일으켜 청나라를 무너뜨렸다. 1842년에 난징조약을 체결한 영국은 홍콩을 넘겨받았다. 1844년에 청나라는 미국, 프랑스와도 조약을 맺었고 광동, 상하이 등 5개 항구를 개방했다.

1856년에 제2차 아편전쟁이 일어났다. 영국과 프랑스 연합군은 북경을 점령했고, 1860년에 북경조약을 체결하여 개항장을 추가하고, 영국은 구룡반도를 차지하였다.

한편 러시아는 1858년에 중국과 아이훈조약을 체결하여 흑룡강 이북 지역을 점령했다. 1860년에는 연해주를 러시아령으로 편입하였다. 이러자 조선은 두만강을 사이에 두고 러시아와 국경을 마주하게 되었다.

일본은 어떤가? 1853년 6월에 미국 페리 제독이 4척의 흑선(검은 군함)을 앞세우고 에도 막부에게 개항을 요구했다. 1854년 1월에 함대 8척을 이끌고 에도만에 닻을 내린 페리 제독은 개항을 강력 요구했다. 별수 없이 일본은 3월 31일에 '미일화친조약(가나가와 조약)'에 조인했다.

1858년 6월에 일본은 미국과 '미일수호통상조약'을 체결했다. 8월에는 네델란드 · 영국 · 러시아와 10월에는 프랑스와 통상조약을 체결했다. 이로써 1639년 이래 220년간 유지해온 쇄국 체제는 무너졌다.

1867년에 에도 막부는 통치권을 천황에게 물려주는 대정봉환을 하였다. 1868년에 일본은 메이지 유신을 일으켜 근대화에 박차를 가했다.

한편 조선은 1860년에 북경이 함락되었다는 소식에 커다란 충격을 받고 대책 마련에 부심하였는데, 열강들도 조선에 관심을 보이기 시작했다.

1863년 12월, 고종(1852~1919, 재위 1863-1907)이 12세에 왕위에 오르자 부친인 흥선대원군이 섭정하였다. 대원군은 안동김씨를 축출하고 양반에게도 군포 징수, 사창제 실시, 서원의 철폐 등 일련의 개혁을 단행했다. 그러나 경복궁 중건과 병인박해는 악수였다. 그나마 1866년 프랑스와의 병인양요와 1871년 미국과의 신미양요를 잘 견디었고 척화를 강화했다.

1873년 11월에 10년간의 대원군 섭정이 끝나고 고종이 친정하자 이번에는 민왕후의 척족들이 판을 쳤다. 다시 외척 정치였다. 황현은 『매천야록』에서 "민씨들이 정권을 잡자 백성들이 그 착취를 견디지 못해 자주 탄식하며 도리어 대원군 시절을 그리워했다."고 적었다.

고종과 민왕후는 돈을 물 쓰듯 썼다. 대원군이 십 년간 모은 국고를 일 년 만에 탕진했다. 이때부터 벼슬을 팔고 과거를 파는 나쁜 정치가 잇달아 생겨났다.

1876년에 일본과 강화도 조약이 체결되었다. 1875년에 운양호 사건을 일으킨 일본의 포함(砲艦)외교에 굴복한 것이다. 고종이 친위대만 강화하고 강화도 방어는 뒷전인 탓이었다.

1882년에 임오군란이 일어났다. 민씨 척족의 부패 때문이었다. 구사일생으로 피신한 민왕후는 청나라에 원병을 요청했다. 청나라 군대가 들어오자 대원군은 청나라로 끌려갔고 민왕후는 화려하게 환궁했다. 이후 청나라의 간섭이 더욱 거셌다.

1884년에 갑신정변이 일어났지만 '3일 천하'로 끝났다. 일본군이 청나라 군대에 패한 것이다. 다시 민씨들이 정권이 잡았고, 원세개는 식민지 총독처럼 국정을 좌지우지했다.

1894년 1월 10일 밤에 전봉준은 조병갑의 수탈에 분노하여 고부 농민 봉기를 일으켰다. 4월 27일에 동학농민군은 전주성에 입성했다. 이에 놀란 고종과 민왕후는 청나라에 파병을 요청했다. 특히 민왕후는 대원군이 동학농민을 배후조종하고 있다는 소문에 신경질이었다.

독립운동가 박은식은 『한국통사(韓國痛史)』에서 이렇게 적었다. "임금과 왕비가 청나라 군대를 불러서 자기 백성을 진압하려 했으니 이게 제정신인가?"

이윽고 청일전쟁이 일어났다. 그런데 청나라는 종이호랑이였다. 1895년 2월에 북양함대는 일본해군에게 궤멸당했다. 부패 때문이었다. 여제(女帝) 서태후가 60세 회갑을 맞아 북경 이화원을 중수하느라 해군예산을 몽땅 쓴 것이다. 북양함대에는 함선당 포탄이 단 세 발밖에 없었다 한다.

4월에 시모노세키 조약이 체결되었다. 하지만 러시아 · 독일 · 프랑스의 삼국간섭으로 일본은 요동반도를 반환했다. 이러자 고종과 민왕후는 인아거일(引俄拒日)로 돌아섰다. 1895년 8월에 일본은 을미사변을 일으켜 민왕후를 시해했다. 연금 상태였던 고종은 1896년 2월에 러시아 공사관으로 피신했다. 일본은 '닭 쫓던 개'였다. 고종이 러시아 공사관에서 375일 피신하는 동안 열강들은 이권 챙기기에 바빴다. 1897년 2월 20일 고종이 외국 공관 근처의 경운궁으로 환궁했다.

10월 12일에 대한제국이 탄생했다. 그런데 고종 황제는 1898년 12월 25일에 독립협회를 강제 해산하고 1899년 8월에 「대한국 국제(大韓國國制)」를 제정하여 전제군주제를 확립했다. 고종은 재정권 · 군권 · 인사권을 무소불위로 휘둘렀다. 정권은 여전히 부패했고 민생은 도탄에 빠졌다. 황실은 비대해졌고, 부국강병은 공허했다. 광무개혁은 근대적 국민국가로 가는 개혁이 아니라 황제의 권위를 세우는 것에 급급했다. 1902년부터 평양에 행궁을 짓고, 1903년에 고종 즉위 40주년 행사를 성대하게 치르려 한 것도 오로지 황제를 위한 일이었다.

한편 1900년 의화단 사건 이후 러시아는 만주 일대에 군사를 체류시킨 채, 철수 기한이 되도록 철수하지 않았다. 1902년 1월 30일 영국과 일본이 1차 영일동맹을 맺어 대응하고 미국도 항의하였으나 러시아는 응하지 않았다. 1903년 4월에 러시아는 군사를 출동시켜 멋대로 용암포를 점령했다. 전운이 감돌자 1904년 1월 21일에 고종은 중립화 선언했다. 하지만 공허하였다.

2월 6일에 일본 연합함대는 진해만을 점령했다. 이어서 육전대가 상륙하여 마산의 전신국을 점령했다. 일본의 대한제국 첫 침략이었다. 2월 8일에 러일전쟁이 일어났다. 러일전쟁(1904.2-1905.9)은 해양 세력과 대륙 세력의 싸움인 '0차 세계대전'이었다. 영국을 대리하여 일본이 러시아와 벌인 그레이트 게임이었다.

2월 23일에 일본은 한일의정서를 체결하여 한반도를 병참기지화하였고, 8월 22일에는 고문정치를 통해 내정간섭을 하였다.

5월 21일에 고종은 염근공신(청렴 · 근면 · 공정 · 신뢰)을 칙유하였다. 이러자 7월 15일에 중추원 의관 안종덕은 고종부터 염근공신하라고 상소하였다. 9월 2일에 의정부 참정(총리)로 임명된 신기선도 사직상소를 올려 부패척결이 급선무라고 아뢰었다. 하지만 고종은 여전히 부패했고 미신에 빠졌다.

한편 일본은 요양, 뤼순, 봉천 전투에서 승리했고, 1905년 5월 27일에 쓰시마 해전에서 러시아 발트함대를 궤멸시켰다. 하지만 전쟁을 계속하기 힘든 일본은 루스벨트 미국 대통령에게 강화를 요청했다. 일본은 회담에 앞서서 미국과 가쓰라-태프트 밀약을, 영국과 제2차 영일동맹을 맺어 한반도의 지배권을 미리 보장받았다. 9월 5일에 포츠머스 조약이 체결되었다.

11월 17일에 일본은 대한제국과 을사늑약을 체결하여 외교권을 강탈했다. 놀랍게도 황실은 일본으로부터 금 2만 원(환산하면 25억 원)을, 이완용은 1만원, 기타 대신들에게 3-5천 원을 뇌물로 받았다.(1905년 12월 11일의 일본 내부 기밀문서)

1907년에 고종은 이상설 · 이준 · 이위종 세 특사를 네델란드 헤이그 만국 평화회의에 파견하여 을사늑약의 무효를 만방에 알리려 했으나 러시아의 배신과 일본의 반대로 무산되고 말았다. 7월 8일 밤에 이위종은 언론인 클럽 '국제협회'에서 각국의 기자들 200명에게 '대한제국을 위한 호소(A Plea for Korea)'란 제목으로 연설하였다. 이위종은 일본이 "러일 전쟁 초기에 우리나라의 독립과 영토의 주권을 보장하겠다는 일본의 진지한 약속을 확실히 믿고 일본과 동맹을 맺었지만 그 약속을 저버렸다면서 이는 고종 정권의 부패, 수탈과 학정보다 더 하다"고 외쳤다.

1909년 10월 26일 하얼빈에서 안중근 의사가 이토 히로부미를 처단했다. 이러자 송병준이 이끄는 일진회는 12월 4일에 한일합방 청원서를 내각에 제출했다. 이완용은 12월 7일에 대신 회의를 열어 청원을 각하했다.

1910년 8월 29일에 나라가 망했다. 하지만 '이왕가'로 격하된 황실과 이완용, 민영휘 등 매국 친일파 70여 명은 호사를 누렸다. 1919년에 고종이 승하하고 3.1운동이 일어났다. 상해 임시정부는 '민주공화제 대한민국'을 선포했다. 대한제국은 역사에서 영원히 사라졌다.

2

대한제국이 왜 망했나? 결과만 중시하면 대한제국이 망한 것은 일본의 침략 때문이다. 그런데 이재명 더불어민주당 대표는 2021년 11월 12일 여의도 민주당사를 찾은 존 오소프 미 상원의원을 만난 자리에서 "한국이 일본에 합병된 이유는 미국이 가쓰라-태프트 밀약을 통해 승인했기 때문"이라고 말했다. 미국 책임론을 거론한 것이다.

하지만 대한제국이 부국강병(富國强兵)하였다면 그리 쉽게 망했을까? 청나라 계몽주의자 양계초는 '조선을 망하게 한 것은 조선 자신'이라고 말했다.

그런데 망국(亡國)의 원인보다 더 중요한 일은 망국의 과정을 제대로 살펴보는 일이다. '역사적 사실'에 충실한 망국의 과정을 알다 보면 망국의 원인은 저절로 규명될 수 있다.

이 책은 대한제국의 탄생 전야와 탄생 그리고 망국까지의 과정을 살펴보는 『대한제국 망국사』이다. 그 과정은 국내 문제와 국제문제를 망라한다. 이 책은 6장으로 되어있다. 제1장 대한제국 탄생 전야, 제2장 대한제국 탄생과 독립협회 활동, 제3장 대한제국, 황제 1인의 나라, 제4장 러일전쟁 발발과 역술 · 미신에 빠진 고종, 제5장 포츠머스 조약과 을사늑약, 제6장 헤이그 특사와 망국이다.

이 책을 쓰기 위해 『조선왕조실록』과 국사편찬위원회의 각종 사료(특히 외국 공사관 기록), 황현의 『매천야록』, 박은식의 『한국통사(韓國痛史)』 등과 비숍 · 알렌 · 매켄지 · 샌즈 · 헐버트 · 게일 · 세로체프스키 · 양계초 등 외국인이 쓴 저서, 그리고 한국 근대사와 일본사 · 중국사 · 러시아사 등을 참고하였다.

임진왜란 7년 전쟁을 겪은 류성룡은 '잘못을 뉘우치려 경계하여 나무라고 훗날의 환난이 없도록 삼가고 조심한다.'는 의미로 『징비록』을 지었다. 『대한제국 망국사』도 '다시는 이런 일이 일어나서는 안 된다.'는 성찰에서 쓴 것이다. 치욕의 역사가 다시 반복되어서는 안 된다.

2023년 4월

경기도 수원에서

김세곤

차 례

제3장 대한제국 – 황제 1인의 나라

제4장 러일전쟁 발발과 역술·미신에 빠진 고종

제5장 포츠머스 조약과 을사늑약

제6장 헤이그 특사와 망국

부록

제 1 장

대한제국 탄생 전야

동학농민전쟁과 청일전쟁

1894년에 두 가지 큰 사건이 있었다. 동학농민전쟁과 청일전쟁이다. 1864년에 동학교주 최제우가 처형된 이후, 2대 교주 최시형의 노력으로 삼남 · 경기지방에서 동학 교세가 확장되었다. 1893년 음력 3월에 동학교도 2만 7천 명은 보은에서 모여 교조 신원 운동을 벌였다. 당황한 조정은 3월 25일에 어윤중을 양호 선무사로 삼아 내려보냈다. 이날 고종은 어전회의를 열어 청나라 군대 파병을 거론하였으나 대신들은 반대했다.

그런데 어윤중이 동학교도들을 설득하자 뜻밖에도 동학교도들은 4월 3일에 자진 해산했다. 하지만 강경파들은 전라도 금구에서 반봉건 · 반외세 집회를 별도로 열었다.

1894년 음력 1월 10일 밤에 고부군수 조병갑의 탐학에 분노하여 전봉준이 주도한 농민들이 봉기했다. 11일 새벽에 고부 관아를 점령했는데 조병갑은 도망하고 없었다. 그런데 안핵사 이용태는 사태수습은커녕 주모자들을 가혹하게 탄압했다.

잠시 피신한 전봉준은 3월 20일에 무장에서 봉기하여 고부 관아를 다시 점령하고 3월 25일에 백산에서 8천 명이 모여 '보국안민'을 기치(旗幟)로 '호남창의대장소(湖南倡義大將所)'를 창설한 후에 황토현 전투와 장성 황룡천 전투에서 승리하였다. 여세를 몰아 4월 27일에는 전주성을 점령하였다.

이러자 고종은 동비(東匪)를 빨리 토벌하지 못하면 무슨 일이 생길지도 모른다는 생각에 극도로 불안했다. 더구나 민왕후는 초토사 홍계훈이 급히 보낸 동학군의 편지를 보고 대원군이 동학군을 배후조종하고 있다고 생각했다. 동학군의 편지엔 "국태공(대원군)에게 올립니다."라는 구절이 있었다.

이윽고 민왕후가 병조판서 민영준을 불러 청나라에 원병을 청하라고 하였다. 민영준은 난색을 표했다. 당시 조정은 동학농민군의 개혁안을 적극 검토하자는 의견이 대세였다.

이러자 민왕후는 홍계훈이 보낸 동학군의 편지를 내보이면서 크게 꾸짖었다.

"못난 놈! 내 차라리 왜놈의 포로가 될지언정 다시는 임오년의 일은 당하지 않겠다. 여러 말 하지 말라!"

민왕후에게 혼줄이 난 민영준은 4월 29일에 원세개를 만나 파병을 요청했다. 그러면 원세개에게 청군 파병을 요청한 글을 읽어보자.

"본국 전라도 관할 태인, 고부 등은 백성이 흉하고 사나워 본래부터 다스리기 어려웠습니다. 요즘 동학에 붙은 동비(東匪) 1만여 명이 무리지어 공격하여 10여 군데 고을을 빼앗고 전주성을 함락했습니다.

조정은 군대를 보내 진정시키려 했지만 동비들은 죽음을 무릅쓰고 항전하여 우리 군대를 격파시켰습니다. 이처럼 흉측한 자들이 오랫동안 소란을 피우는 것은 매우 우려되는 일입니다. 더구나 그들이 다시 서울로 북상하도록 놓아둔다면 그 피해가 적지 않을 것입니다.

지금 우리 군대는 신생 조직이고 숫자도 적고 전투를 안 해본 군인이어서 그들을 섬멸하기 어려운 실정입니다. 흉악한 무리들을 오랫동안 놓아둔다면 중국에까지 우려를 끼치는 바가 많아질 것입니다.

지난 임오년(1882년)과 갑신년(1884년) 두 차례의 내란 때도 모두 청군에 의지해서 진정시킬 수 있었듯이, 이번에도 귀 총리(원세개)에게 원군을 간청하오니 속히 북양대신에게 전보를 쳐서 군대를 보내 주시기 바랍니다. 속히 와서 우리 군대 대신 소탕해 주셨으면 합니다."(황현 지음 · 임형택 외 옮김, 역주 매천야록 (상), pp.340~342)

아니, 이럴 수가? 박은식은 『한국통사』 '제2편 27장 청군을 요청한 전말'에서 이렇게 적었다.

"임금과 왕비가 스스로 해결하지 못하고 청나라 군대를 불러서 자기 백성을 진압하려 했으니 이게 제정신인가?"

이러자 원세개는 이홍장에게 급히 전보를 띄워 알렸고, 이홍장은 청군 파병을 허락했다. 6월 8일(음력 5월 5일)에 청군 3천 명이 아산에 도착했다. 일본군 8천 명도 6월 9일에 1885년에 청 · 일간에 맺은 천진조약에 따라 인천에 들어왔다.

6월 11일(음력 5월 8일)에 외세 개입을 우려한 전봉준은 전주성에서 전라감사 김학진과 화약(和約)후 자진 해산했다. 사태가 진정되자 고종은 청 · 일 양군의 동시 철병을 요구했다. 하지만 일본군은 물러나지 않고 7월 23일(음력 6월 21일)에 경복궁을 점령했다.

7월 25일에 일본 해군은 선전포고도 없이 아산만 앞바다 풍도에서 청나라의 함정을 기습 공격하여 청군 1,100여명을 익사시켰다.

일본군은 7월 30일에 아산 · 공주 · 성환 등지에 포진하고 있던 청군을 공격하여 승리하였다.

8월 1일에 메이지 천황은 청나라에 정식으로 선전포고하였다. 전쟁의 명분은 조선을 속국으로 여기며 내정에 간섭하고 있는 청과 싸워 조선의 독립을 보장한다는 것이었다. 그러나 저의(底意)는 청나라를 몰아내고 조선을 식민지로 만들고자 함이었다.

한편 후쿠자와 유키치는 "일본과 청의 전쟁은 문명과 야만의 싸움"이라고 주장했다.

당시 「뉴욕 타임즈」의 청일전쟁 기사이다.

"이 전쟁은 흔히 동양과 서양 문명 사이의 충돌이라고 불리지만, 문명과 야만 사이의 싸움이라고 보는 것이 훨씬 더 정확할 것 같다."

「뉴욕 트리뷴」도 이렇게 썼다.

"지금의 전쟁은 한국이 앞으로 독립국으로 존재할지 아닐지를 포함해 많은 것을 결정하게 될 것이다. 그러나 그 가운데 가장 중요한 결과는 한국이 일본과 함께 문명으로 가는 큰길로 행진해 나아갈 것인지, 아니면 중국과 함께 반(半)미개의 구렁텅이에 빠져 있든가 둘 중 하나를 결정하게 되는 것이다."(제임스 블래들리 지음 · 송정애 옮김, 임페리얼 크루즈, 2010, pp.206~207)

평양전투와 제2차 동학농민 전쟁

평양 전투

7월 말에 경기도 성환에서 승리한 일본 육군은 북상하여 평양으로 향했다. 평양에서의 전투는 9월 5일부터 9월16일까지 벌어졌다. 청군은 1만 2천명, 일본군은 1만 7천 명이었다.

황현은『매천야록』에서 평양전투를 이렇게 기록했다.

> **"청군은 통솔하는 원수가 없고 장수들의 직위가 서로 같아 호령도 한결같지 않았고, 군대는 기강이 문란했다. 청군은 간음과 약탈을 자행하여 평안도 민들의 원망이 컸다. 반면에 일본군들의 명령은 매우 엄하였다. 사람을 살해하거나 촌락을 약탈하는 일이 없어 청군과는 크게 달랐다.**
>
> **이때 평양 감사 민병석은 시국이 바뀌어 모든 민씨 척족들이 겨나자 무슨 죄명이 내려질까 전전긍긍하고 있었는데, 김만식이 평양감사로 부임해 온다는 말을 듣고 당황하며 아무런 대책을 세우지 못하고 있었다. 그런데 민병석은 북양대신 이홍장의 전문을 받고 김만식에게 감사 자리를 넘겨주지 않았다. … 이러자 김만식은 평양서윤 서병수와 함께 정방산성으로 들어가 40일 동안 나오지 못했다. 평안도 사람들은「민병석은 청나라 감사이며, 김만식은 일본의 감사」라고 불렀다."**
>
> (황현 지음·허경진 옮김, 매천야록, 2006, pp.210~211)

청일전쟁통에 평안감사가 둘이라니 정말 어이가 없다.

한편 청군과 일본군은 대동강을 사이에 두고 치열한 공방전을 벌였다. 그런데 일본군이 승기를 잡자 갑자기 섭지초가 지휘하는 청군이 백기를 내건 후 도주하였다. 이러자 일본군은 더욱 기세를 올려 청국 장수 조보귀를 포함하여 2천 명을 죽였다. 일본군의 압승이었다. 일본군 전사자는 162명에 불과하였다.

그러나 더 많이 처참히 죽은 사람들은 평양의 조선 백성들이었다. 그들은 청군의 갖은 요구에 시달린 끝에 지원부대로 강제 동원되었다가 청군이 쏜 유탄에 맞거나 일본군의 총알 세례에 죽었다.

한편 9월 17일에 청나라 북양함대는 압록강 하구의 대동구(大東溝)에서 일본함대와 전투를 벌였으나 패배하고 말았다. 일본 군함 11척이 순식간에 청국 군함을 포위하고 맹렬히 공격하여 청국 군함 4척을 침몰시켰다. 해군 제독 정여창은 가까스로 여순항으로 도주하였다.

평양과 황해에서 대승을 거둔 일본군은 중국 본토에 대한 공략을 서둘렀다.

제2차 동학농민전쟁

일본이 평양과 황해전투에서 청군을 압승했다는 소식을 듣자 전봉준은 척왜(斥倭)를 외치면서 전주에서 2차 봉기했다. 전봉준이 이끄는 4천 명의 동학농민군은 10월 12일에 논산에 도착했다. 최시형으로부터 지휘권을 넘겨받은 손병희도 15일에 북접 동학군을 이끌고 논산에 합류하였다.

전봉준은 10여 일간 논산에 머물면서 수만 명의 농민군을 모은 후 공주로 향했다.

16일에 '양호(兩湖 호남과 호서) 창의영수' 전봉준은 논산에서 충청감사 박제순에게 관군도 항일에 동참하라는 편지를 보냈다. 박제순은 아예 대꾸조차 안했다.

개화파 정권은 동학군을 토벌하기 위해 양호도순무영을 설치하고 관군을 공주로 내려보냈다. 최신 무기로 중무장한 일본군대 1개 대대도 진압군에 합류하였다.

10월 21일에 동학군은 충청도 목천 세성산에서 관군과 처음 접전을 벌여 수백의 사상자를 내고 패퇴했다. 이어서 전봉준이 이끄는 동학군은 공주를 눈앞에 두고 10월 23일부터 25일까지 잇따라 관군 및 일본군과 전투를 벌였다. 승패가 확연히 갈린 것은 아니었지만 동학군은 목적을 이루지 못하고 경천으로 물러났다.

전열을 가다듬은 동학군은 11월 8일과 9일에 공주 문턱의 우금치에서 전투를 벌였다. 수만 명의 동학군은 세 갈래로 나뉘어 관군 2,500명과 일본군 200명 등 2,700명이 산봉우리 고지대에서 진을 치고 있는 우금치 계곡으로 쏟아져 들어갔다.

동학군은 선두에 몇백 명이 화승총을 가졌고, 나머지는 창을 들고 있었다. 동학군은 함성을 지르며 돌격했다. 하지만 동학군은 대포와 연발총, 미제 스나이퍼 소총과 무라다 소총 등 최신 무기로 무장한 일본군과 관군을 이기기는 역부족이었다.

동학군은 선봉이 섬멸되자 잠시 공격을 중지했다가 다시 함성을 지르며 돌격했다. 이러자 대포와 연발총과 소총이 다시 불을 뿜었고 동학군은 쓰러졌다. 잠시 뒤에 동학군이 다시 돌격하기를 무려 50여 차례. 계곡은 온통 하얀 옷과 붉은 피로 덮였고, 적진은 끝내 함락되지 않았다.

전봉준은 마침내 전투를 멈추고 후퇴했다. 휘하의 군사를 점검해보니 두 차례 접전 후 1만 명 중 3천 명만 남았고, 다시 접전 후에는 5백 명에 불과했다. 완전 참패였다.

전봉준은 남은 동학군을 데리고 퇴각했다. 일본군은 마치 해충을 박멸하듯 동학군의 마지막 한 사람까지 죽여 버리기 위해 집요하게 추격했다.

전봉준은 퇴각하며 기회다 싶으면 돌아서서 싸우고 또 싸웠지만, 대세는 이미 기울었다. 그는 순창군 피노리에 숨어 있다가 12월 2일 밤에 동료의 밀고로 체포되었다.

이미 체포된 김개남은 전주에서 즉시 처형되었고, 전봉준 일행은 일본군 제19대대가 주둔하는 담양으로 끌려갔다가 다시 나주로 옮겨졌다.

당시 나주는 호남농민군 토벌의 총본부가 있었고 초토사는 나주목사 민종렬이었다. 나주의 일본 순사청 감옥에 갇혔던 전봉준은 1895년 1월에 손화중 · 최경선 · 김덕명 등과 함께 서울로 압송되어 1월 24일에 일본영사관 순사청 감옥에 갇혔다.

전봉준과 성두한 · 손화중 · 김덕명 · 최경선 등은 중죄인으로 분류되어 법무아문 권설재판소로 넘겨졌다. 심문은 6차례 이루어졌다. 1895년 3월 29일(양력 4월 23일)에 판결이 내려졌다. 사형이었다. 그리고 이날 전봉준등 5명은 교수형에 처해졌다.

전봉준(1855~1895)은 죽기 전에 다음 시를 남겼다.

때를 만나서는 천지도 모두 힘을 합하더니
운이 가니 영웅도 어찌하지 못하는구나.
백성 사랑하는 정의(正義), 나 실수 없었어요,
나라를 위한 단심(丹心) 그 누가 알아주리.

時來天地皆同力 시래천지개동력
運去英雄不自謀 운거영웅불자모
愛民正義我無失 애민정의아무실
爲國丹心誰有知 위국단심수유지

(이이화 지음, 전봉준, 혁명의 기록, 생각정원, 2014, p.239)

청나라 북양함대 참패와 시모노세키 조약

1894년 양력 10월 25일에 일본군은 압록강을 건너 요동 반도에 상륙했다. 일본군은 파죽지세로 진격하여 11월 8일에는 대련을 점령했다. 11월 22일에 일본군은 청나라 해군의 요람인 뤼순을 함락시켰다. 북양함대는 이미 산동반도의 웨이하이웨이로 이동한 후였다.

그런데 일본군은 뤼순에서 중국인을 모두 죽였다. 심지어 여자와 어린이 불문하고 모조리 죽였다. 도시는 거대한 도살장으로 변했다. 미국의 「뉴욕 월드」는 11월 28일 기사에서 6만 명이 살해되었고 생존 주민은 36명에 불과했다고 보도했다. 제임스 크릴만 기자는 "일본은 지금 문명의 가면을 벗고 야만의 모습을 드러낸 괴물"이라고 맹렬히 비난했다.

한편 일본군은 12월 16일에 복주를 점령하고 산해관 방면으로 계속 진격했다. 북경 점령도 멀지 않은 것이다. 전황이 극히 불리해지자 청나라는 호남 순무 소유렴과 호부시랑 장음환을 전권대신으로 일본에 파견하였다. 회담 장소는 히로시마였다. 그런데 일본은 회담을 거절했다. 예상을 뛰어넘은 승전을 하고 있는 마당에 강화회담에 응할 이유가 없었다.

1895년 1월 25일에 일본군은 웨이하이웨이(威海衛)에 있는 청국의 북양함대 해군기지를 공략하였다.

1월 30일에 남쪽 방포대를 함락시킨 일본군은 2월 1일에 북쪽 방포대를 파괴했다. 이로써 청군은 웨이하이웨이의 육상 거점을 완전히 잃었다.

2월 4일 밤에 드디어 해전이 시작되었다. 일본 연합함대와 청나라 북양함대의 공방전이 밤새도록 이어졌다. 양측의 함선 다수가 격침되는 치열한 전투 끝에 일본 해군은 2월 8일에 류공다오를 장악했고, 2월 9일에는 북양함대가 자랑하는 정원(靖遠)호를 침몰시켰다.

2월 12일 생존한 북양함대의 군함에서는 외국 고용인들이 반란을 일으켜 일본에 투항할 것을 협박했다. 결국 잔존한 북양함대는 일본군에 항복했고 북양함대 시령관 정여창은 자결했다.

북양함대의 남은 함선인 진원, 제원, 평원, 광병, 진변, 진중, 진북, 진서, 진동, 진남 등 15척은 고스란히 일본 연합함대에 인수되었다.

북양함대 패전은 부패 때문이었다. 여제(女帝) 서태후가 60세 회갑을 맞아 북경의 이화원을 중수하느라 해군 예산을 몽땅 쓴 것이다. 북양함대에는 함선당 포탄이 단 세 발밖에 없었다 한다.

3월에 일본군이 북경으로 진격한다는 소식이 들려왔다. 다급해진 청나라는 이홍장(1823~1901)을 전권대신으로 교체하고 강화회담 재개를 서둘렀다. 3월 19일에 시모노세키에 도착한 이홍장은 20일부터 아카마 신궁 옆에 있는 춘범루(春汎樓)에서 이토 히로부미(1841~1909)와 강화회담을 개시하였다.* 청국 측 대표는 이홍장, 이경방(이홍장의 양자), 오정방, 일본은 이토 히로부미와 무쓰 외상이었다. 이날 이홍장과 이토 히로부미는 김옥균 등 개화파가 일으킨 갑신정변 처리를 위하여 1885년 4월에 중국 천진에서 만난 후, 꼭 10년 만에 다시 만났다. 그런데 지금은

---

* 복어요리로 유명한 춘범루는 이토가 자주 찾은 곳이었다. 춘범루에서 만난 기생 우메코는 이토의 두 번째 부인이 되었다.

청-일 양국의 입장은 완전히 달라져 있었다. 이홍장은 회담을 시작하자마자 휴전을 제의했다. 하지만 이토는 논의해보겠다면서 느긋했다.

3월 20일에 이홍장은 춘범루 근처인 인접사(引接寺)로 숙소를 옮겼다. 73세의 이홍장은 배에서 생활하는 것을 힘들어했다.

3월 21일에 제2차 회담이 속개되었다. 이번에도 의제는 휴전이었다. 이토는 휴전 조건으로 천진과 산해관을 일본에 양도할 것 등을 제시했다.

3월 24일에 제3차 회담이 열렸다. 이 날 이홍장은 휴전은 거론 안 하겠으니 강화 문제를 논의하자고 했다. 이토는 다음 날 강화조건을 제시하겠다고 답했다.

회담을 마친 이홍장은 숙소인 인접사로 향하였다. 이홍장이 탄 가마가 모퉁이를 막 돌 때였다. 갑자기 괴한 한 명이 달려들어 권총을 발사했다. 탄환은 이홍장의 왼쪽 광대뼈 아래를 뚫고 들어가 왼쪽 눈 밑에 깊이 박혔다. 다행히 생명에는 지장이 없었다. 총탄이 금테 안경에 맞은 것이 행운이었다.

저격범은 26세의 극우주의자였다. 그는 '강화하면 안 된다. 이참에 중국을 식민지로 삼아야 한다.'고 주장하며 이홍장을 저격한 것이다. 일본은 발칵 뒤집혔다. 일본을 야만국이라고 비난할 것을 우려한 메이지 천황이 성명을 발표하고 육군 군의총감을 보내는 등 법석을 떨었다. 이홍장의 피습은 전화위복(轉禍爲福)이었다. 일본이 유연해진 것이다.

4월 10일에 이홍장은 회담장에 다시 나왔다. 이후 협상은 급진전되어 4월 17일에 청일강화조약이 체결되었다. 1894년 동학농민혁명이 빌미가 되어 청일전쟁이 일어난 지 8개월 20일 만이었다.

청일간에 조인된 시모노세키조약(下關條約)의 골자는 다음과 같다.

첫째, 청국은 조선국이 완전무결한 독립자주국임을 확인한다. 따라서 이 독립 자주를 손상시키는 조선국의 청국에 대한 공헌(貢獻)·전례(典禮) 등은 완전히 폐지한다.

둘째, 청국은 요동반도·대만·팽호열도를 일본에 할양한다.

셋째, 청국은 전비 배상금으로 2억 냥(약 3억 엔)을 일본에 지불한다.

넷째, 청국은 일본에게 구미 열강이 청국에서 누리는 것과 동등한 통상상의 특권을 부여함을 승인한다.

시모노세키 조약으로 동아시아의 전통적 국제질서는 붕괴되었다. 종래 중국 중심의 화이질서인 책봉-조공관계는 사라졌다.

그런데 조약 체결 6일 후인 4월 23일에 러시아가 주도하여 독일·프랑스 3국이 일본의 요동반도 점유를 반대하고 나왔다. 이른바 삼국간섭(三國干涉)이었다. 일본은 분노하였으나 러시아를 상대로 전쟁을 하기에는 역부족이었다. 4월 29일에 일본은 어쩔 수 없이 요동 반도 반환을 결정했고 그 대신 청국으로부터 배상금 3천만 냥을 받기로 하였다.

이후 일본에는 러시아에 대한 적개감이 고조되었다. '와신상담(臥薪嘗膽 섶에 누워 쓸개를 맛본다는 뜻)'이라는 말이 슬로건처럼 번지고, 그런 분위기 속에서 일본은 군비확장에 주력하였다.

이러자 영악한 민왕후는 친러 반일로 돌아섰다. 조선은 또 한 번의 격랑을 예고하고 있었다.

홍범 14조와 인아거일(引俄拒日)

1895년 1월 7일(음력1894년 12월 12일)에 고종은 종묘 영녕전(永寧殿)에 나아가 '홍범 14조'를 신령 앞에 고하였다.

"감히 황조(皇祖)와 열성(列聖)의 신령 앞에 고합니다.(중략)

이제부터는 다른 나라에 의지하지 말고 국운을 융성하게 하여 백성의 복리를 증진함으로써 자주독립의 터전을 튼튼히 할 것입니다. 생각건대 그 방도는 혹시라도 낡은 습관에 얽매지 말고 안일한 버릇에 파묻히지 말며 우리 조종의 큰 계책을 공손히 따르고 세상 형편을 살펴 내정(內政)을 개혁하여 오래 쌓인 폐단을 바로잡을 것입니다.

짐은 이에 14개 조목의 큰 규범을 하늘에 있는 우리 조종의 신령 앞에 고하면서 조종이 남긴 업적을 우러러 능히 공적을 이룩하고 감히 어기지 않을 것이니 밝은 신령은 굽어 살피시기 바랍니다.

홍범(洪範) 14조는 이렇다.

제1. 청(淸)나라에 의존하는 생각을 끊어버리고 자주독립의 기초를 튼튼히 세운다.

제2. (생략)

제3. 임금은 정전(正殿)에 나와서 시사(視事)를 보되 정무(政務)는 직접 대신들과 의논하여 재결(裁決)하며 왕비나 후궁, 종친이나 외척은 정사에 관여하지 못한다.

제4~14 (생략)"(고종실록, 1894년 12월 12일)

홍범 14조 중 가장 주목할 것은 제1조와 제3조이다.

제1조 청(淸)나라에 의존하는 생각을 끊어버리고 자주독립의 기초를 튼튼히 세운다.

그간 고종과 민왕후는 청나라에 지나치게 의존했다. 1882년 임오군란, 1884년 갑신정변을 비롯하여, 1894년에 청나라에 파병을 요청한 것은 고종 부부의 씻을 수 없는 과오였다.

제3조는 민왕후와 대원군의 정치 관여가 심각했음을 고백한 조항이었다.

그런데 겉으로 보면 홍범 14조는 근대화와 자주독립의 기초 확립을 위한 것으로, 우리나라 최초의 헌법이라고도 할 수 있다.

하지만 속내를 들여다보면 일본의 내정간섭 강화였다. 청일전쟁에서 일본의 승리가 사실상 확정적이자 주한일본공사 이노우에는 김홍집 친일 내각에 1884년 갑신정변의 주역 박영효와 서광범을 내부와 법부 대신에 포진시키고 고종에게 홍범 14조를 발표하도록 한 것이다.

한편 1895년 4월 29일에 일본은 어쩔 수 없이 요동 반도 반환을 결정했고 그 대신 청국으로부터 배상금 3천만 냥을 받기로 하였다.

러시아의 기침 한 번에 일본이 독감에 걸린 것을 본 영악한 민왕후는 열강의 역학관계 변화를 놓치지 않았다. 민왕후는 인아거일(引俄拒日 러시아를 끌어들이고 일본을 배척)을 추진했다.

고종은 5월 13일(음 4월 23일)에 친일파의 거두인 군부 대신(軍部大臣) 조희연을 파면하였다. 거일(拒日)의 시작이었다.

그런데 민왕후는 인아뿐만 아니라 친미도 추구했다. 1895년 5월 28일에 총리대신 김홍집이 사직하자 고종은 친미파인 학부대신 박정양을 총리대신에, 이완용을 학부 대신에 임용하였다. 이는 미국공사관 서기관 알렌의 영향이 컸다. 1884년 갑신정변 때 민영익을 서양 의술로 살린 선교사 알렌은 박정양·이완용과 함께 워싱턴의 주미한국 공사관에서 근무한 외교사의 증인이다. 그리하여 알렌은 8월에 노다지 금광인 평안도 운산 금광채굴권을 획득했다.(최문형, 한국을 둘러싼 제국주의 열강의 각축, 지식산업사, 2001, p.162)

7월 6일(윤 5월 14일)에 내부대신 박영효의 역모 사건이 터졌다. 박영효는 고종의 체포 명령이 떨어지자 일본으로 도망쳤다. 이노우에가 천거한 친일파의 몰락이었다.

당시에 고종 부부는 러시아 공사 베베르와 그의 부인 그리고 손탁 여사 등의 세련된 외교술로 인해 '인아거일'이 확고해진 것으로 믿고 있었다.

7월 3일(이후 음력임)에 고종은 대사령(大赦令)으로 민영준, 민영주, 민형식, 민병석, 민응식, 민영순, 민형식, 이용태, 김문현, 조병갑 등 279명을 사면하였다. 민씨 척족을 다시 기용할 발판을 마련한 것이다. 이는 민왕후의 입김이 컸다. 동학농민전쟁을 야기시킨 조병갑·김문현·이용태 등과 민영준·민형식 같은 부패한 민씨 척족을 사면하다니.

7월 5일에 고종은 김홍집을 다시 총리대신에, 박정양을 내부 대신에 임용했다. 궁내부 협판 이범진에게 대신의 사무를 서리(署理)하라고 명하였다. 친일파는 줄어들고 친러파와 친미파 등 소위 정동그룹이 기용된 것이다.

이에 위협을 느낀 일본은 돌격형 육군 중장 출신 미우라 고로를 주한 일본공사로 임명하였다. 7월 13일에 조선에 온 미우라는 전(前) 공사 이노우에와 함께 7월 15일에 고종을 알현했다. 이후 이노우에는 7월 29일까지 17일간 미우라와 함께 민왕후를 시해하는 '여우 사냥' 작전을 꾸미

다가 일본으로 돌아갔고, 미우라는 공관에 머물면서 참선에 몰두하는 척했다.

8월 16일에 내부 협판(차관) 유길준은 의주부 관찰사로 밀려났고, 8월 17일에 궁내부 협판 이범진이 농상공부 대신에 임용되었다. 친일파가 완전히 숙청된 것이다.

이어서 민씨 일파는 일본군 장교가 교육하는 훈련대를 해산시키기 위해 경무청 순검(巡檢 경찰)을 이용했다. 이리하여 훈련대 병졸(兵卒)과 순검이 서로 충돌하여 양측에 사상자가 생겼다.

8월 19일 오전 7시 군부대신 안경수가 일본인 장교가 훈련시키고 있는 훈련대 970명을 해산한다는 고종의 밀지(密旨)를 일본 공사 미우라에게 가서 미리 알렸다. 훈련대 2대대장 우범선도 같은 날 일본 공사를 만나 분노를 터뜨렸다. 미우라는 우범선에게 다음날 훈련대와 함께 항의하도록 권유했다. 그리고 거사일을 8월 22일(양력 10월 10일)에서 8월 20일로 앞당겼다.

8월 19일 밤 경복궁에서는 사면된 민씨 척족 실세 민영준(1901년에 민영휘로 개명)이 궁내부 대신에 내정된 것을 축하하는 연회가 밤늦도록 열렸다. 민왕후는 고종과 함께 달 놀이까지 즐겼다. 그런데 몇 시간 후에 민왕후는 경복궁 건청궁에서 시해되었다.

을미사변

을미사변의 진상

1895년 8월 20일(양력 10월 8일) 새벽에 을미사변이 일어났다. 민왕후(1851~1895, 1897년에 명성황후로 추존)가 경복궁 건천궁 곤녕합에서 시해된 것이다. 이는 세계 역사에서 전무후무한 참극이었다.

그런데 사건의 배후와 시해 과정 그리고 시해범 등의 논란이 끊임없이 진행되고 있다. 을미사변은 은밀히 진행된데다가 사건 직후 일본 측이 철저히 인멸 · 왜곡했기 때문이다.

먼저 1895년 8월 20일의 『고종실록』이다.

"묘시(卯時 아침 5-7시)에 왕후가 곤녕합(坤寧閤)에서 붕서(崩逝)하였다. [이보다 앞서 훈련대(訓鍊隊) 병졸(兵卒)과 순검(巡檢)이 서로 충돌하여 양편에 다 사상자가 있었다. 19일 군부 대신 안경수가 훈련대를 해산하자는 의사를 밀지(密旨)로 일본 공사 미우라 고로에게 가서 알렸으며, 훈련대 2대대장 우범선도 같은 날 일본 공사를 가서 만나보고 알렸다. 이날 날이 샐 무렵에 전(前) 협판(協辦) 이주회가 일본사람 오카모토 류노스케와 함께 공덕리(孔德里)에 가서 대원군을 호위해가지고 대궐로 들어오는데 훈련대 병사들이 대궐문으로 마구 달려들고 일본 병사도 따라 들어와 갑자기 변이 터졌다. 시위대 연대장 홍계훈은 광화문 밖에서 살해당하고 궁내 대신 이경직은 전각(殿閣) 뜰에서 해를 당했다. 난동은 점점 더 심상치 않게 되어 드디어 왕후가 거처하던 곳을 잃게 되었는데, 이날 이때 피살된 사실을 나중에야 알았기 때문에 즉시 반포하지 못하였다.]"

민왕후가 시해당한 후 2개월 정도 지난 10월 15일에 고종은 왕후의 승하를 공식화했다.

그러면 을미사변의 진상을 살펴보자.

8월 20일에 일본은 작전명 '여우사냥'을 감행했다. 새벽 1시경 궁내부 고문관 오카모토 류노스케 등 30명은 서울 공덕리에 가서 3시경에야 대원군을 강제로 가마에 태워 경복궁으로 출발했다. 그런데 고종실록과 1896년 1월 히로시마 지방재판소 판결문에는 이주회가 오카모토와 동행했다고 적혀 있으나, 이주회는 동행하지 않았다는 의견도 있다.(하지연, 기쿠지 겐조, 한국사를 유린하다, 2015, p.44)

대원군 일행은 4시 반 경에 서대문에 이르렀고, 5시 반에 광화문에 도착했다. 이때 훈련대 연대장 홍계훈이 살해당했다. 광화문 쪽에서 총성이 울리자 각각 100여 명의 일본군이 추성문, 춘생문을 통과해 궁궐을 공격했다. 이에 궁궐시위대 미국인 교관 다이의 지휘하에 300~400명의 시위대가 저항했으나 곧 무너졌다. 미국인 교관 다이와 러시아인 사바틴은 서양인 숙소로 몸을 숨겼고, 궁궐 시위대는 도망쳤다.

이후 일본군 수비대 600여명이 사방의 출입구를 봉쇄했다. 일본 낭인 수십명과 군인들은 곧바로 건청궁으로 돌진해 왕과 세자의 측근을 붙잡았고, 일부는 왕후의 침실인 곤녕합으로 향했다. 이때 궁내부 대신 이경직이 왕후를 두 팔을 벌려 가로막았는데 이것이 왕후를 알아보게 하는 단서가 됐다.

왕후는 뜰 아래로 뛰어내렸지만 붙잡혀 쓰러졌다. 낭인은 왕비의 가슴을 내리 짓밟으며 여러 번 칼로 찔렀다. 낭인들은 왕후와 용모가 비슷한 몇몇 궁녀들까지 살해하였는데, 그때 의녀가 앞으로 나와 손수건으로 왕후의 얼굴을 덮어줬다. 이내 왕후와 궁녀 몇 명의 시신은 녹원에서 불태워졌다. 시간은 6시경이었다.

그런데 민왕후의 '능욕설'이 논란이다. 내각 고문관으로 근무한 이시즈카 에조가 일본 법제국장에게 8월 21일에 보낸 보고서 때문이다. 여기에는 "칼로 찔러 상처를 입히고 나체로 만들어 국부검사를 하고 마지막으로 기름을 부어 태워 버리는 등 … " 이라는 구절이 있다. 하지만 이는 사실이 아닐 가능성이 높다. 이시즈카는 을미사변의 가담자가 아니었고, 검증되지 않은 유언비어를 기록한 것으로 생각된다.(하지연, 위 책, pp.72~73)

고종, 민왕후를 폐서인하다

을미사변이 일어난 이틀 후인 8월 22일에 고종은 조령(詔令)을 내려 민왕후를 폐서인했다.

"짐(朕)이 보위(寶位)에 오른 지 32년에 다스림과 덕화가 널리 펴지지 못하고 있는 가운데 왕후 민씨가 그 친당을 끌어들여 짐의 주위에 배치하고 짐의 총명을 가리어 백성을 수탈하고 짐의 정령(政令)을 어지럽히며 벼슬을 팔아먹고 탐학이 지방에 퍼지니 도적이 사방에서 일어나서 종묘사직이 위태로워졌다. 짐이 그 죄악이 극대하다는 것을 알면서도 처벌하지 못한 것은 짐이 밝지 못하기 때문이기는 하나 역시 그 패거리를 꺼려하기 때문이기도 했다. 짐이 이것을 억누르기 위해 지난해 12월에 종묘에 맹세하기를, '후빈(后嬪)과 종척(宗戚)이 나라 정사에 간섭함을 허락하지 않는다'해 민씨가 뉘우치기를 바랐다. 그러나 민씨는 구악(舊惡)을 고치지 않고 그 패거리와 보잘것없는 무리를 몰래 끌어들여 짐의 동정을 살피고 국무대신을 만나는 것을 방해하며, 또한 짐의 나라의 군사를 해산한다고 짐의 명령을 위조해 변란을 격발시켰다. 사변이 터지자 짐을 떠나고 그 몸을 피해 임오군란(1882년)의 지나간 일을 답습했으며 찾아도 나타나지 않았다. 이는 왕후의 작위와 덕에 타당하지 않을 뿐만 아니라 그 죄악이 차고 넘쳐 선왕(先王)들의 종묘를 받들 수 없는 것이다. 짐이 부득이 왕실의 옛 법을 삼가 본받아 왕후 민씨를 폐(廢)해 서인(庶人)으로 삼는다."(고종실록, 1895년 8월 22일)

그런데 고종은 조령에 서명을 거절했다. 하지만 미우라 공사의 사주를 받은 친일파 대신들이 서명해 조령을 공포했다.

한편 민씨 척족들이 세도정치를 하고 매관매직으로 백성을 수탈한 것은 부인할 수 없는 사실이다. 황현(1855~1910)은 『매천야록』에서 '왕비는 20년 동안 정치를 간섭하면서 나라를 망치게 해 천고에 없는 을미왜변을 당했다면서, 폐서인 조서가 비록 고종의 의견에서 나온 것은 아니지만 사람들은 실상(實相)을 기록한 것'이라고 했다.

또한 영국 지리학자 비숍 여사는 『조선과 그 이웃 나라들』의 '1896년 서울'에서 다음과 같이 적었다.

"때때로 비양심적인 왕비의 간섭으로부터 자유로워지고 일본의 지배로부터 자유로워짐으로써 자신의 신변이 안전하다는 사실을 발견한 왕은 그의 왕조의 가장 최악의 전통으로 되돌아갔다."(비숍 지음 · 신복룡 역주, 조선과 그 이웃 나라들, p.443)

이윽고 외부대신 김윤식은 민왕후의 폐서인 사실을 각국 공사관에 알렸다. 이러자 알렌 미국 공사, 베베르 러시아 공사를 비롯한 몇몇 외교관들이 그 진의를 파악하기 위해 고종을 알현했다. 이때 고종은 거의 유폐 상태였다.

뉴욕헤럴드, 을미사변 진상 특종을 내다.

8월 20일(양력 10월 8일) 오전 6시 경에 민왕후가 경복궁 곤녕합(坤寧閤)에서 일본 낭인들에 의해 시해되었다. 시해 이후의 상황을 자세히 살펴보자.

8월 20일 오후

오후 3시에 외국 공사들은 일본 공관으로 가서 미우라 공사의 설명을 들었다. 미우라는 훈련대 해산에 불만을 품은 조선 군인들이 대원군과 공모하여 궁궐에 난입한 것이고, 일본은 이 사건과 전혀 관련 없다고 말했다. 그러자 미국 공사대리 알렌과 영국 총영사 힐리어 그리고 러시아 공사 베베르가 강한 의문을 제기하였다. 이날 내부(內部)는 사태가 진정되어 궁정이 조용해졌음을 고시(告示)하였다.

한편 고종은 궁내부 대신 이경직, 군부대신 안경수, 학부대신 이완용, 농상공부대신 이범진, 경무사(警務使) 이윤용을 파면시키고, 이재면을 궁내부 대신, 조희연을 군부대신, 농상공부 협판(차관) 정병하를 대신 서리, 의주부 관찰사 유길준을 내부 협판에, 권형진을 경무사에 임용하였다.(고종실록, 1895년 8월 20일, 8월 22일)

8월 21일

일본 공사 미우라는 외부대신 김윤식에게 훈련대가 궁궐에 난입할 때 일본인이 섞여 있었다는 소문의 사실 여부를 확인해 줄 것을 요청하였다.

이러자 외부대신은 23일에 군부대신 조희연의 회신에 의거 일본 공사에게 답신하였다.

"우리 군부에 자세한 전말을 알아본 결과 앞장선 훈련대 군졸 몇 사람이 일본인 사복을 입은 것이며 일본인은 없었습니다."(박은식 지음 · 김승일 옮김, 한국통사, 범우사,1999, p.200)

그런데 민왕후 시해 사건에 일본인이 전혀 없었다는 일본 측의 발뺌은 나중에 미국과 영국 그리고 러시아 공사관에 의해 거짓으로 드러났다.

이 사건을 목격한 시위대 교관인 미국의 다이 장군과 러시아인 사바틴 그리고 시위대 장교 현흥택과 궁녀들이 진술했기 때문이다.

8월 22일

8월 22일에 '뉴욕 헤럴드' 서울 특파원 코커릴 기자는 고종을 알현했다.

영국 총영사 힐리어는 북경주재 오코너 공사에게 민왕후 시해 상황을 보고했다. 여기에는 러시아인 사바틴의 증언도 포함되어 있었다.

8월 26일

8월 26일에 미국 대리공사 알렌과 러시아 공사 베베르는 외부대신 김윤식이 보낸 문건에 의문을 제기하고 왕후 시해 사건에 대한 철저한 조사와 처벌을 권고하는 문서를 보냈다.

이윽고 미국공사 알렌은 시해 당일 현장에 있었던 관련자 즉 궁녀와 시위대 연대장 현흥택, 미국인 다이 장군의 목격담을 본국에 보고했다.

> "궁녀 : 일본인 한 명이 왕비를 쓰러뜨린 뒤 왕비의 가슴팍에 세 번이나 신발을 신은 채 뛰어올랐고 왕비를 찔렀습니다.
>
> 현흥택 : 왕비를 구하기 위해 옥호루에 뛰어들었습니다. 맞아서 쓰러졌고, 몸이 묶인 채 심하게 구타당하여 왕비가 다른 방으로 달아나는 모습을 보았지만 살해당하는 장면은 목격하지 못했습니다.
>
> 다이 장군 : 일본군 정규군이 앞장서서 궁궐 안으로 들어가는 모습을 목격했습니다. 그리고 그 군대는 잔혹 행위를 지켜보았습니다."

프랑스 공사관의 G.르페브르도 프랑스 본국에 보고했다.

> "(전략) 10월 8일 새벽 4시경, 군인 수백 명이 장교들과 함께 병영을 이탈해 궁궐로 진군했습니다. … 이 군인들은 궁궐 안으로 진입했으며 왕의 거처로 향했습니다. 그리고 담을 넘어 궁궐 안으로 잠입한 일본인 40~50명과 합류했습니다. 검과 총으로 무장한 일본인들과 함께 군인들은 왕과 왕비의 거처를 장악했습니다. 궁내부 대신과 왕비를 모시는 3~4명의 궁녀들이 살해당했으며 왕비도 시해당한 것이 확실한 것 같습니다. 왕비의 시신은 흔적도 찾지 못했습니다. … 일본 공사관이 이 사건을 지휘한 것을 증명하지 못하더라도 적어도 일종의 공모가 있었다고 생각할 만합니다. 일본인 40~50명이 개입된 음모를 일본 경찰과 미우라 공사가 모르고 있었다는 것은 말이 되지 않습니다. 어쨌든 일본군 당국의 개입이 있었다는 사실은 분명합니다. (중략)

10월 7일 밤부터 8일 새벽까지 야간 근무를 하던 러시아인 사바틴은 다음과 같이 목격담을 들려주었습니다.*

'(전략) 유럽 사람처럼 옷을 입고 단검을 갖고 있던 일본인이 일본인 무리를 이끄는 대장 같았습니다. 그가 저를 보더니 영어로 제가 누구이며 여기서 뭘 하고 있느냐고 물었습니다. 저는 궁궐 건축가라고 말하며 저를 보호해달라고 했습니다. 그는 두려워할 필요가 없다며 궁궐 한쪽에 저를 세워 놓고 일본인 몇 명의 호위를 받게 해주었습니다.

잠시 후 제가 누구이며 궁궐에서 무슨 일을 하는지 알고 있는 조선인이 위협적인 태도로 다가와 팔을 잡더니 왕비의 거처로 저를 끌고 가며 소리쳤습니다. '왕비를 가리켜라, 왕비를 가리켜라.'

왕비를 한 번도 본 적이 없어서 모른다고 했더니 저를 놓아주었습니다. 조선인 하사관 1명이 제게 궁을 나가라고 했고 군인 몇 명이 궁궐 문까지 따라왔습니다.(후략)'

사바틴 씨의 증언으로 미루어보아 일본 당국에 상당 부분 책임이 있다고 할 만합니다.

10월 8일 오후, 본인과 각국 외교관들은 일본 공사를 찾아가 이 날 아침 궁궐에서 일어난 사건에 대해 아는 정보가 있으면 알려달라고 했습니다. 미우라 공사가 준 설명을 영국 총영사가 보고서로 작성했으니 사본을 동봉합니다."

이처럼 각국 외교관들은 일본이 민왕후를 시해했다고 생각했다.

---

* 이날 곤녕합 근처 관문각에서 숙직했던 사바틴의 목격담은 김영수의 저서 '명성황후 최후의 날'에 나와 있다. 사바틴은 23세 때인 1883년에 인천 해관 직원으로 입국해 1904년에 조선을 떠날 때까지 서울 정동 일대의 근대 건축물 설계와 공사를 맡았다. 덕수궁 중명전, 정관헌도 그가 설계한 것으로 알려져 있다.

'뉴욕 헤럴드'에 특종 기사가 나다.

이럴 즈음에 '뉴욕 헤럴드' 서울 특파원 코커릴은 을미사변 전말기사를 미국에 전보로 보냈다. 특종 기사가 나자 세계 각국은 경악했다. 유럽과 미국 등은 일본을 비난했고, 일본 내에서도 비판이 일었다. 후쿠자와 유키치는 철저한 진상 규명과 연루자 처벌을 정부 당국에 촉구하기도 했다.

당황한 일본 정부는 9월 1일에 미우라 공사를 소환하고 고무라 주타로를 주한일본공사로 임명했다. 미우라는 일본에 도착하자마자 관련자 48명과 함께 히로시마 형무소에 수감되었다.

춘생문 사건과 단발령

을미사변이 일어난 지 5일 만인 8월 25일에 고종은 엄상궁(1854~1911)을 입궁시켰다. 엄상궁은 대한제국이 탄생한 지 8일 후인 1897년 10월 20일에 영친왕을 낳은 엄귀비이다. 먼저 황현의 『매천야록』부터 읽어보자,

"전(前) 상궁 엄씨를 불러 입궁토록 했다. 민왕후가 생존해 있을 때는 고종이 두려워하여 감히 그녀와 만나지 못하였다. 10년 전 고종은 우연히 엄씨와 정(情)을 통한 일이 있었는데, 이 때 민왕후가 크게 노하여 그녀를 죽이려고 하였으나 고종의 간곡한 만류로 목숨을 부지하여 밖으로 쫓아 냈던 것이다. 이때에 이르러 그녀를 불러들였는데 변란이 있은 지 불과 5일밖에 지나지 않았다. 고종이 이같이 쓸개 빠진 짓을 하여 도성 사람들이 모두 한탄하였다."(국사편찬위원회, 국역 『매천야록』 제2권 (1895년) ③, 11. 상궁 엄씨의 입궁)

엄상궁은 5세 때 입궁하여 민왕후를 모시던 중 고종의 승은을 입은 것이 발각되어 민왕후에 의해 쫓겨났다가 을미사변으로 민왕후가 시해당하자 입궁하였다. 황현은 엄비의 입궁에 대하여 혹평하고 있다. 하지만 당시에 고종은 독살당할지도 모른다는 공포에 쌓여 자신을 돌봐줄 사람이 필요했다.

민왕후의 어의(御醫) 언더우드 부인(1851~1921)은 이렇게 적었다.

“고종은 한동안 자기가 보는 앞에서 딴 깡통 연유나 날달걀 요리 말고는 아무것도 들지 않았다. 이 때문에 유럽 공사관의 부인과 언더우드 부인은 특별히 음식을 만들어 임금에게 보냈다. 이 음식들은 놋그릇에 담아 예일 자물쇠(미국인 예일이 발명한 원통형 자물쇠)에 잠가 보냈다. 공사관과 대궐 사이의 연락과 통역 일을 맡고 있던 언더우드 씨는 어떤 때는 하루에 두 번씩 열쇠를 가져다 임금에게 건네주었다.”(릴리어스 호톤 언더우드 지음 · 김철 옮김, 언더우드 부인의 조선견문록, 2008, pp.195~196)

1895년 을미사변 이후 고종은 일본의 감시를 받으며 사실상 연금 상태였다. 그는 독살당할지도 모른다는 공포에 쌓여 지냈다.

이러자 친고종파 신하들은 고종을 경복궁에서 구출하고자 하는 계획을 세웠다. 시종원경 이재순, 중추원 의관 안경수 등이 모의하고, 정동파 관료 이범진 · 이윤용 · 이완용 · 윤웅렬 등이 관여했으며, 친위대 제1대 소속 중대장 남만리, 제2대 소속 중대장 이규홍 이하 수십 명의 장교가 가담하였다. 여기에 미국공사관 서기관 알렌, 러시아공사 베베르와 언더우드 · 에비슨 · 헐버트등 미국인 선교사, 다이 등 미국인 교관도 거들었다.

그런데 이들은 고종을 미국 공사관으로 피신시키려고 했지만 미수에 그치고 말았다.(이를 「춘생문 사건 春生門事件」이라 부른다.)

「춘생문 사건」은 10월 11일(양력 11월 27일) 저녁부터 10월 12일 새벽까지 진행되었는데, 1895년 11월 15일 자 『고종실록』(이재순 등에 대한 판결 선고서)에 자세히 나와 있다.

시종 임최수는 이도철, 홍병진, 이충구, 이민굉 등과 음모하여 10월 11일 저녁에 같은 무리 30여 명을 훈련원에 모아놓고 폐하를 동소문(東小門) 밖에서 맞이한다고 선언하였다. 이어서 이도철과 이민굉은 동별영으로 달려가 친위대 제1대 중대장 남만리와 제2대 중대장 이규홍를 위협하여 군사를 동원시켰다.

800여 명의 구 시위대 병력은 이도철의 지휘하에 동별영을 출발해 건춘문 앞을 거쳐 춘생문으로 진입을 시도했다. 그러나 춘생문은 열리지 않았다. 사전에 열어주기로 했던 대대장 이진호가 배신했기 때문이다. 이진호는 군부대신 서리(署理) 어윤중에게 이 사실을 밀고했고, 이를 안 일본군은 철저히 대비하고 있었다. 이도철 · 남만리 · 이규홍 등과 구 시위대 일부 병사가 춘생문 담을 넘었으나 안에서 대비하고 있던 친위대와 일본 수비병에게 생포되고 말았다. 선봉대가 체포된 이후 군부대신 서리 어윤중의 원대복귀 설득에 따라 구 시위대 병력도 철수하여 춘생문 사건은 실패로 끝났다.

이후 관련자들은 특별법원에 넘겨져 11월 15일에 형을 언도받았다. 임최수와 이도철은 교형(絞刑), 이민굉 · 이충구 · 전우기 · 노홍규는 종신유형(終身流刑), 이재순 · 안경수 · 김재풍 · 남만리는 태형(笞刑) 100대에 징역 3년에 처해졌다.

한편 거사가 실패하자 이완용, 이윤용, 이하영 등은 미국 공사관으로, 이범진 · 이학균 등은 러시아 공사관으로 피신하였다.

일본 측은 「춘생문 사건」에 서양인이 직접 · 간접으로 관련되어 있음을 대서특필하였고, 이를 빌미삼아 1896년 1월 20일에 히로시마 지방재판소는 히로시마 감옥에 수감 중이던 을미사변 관련자 미우라 공사, 오카모토 류노스케등 48명을 증거불충분이라는 이유로 무죄를 선고하였다.

단발령 실시

이 와중에 고종은 11월 15일에 단발령(斷髮令)을 선포하는 조치을 내리고, 태자와 함께 솔선하여 단발하였다. 11월 16일에 정부 각부의 관료와 이속, 그리고 군인 · 순검 등 관리들이 단발하였다.

또한 고종은 음력 1895년 11월 17일을 양력 1896년 1월 1일로 정하여 태양력을 사용했는데, 양력 1월 1일 새해 첫날에 경찰들은 가위를 들고 거리나 성문에서 강제로 백성의 머리를 잘랐다.

"외국 사절은 새해 첫날에 궁전에 출입할 수가 없었다. 왜냐하면 그들의 가마꾼들이 머리 잘리는 것을 꺼려했기 때문이다. 상투가 떨어지자 조선 사회는 온통 흔들렸다. 어떤 아버지는 두 아들이 머리를 자르자 모욕을 견디지 못하고 자살했고, 서울에 올라왔다가 머리가 잘린 농부는 고향에 돌아가지 못했다."(비숍 지음 · 신복룡 역주, 조선과 그 이웃 나라들, p.377)

백성들은 단발령을 심각한 박해로 생각했고, 단발은 '일본화'로 받아들여져 반일 의식이 일어나 전국 각지에서 의병이 일어났다. 춘천에서는 관찰사가 단발령을 집행하려고 하자 군중들이 일어나 그를 죽이고 춘천과 인근 마을을 접수했다. 이에 김홍집 내각은 서울의 친위대를 파견하여 각지의 의병을 진압하였고, 경복궁 수비는 상대적으로 소홀해졌다. 이 틈에 이범진을 비롯한 친러파들은 러시아 공사 베베르와 긴밀히 접촉했고, 1896년 2월 11일 아침에 아관파천이 일어났다.

아관파천(俄館播遷)

1896년 2월 11일 오전 7시 고종과 왕세자가 궁녀로 변장하여 엄상궁(영친왕의 친모)과 김상궁의 가마를 타고 경복궁 영추문을 빠져나왔다. 이들은 곧장 정동에 있는 러시아 공사관으로 피신했다. 아관파천이었다.

아관파천은 고종과 두 상궁, 이범진과 이완용 등 정동파와 러시아 공사 스페이어와 베베르의 합작품이었다.

1895년 11월부터 전국적으로 을미의병이 일어나자 김홍집 내각은 지방의 진위대(鎭衛隊)에게 의병을 진압하려고 했으나 기대에 못 미치자, 중앙의 친위대(親衛隊) 병력까지 동원하였다. 이로 말미암아 서울과 궁궐 경비에 공백이 생겼고, 이 기회를 틈타 상해에 머물던 이범진이 비밀리에 귀국하였다. 그는 러시아 공사관에 은신하면서 엄상궁과 수시로 연락을 취했다.

1896년 1월 8일에 주일러시아 공사관 서기관인 스페이어가 멕시코 공사로 발령받은 베베르(Weber)의 후임으로 서울에 부임했다. 그런데 러시아 정부는 베베르의 멕시코 공사 부임을 일단 중지하고 서울에 계속 머무르라는 훈령을 내렸다. 이리하여 두 사람은 3월 1일에 스페이어가 주일공사관 대리, 베베르가 다시 주한 러시아 공사로 발령받을 때까지 거의 두 달간 함께 근무했다.

1월 12일에 스페이어 공사가 신임장을 제출하기 위해 경복궁에서 고종을 알현했다. 이 때 고종은 자신의 불안한 처지를 하소연하는 비밀 메모를 스페이어의 주머니에 몰래 집어넣었다.

이에 두 러시아 공사는 러시아가 적극적 역할을 해야 한다고 러시아 정부에 보고하면서 군대 파견을 요청했다. 하지만 러시아 외무성은 거절했다.

2월 2일에 고종은 '나와 세자는 언제 피해를 당할지 모른다. 러시아 공사관으로 피신하고 싶다.'는 친서를 엄상궁을 통해 이범진에게 보냈다. 이범진은 고종의 친서를 가지고 두 러시아 공사를 설득했다. 며칠 후 두 공사는 러시아 정부에 고종의 처지를 보고했다. 이러자 니콜라이 2세는 러시아 군함의 제물포 입항을 명령했다. 경험이 풍부하고 예의 바른 베베르와 과단성있는 스페이어의 공동 작업이 결실을 맺은 것이다.

2월 10일에 러시아 공사는 러시아 공사관을 보호한다는 명목으로 인천에 정박해 있던 러시아 군함에서 수병 100여 명을 포 1문과 함께 서울로 불러들여 공사관 주변을 경비하게 했다.

이 때 고종은 미국 공사 알렌에게 파천 계획을 알리고 협조를 구하자, 알렌도 물밑에서 도왔다.

이범진 등 정동파는 수시로 대궐 밖을 출입했던 엄상궁과 김상궁의 가마를 타고 몰래 경복궁을 빠져나가는 방법을 쓰기로 했다. 경복궁의 문을 지키는 군사들이 궁녀의 가마는 관례적으로 검문하지 않는다는 점을 이용한 것이다.

2월 11일 아침에 러시아 공사관에 피신한 고종이 맨 먼저 한 일은 경무관 안환에게 김홍집과 유길준 · 정병하 · 조희연 · 장박 등 역적들을 체포하라는 명령이었다. 이리하여 전 총리대신 김홍집(1842~1896)과 농상공부 대신 정병하는 경찰에 체포되어 광화문 경무청 앞에서 백성들에게 살해되었다.

탁지부 대신 어윤중은 피신하였으나 2월 17일에 고향인 보은으로 가다가 용인에서 주민들에게 맞아 죽었다. 외부대신 김윤식은 제주도로 종신 유배됐다.

한편 조희연, 유길준, 장박, 우범선, 이두황, 권영진, 이범래, 이진호 등은 일본 공사관으로 도피한 뒤 일본으로 망명하였다.

아관파천은 일본에게는 청천벽력이었다. 일본공사 고무라 주타로는 "임금을 빼앗겼으니 이제 만사는 끝장이다."라고 한탄할 정도였다.

한편 김홍집 내각이 무너지지 그동안 은신 중이었던 정동파 인물들이 대거 내각에 등용되었다. 내각총리대신에 김병시, 궁내부 대신에 이재순, 내부대신 박정양, 외부대신 이완용, 군부대신 이윤용, 법부 대신과 경무사 겸임 이범진, 학부대신 서리 윤치호, 농상공부 대신 서리 고영희, 경무사에 안경수가 임명되었다. 그런데 총리대신으로 임명된 김병시가 강력 사양하여 박정양이 내각총리대신 서리를 하였다.

새 내각은 흐트러진 민심을 수습하고자 단발령을 철회하였고, 백성들이 미납한 조세도 탕감하는 조령을 내렸다.

2월 13일에 고종은 백성들에게 윤음(綸音)을 내렸다.

"그저께(2월 11일) 일은 차마 말할 수 있겠는가? 역적의 우두머리와 반역 무리들의 흉악한 음모와 교활한 계책의 진상이 숨길 수 없게 되자 막아버리고 승복시키는 방도가 혹 허술한가 걱정하여 외국에서 이미 시행한 규례대로 임시방편을 써서 짐이 왕태자를 데리고 대정동(大貞洞)에 있는 러시아 공사관에 잠시가 있는 뒤에 왕태후는 왕태자비를 데리고 경운궁으로 갔으며 짐은 유사(有司)에게 명하여 모든 범인을 잡게 하고 그들이 묶인 다음에 곧 돌아오려고 하였다.

그런데 범인을 묶을때에 우민(愚民)들이 폭동하여 갑자기 살해하고 나머지 범인은 모두 다 목숨을 건지려고 도망쳐버리니 군중의 심리가 더욱 흉흉하여 안정되지 않고 있다. 이때를 당하여 짐이 있는 곳을 너희들 백성들에게 명백히 알릴 겨를이 없었는데 이제 대궐이 무사하고 민심이 여느 때와 같게 되었으니 짐이 경사스럽고 다행하게 여기는 바이다. 며칠 안으로 장차 대궐로 돌아가려고 한다. 그래서 확실하게 알리니 너희들 백성들은 의심을 풀고 생업에 안착하라."(고종실록, 1896년 2월 13일)

그러나 며칠 안으로 환궁하겠다는 고종의 윤음은 새까만 거짓말이 되었다. 고종은 러시아 공사관에서 375일간 피신하다가 1897년 2월 20일에 환궁했다. 더구나 고종은 경복궁이나 창덕궁으로 돌아가지 않고 영국 · 미국 · 러시아 공사관이 인접한 경운궁(지금의 덕수궁)으로 환궁하였다.

고종의 친러정책

러시아 공사관에 피신한 지 4일 후인 1896년 2월 15일에 고종은 베베르 러시아 공사에게 행정 고문 파견, 재정지원, 군사고문 파견과 3천 명의 러시아군을 보내달라고 요청했다. 2월 23일에도 고종은 재차 요구했다.

그렇지만 러시아 정부는 서두를 것이 없다는 입장이었다. 일본과 충돌하는 것보다 속도 조절이 바람직하다는 생각이었다. 더욱이나 러시아는 한반도보다 만주의 시베리아 철도 건설에 더 관심이 많았다.

3월 11일에 고종은 러시아 니콜라이 2세의 대관식에 민영환을 특명전권공사로 보냈다. 민영환에게 러시아 정부와 직접 담판하여 아래 요구사항을 관철하라는 것이었다.

1. 조선 군대가 신뢰할 만한 병력으로 훈련될 때까지 국왕의 보호를 위한 경비병 제공
2. 군사교관 제공
3. 고문관들 제공(국왕 측근에서 궁내부 일을 돌볼 고문 1명, 탁지부 고문 1명, 광산과 철도 고문관 1명 등)
4. 조선과 러시아 두 나라에 이익이 되는 전신선의 연결과 전문가 1명 제공
5. 일본 빚을 청산하기 위한 300만 엔의 차관 제공

한편 다급해진 일본은 어떤 형태로든지 러시아와 타협해야만 했다. 3월 22일에 고무라 주한 일본 공사는 러시아 공사 베베르에게 4개조로 된 각서 초안을 제시하였다. 이후 협상이 지속되어 5월 14일에 '경성 의정서'라고 불리는 4개조의 「베베르-고무라각서」가 조인되었다.

각서는 다음과 같다.

첫째, 조선 국왕의 환궁은 국왕의 판단에 일임하되, 러 · 일 양국 대표는 적당한 시기에 환궁을 충고한다.

둘째, 현 내각은 국왕의 자유 선택 에 의해 임명되었으며, 러 · 일 양국 대표는 금후에도 관대 온후한 인물이 조선의 대신에 임명될 수 있도록 권고한다.

셋째, 부산 · 경성간을 잇는 일본전신선 보호를 위해 일본군을 헌병으로 바꾸고 대구, 가흥에 50명, 기타 10개 처에 각 10인 씩 합계 200명을 배치하며 장래 조선 정부가 평온을 되찾게 될 때 점차 철수한다.

넷째, 조선의 정치 상황이 평온해 질 때까지 일본은 경성, 부산, 원산에 도합 800명의 군대를 주둔시키고 러시아도 동 지역에 일본의 병력 수를 초과하지 않는 범위에서 위병(衛兵)을 둘 수 있다.

5월 26일에 민영환은 모스크바 크레믈린 궁에서 거행된 니콜라이 2세의 대관식에 참석했다. 6월 5일에 민영환은 러시아 외상에게 고종의 요구사항을 전달했다. 그런데 니콜라이 2세의 대관식에는 청나라의 이홍장, 일본의 육군대신 야마가타 아리토모도 참석했다. 이들도 러시아와 협상을 추진했다.

6월 3일에 청나라와 러시아 간에 비밀동맹조약이 체결되었다. 주요 내용은 ① 일본이 극동의 러시아 영토, 청국, 조선을 침략하는 경우 상호 원조한다. ② 전쟁 중에는 청국의 모든 항만을 러시아 군함에 개방한다.

③ 청나라는 러시아의 시베리아 철도가 흑룡강성, 지린성을 횡단하여 블라디보스토크로 이르도록 하는 철도건설에 동의한다. ④ 유효기간은 철도건설이 발효한 때로부터 15년으로 한다 등 6개 조항이었다. 이로써 러시아의 극동 아시아 남하정책이 빛을 보게 되었다.

6월 9일엔 「로마노프-야마가타 의정서」가 체결되었다. 야마가타 아리토모는 처음엔 러시아에 '39도 한반도 분할론'을 제안했다. 하지만 러시아가 일본의 제안을 받아들일 리 없었다. 「로마노프-야마가타 의정서」는 조선에 대한 문제를 담고 있었다. 조선의 재정문제는 러일 양국이 공동으로 대응하고, 러시아와 일본은 같은 수의 군인을 주둔시키며, 일본은 기존의 전신선을 유지하고 러시아는 서울에서 국경까지 전신선을 가설한다는 내용이었다.

6월 13일에 민영환은 로바노프 외상을 만나 러시아 군인 및 군사교관과 재정고문 파견, 300만엔 차관 제공 등을 요청했으나 러시아는 난색을 표명했다. 6월 30일에 로바노프 외부대신은 초조하게 기다리던 민영환에게 메모 형식으로 5개 조항을 약속했다.

1. 조선 국왕은 원하는 한 러시아 공사관에 체류할 수 있다. 환궁할 경우는 러시아 정부는 안전을 보장한다. 서울 주재 러시아 공사의 판단에 따라 경비병을 공사관에 둔다.
2. 러시아 정부는 군사교관과 재정 전문가를 파견한다.
3. 이 두 전문가는 서울 주재 러시아 공사의 지휘 아래 조선 정부의 고문으로 활동한다.
4. 차관 문제는 조선의 재정상태를 확인한 후에 고려한다.
5. 러시아 정부는 러시아와 조선간의 육로 전선 연결을 승인한다.(그런데 안디까운 일은 외부대신 로바노프가 황제를 따라서 키예프에 갔다가 갑자기 병을 얻어 9월 1일에 사망한 것이다.)

민영환의 가시적인 성과는 푸차타 대령이 인솔하는 러시아 교관 13명(위관 2명, 하사관 10명, 군의관 1명)과 함께 귀국한 일이었다. 푸차타 대령은 베이징 주재 러시아 무관을 지낸 베테랑이었다. 민영환은 이들과 함께 8월 19일에 상트페테르부르크를 출발하여 모스크바에 도착한 뒤에 시베리아와 연해주를 경유하여 10월 20일에 인천항에 도착했다.
(이윤섭 지음, 다시 쓰는 한국 근대사, 2009, pp.218~220)

제 2 장

대한제국 탄생과 독립협회 활동

서재필, 독립신문을 창간하다.

아관파천 시기의 키워드는 '독립'이었다. 1895년 12월 26일에 서재필(1864~1951)이 11년 만에 미국에서 귀국했다. 1884년에 갑신정변을 일으켜 미국으로 피신한 서재필은 1890년에 필립 제이슨이란 이름으로 미국 시민권을 획득하고 1894년에 의사 면허를 받았으며 철도 우편국 창설자 조지 암스트롱의 딸과 결혼했다. 장인인 조지 암스트롱은 15대 미국 대통령 부캐넌의 사촌이었다. 고종은 그를 중추원 고문으로 임명했다.

1896년 2월 11일에 고종이 러시아 공사관으로 피신하자 일본인 신문 「한성신보」가 고종을 맹비난했다. 이러자 정부 신문의 필요성을 깨달은 박정양 · 이완용 등 정동파 내각은 고종을 설득해 서재필에게 신문창간비 4천원과 신문사 사옥을 제공했고, 서재필은 4월 7일에 한글과 영문으로 된 「독립신문」을 창간했다.(독립신문 창간일 4월 7일은 오늘날 '신문의 날'이다.)

영국의 지리학자 비숍 여사가 출간한 『조선과 그 이웃 나라들』에는 「독립신문」이 언급돼 있다.

"서울에서 벌어진 가장 중요한 사건 중 하나는 서재필 박사가 1896년 4월에 「독립신문」을 창간한 것이다. 이 신문은 영어와 조선어판으로 3주에 한 번씩 나오는 두 쪽 신문이다. 「독립신문」은 1897년 초에는 네 쪽으로 증면되고 영어판과 국어판으로 나뉘어 발행되었다. 그 자신의 나라와 시국에 대해 무지한 조선 사람과 서울의 떠도는 소문에 그가 희생당했다고 생각하는 고지식한 사람들은 이러한 시도에 중요한 의의를 부여하였으며 국민을 계몽하는 데 최대의 효과를 발휘했으며, 사법부와 행정부의 비행에 대하여 여론을 불러일으켰다."(비숍 지음 · 신복룡 역주, 조선과 그 이웃 나라들, p.453)

헐버트도『대한제국 멸망사』에서「독립신문」을 언급하고 있다.

"한가지 잊어서는 안 될 사실은 1895년부터 서재필 박사가 중추원 고문으로 활약하고 있다는 사실이다. 중추원은 처음에는 상당한 권한을 행사했으나 점차 세력권 밖으로 멀어졌다. 그러나 사태가 새로운 국면으로 접어들자 서재필 박사의 출현은 러시아의 세력을 물리치는 데 큰 도움이 됐다. … 이 해(1896년) 4월 7일에 서재필 박사에 의해 처음으로 외국어 신문이 창간됐다. 그 신문의 이름은 The Independent 였으며 일부는 한글로 인쇄됐다. 처음부터 그 신문은 한인들 간에 강력한 영향력을 미쳤으며 독립협회가 조직되도록 만든 중요한 요인 중 하나가 됐다."(헐버트 지음 · 신복룡 역주, 대한제국 멸망사, p.189, 192)

서재필은「독립신문」창간 논설에서 ① 공명정대한 보도, ② 한글로 발행, ③ 외국인에게 조선 사정을 알게 하고자 영문도 발행, ④ 정부 관원의 잘잘못을 감시, ⑤ 남녀노소, 신분 · 빈부 차별 없이 모든 국민에게 외국과 국내 사정을 알게 하려는 것임을 강조했다.

정동파 내각은「독립신문」보급에 지원을 아끼지 않았다. 먼저 농상공부는 신문 발행을 공식허가해 관보와 동일한 제2종 우편물로 값싸게 우송할 수 있는 편의를 제공했고, 학부와 내부는 학교와 지방에 신문 구독을 지시했으며 각 관청에 기자들의 출입을 허용해 취재 활동을 보장해줬다.

「독립신문」은 발행 초기에 정부의 시책을 국민에게 알리고 국가의 자주독립을 역설하며 국민계몽에 상당한 역할을 했다. 고종과 정동파 내각 그리고 서재필은 밀월관계였다.

독립문 건립과 독립협회 창립

비숍 여사는 『조선과 그 이웃 나라들』에서 독립문을 언급하고 있다.

“북경로 근처에 있는 우아한 영은문은 몇 대에 걸쳐 조선의 국왕이 중국의 칙사를 맞이하는 곳이었으나 이제는 없어졌다. … 영은문(迎恩門)이 헐려진 자리의 가까이에 있는 폐궁을 건물로 사용하고 있는 독립협회는 국가의 독립을 축하하고 보전하고자 창립되었다.”(비숍 지음 · 신복룡 역주, 조선과 그 이웃 나라들, pp.452~453)

독립문 건립은 서재필의 구상에서 시작됐다. 그는 1895년 2월에 헐린 영은문이 서 있던 자리에 독립문을 건립하자고 주장했다.

1896년 6월 2일 「독립신문」 논설엔 독립문 건립 취지가 실려 있다.

“독립문이라는 새 문을 세우는 뜻은 세계 만국에 조선이 자주 독립국이란 표를 보이자는 뜻이요. … 그 문과 그 비를 보고 인민이 자기 나라의 권리와 명예와 영광과 위엄을 생각하고 더 튼튼히 길러 후생들이 이것을 잊어버리지 않게 하자는 뜻이요, 또 외국 사람들에게 그 나라 인민의 애국하는 마음을 보이자는 표시라.”

6월 말경에 고종이 독립문 건립을 재가하자 서재필 등은 곧바로 독립문 건립을 위한 「독립협회」 창립에 착수했고, 7월 2일에 창립총회가 열렸다.

독립협회는 창립총회에서 회장에 안경수, 위원장에 외부대신 이완용, 위원에 김가진 · 이채연 · 이상재 등 8명, 간사에는 남궁억 · 오세창 등 10명이 선출됐고, 서재필은 고문에 추대됐다. 독립협회는 '독립협회 규칙' 제2조에서 "독립협회는 독립문과 독립공원을 건설하는 사무를 관장할 일"이라고 목적을 명시했다.

독립협회는 창립총회에서 독립문 건립 기부금을 냈는데 안경수가 40원, 이완용이 100원을 내는 등 총 510원이 모였다. 당시 100원은 지금의 213만 원에 해당하는 금액이었다. 이어서 회원들은 국민들에게 독립문 건립에 동참할 것을 호소하는 '독립협회 윤고(獨立協會輪告)'를 채택해 기부금 모집 활동을 펼쳐나갔다.

「독립신문」은 7월 4일 자 논설을 통해 독립협회의 창립목적을 널리 선전해 국민의 동참을 호소했으며, 기부자 명단을 신문에 게재함으로써 독립협회 사업을 적극 지원했다.

7월 20일경에 황태자가 1천 원을 하사하면서 독립문 건립의 획기적 전기가 마련됐다. 왕실이 거액의 기부금을 냈다는 사실은 국민과 관료들에게 커다란 자극제가 됐다. 내부(內部)는 각도 관찰사에게 공문을 보내 기부금 모집에 동참할 것을 독려했다. 이리하여 중앙과 지방의 관료와 교사 · 학생, 기생을 포함한 일반인들의 헌금이 잇따랐다. 이리하여 4700원의 거금이 모였다.

1896년 11월 21일에 독립협회는 독립문 정초식을 거행했다. 정초식에는 무려 5~6천 명의 정부의 각부 대신들, 각 학교 학생들, 각국의 공사 · 영사와 외국인들도 참석해 성대하게 거행됐다.

1897년 11월 20일에 독립문 준공식이 있었다.

이 자리에서 서재필은 "우리는 이제부터 옛날 종노릇 하던 표적을 없애 버리고 정말 실질적 독립을 소원한다는 표시로 이 독립문을 세우는 것이니, 우리 국민들은 이 점을 잘 생각하고 우리나라 독립 · 자주를 위하여 더욱 분투해야 한다"고 역설했다.

아이러니한 것은 독립문 현판을 이완용이 썼다는 사실이다. 이 당시 친미파였던 이완용이 나중에 나라를 팔아먹은 '만고의 매국노'가 될 줄 그 누가 알았으랴.

대한제국의 탄생

1896년 2월 11일 아관파천(俄館播遷)한 고종은 1897년 2월 20일에 영국 · 미국 · 러시아 공관들이 근처에 있는 경운궁(지금의 덕수궁)으로 환궁했다. 아관파천 375일 만이었다.

1897년 10월 12일에 대한제국(大韓帝國)이 탄생했다. 대한제국 탄생의 핵심은 칭제건원(稱帝建元)과 국호(國號) 제정이었다.

칭제건원이란 군주의 존호를 황제로 하고 연호를 택하는 것을 말하며, 국호 제정이란 나라의 이름을 새로 정하는 것이다.

칭제건원은 건원부터 시작되었다. 1897년 8월 14일에 의정부 의정(議政 총리) 심순택이 "신들이 명령을 받들어 연호(年號)를 의논하여 정하였는데 '광무(光武)', '경덕(慶德)'으로 비망하여 감히 아룁니다." 하니 제칙(制勅)을 내려 " '광무'라는 두 글자로 쓸 것이다."하였다. 광무(光武)란 "외세의 간섭에서 벗어나 힘을 기르고 나라를 빛내자."는 의미였다.

다음은 칭제였다. 9월 초에 관료와 유생들에 의해 칭제를 요청하는 상소가 빗발쳤다. 9월 30일에는 심순택 · 조병세 · 박정양 등 전 · 현직 관료들이 고종을 알현하여 칭제를 진언했다. 우리나라는 명나라의 정통을 이은 나라로 황제 존호 사용이 타당하다는 주장이었다. 이러자 고종은 사양했다.

10월 1일에 심순택과 조병세 등이 백관들을 거느리고 정청(庭請)하여 황제로 칭할 것을 아뢰었다. 이러자 고종은 '실로 이해할 수 없다'며 사양했다.

10월 2일에도 심순택과 조병세 등이 백관들을 거느리고 다섯 번이나 아뢰었으나 고종은 사양하였다.

10월 3일에 심순택과 조병세 등이 백관을 거느리고 또 두 번이나 아뢰니 고종은 마지못해 따랐다. 이처럼 고종은 아홉 번 사양 끝에 칭제를 받아들였다. 34년간 집권한 고종은 노회한 군주였다.

황제 즉위식은 10월 12일로 결정되었고 장소는 환구단(圜丘壇)에서 치르기로 했다. 환구단은 원래 중국 사신의 숙소인 남별궁 터인데 현재는 중구 소공동 웨스틴조선호텔 자리이다.

10월11일 오후 두 시에 고종은 경운궁을 떠나 환구단으로 행차했다. 즉위식 준비를 점검하기 위함이었다. 어가가 환구단에 이르자 고종은 제향에 쓸 각색 물건을 둘러보고 오후 네 시쯤 돌아왔다. 거리에는 병정들이 고종의 행차를 호위했고, 시민들은 집집마다 태극기와 등불을 달아 황제 즉위를 환영했다.

12일 새벽에 공교롭게도 비가 왔다. 의복들이 젖고 찬 기운이 성하였다. 그러나 국가 경사를 즐거워하는 마음에 젖은 옷과 추위를 개의치 않고 질서 정연히 각자의 직무를 착실히 하였다.

새벽 두 시에 고종은 환구단에서 천지신명에게 제사를 올렸다. 황천상제(皇天上帝)와 황지기(皇地祇) 즉 천지신명에게 직접 제사를 올려야 황제가 될 수 있었다.

제사가 끝나자마자 의정부 의정 심순택이 백관을 거느리고 아뢰었다.

"고유제(告由祭)를 지냈으니 황제의 자리에 오르소서."

고종은 신하들의 부축을 받으며 단(壇)에 올라 금의(金倚 황금 옥좌)에 앉았다. 이윽고 고종은 황제를 상징하는 12가지 무늬가 새겨진 면복(冕服)을 입고 옥새를 받아 황제의 자리에 올랐다.

심순택이 백관을 거느리고 국궁(鞠躬), 삼무도(三舞蹈), 삼고두(三叩頭), 산호만세(山呼萬世), 산호만세, 재산호만세(再山呼萬世)를 불렀다.(고종실록, 1897년 10월 12일)

황제는 이제 중국 황제의 책봉을 받은 제후국의 왕이 아니라 천지신명에게 책봉을 받은 천자였다.

이날 고종은 빈전(殯殿)에 나아가 명성황후를 책봉한 것에 대한 고유별전(告由別奠)을 지냈다. 황태자도 따라 나아가 예를 행하였다.

황제 즉위식 다음 날인 13일에 고종 황제는 국호를 대한제국(大韓帝國)으로 반포하였다. 마한 · 진한 · 변한의 삼한(三韓)을 아우르는 '큰 한(韓)'이란 뜻에서 '대한(大韓)'이라 한 것이다.

명성황후의 국장(國葬)

대한제국 탄생 이후 가장 먼저 치른 국가적 행사는 11월 21일에 있었던 명성황후(1851~1895) 국장(國葬)이었다. 장례는 왕후가 을미사변으로 경복궁에서 시해된 지 2년 1개월 만에 이루어졌다. 장지는 서울 청량리 밖 홍릉이었다. 국장(國葬)은 성대하게 치러졌다. 장례비는 쌀로는 44,300여 섬 규모로 지금 돈으로 환산하면 무려 110억 원에 달했다.(강준만, 한국 근대사 산책 3, p.106)

황현은 『매천야록』에 "고깃값만 해도 6만 냥이 들고 상여꾼에게 호궤한 비용이 6만 2천여 냥, 상여꾼은 7천 명, 등롱(燈籠)은 관례로 준비한 이외에 추가로 1,100쌍을 더 진열하였으며, 다른 비용도 이와 상당하여 다 기록할 수가 없다."고 적었다.

1888년 3월에 선교의료인으로 조선에 와서 명성황후의 어의였던 언더우드 여사가 1904년에 쓴 『상투쟁이들과의 15년』에도 명성황후의 장례식이 자세히 기록되어 있다.

"1897년 10월에 임금은 황제의 칭호를 사용하였고 죽은 왕비도 황후로 올려졌다. 이어 11월에는 황후의 장례가 거행되었다. 왕후가 죽은 지 2년이 지난 지금에야 점쟁이들이 자꾸만 방향을 트는 바람에 돈을 무척 들인 뒤에 마침내 묘지가 결정되고 장례 날짜가 잡혔다.

묘지로 정해진 땅은 동대문 밖으로 그 넓이는 몇 에이커나 되었다.

돈을 물 쓰듯 했고, 황후의 지체에 어울리고 그에 대한 임금의 애정을 기리는데 필요한 만큼의 위엄과 장중함을 갖추려고 어떤 고통도 감수하고 어떤 비용도 아끼지 않았다. … 조선의 외부(外部)에서는 외국 공사관에 초대장을 보냈다. 우리는 장례식에 참석해달라는 초대장을 받았다.

상여는 21일 아침 8시 정각에 대궐을 떠났다. 군인 5천명과 등불을 든 사람 4천 명, 경찰 650명 그리고 헤아릴 수 없이 많은 문무백관이 따랐다. 그 광경은 참으로 굉장하고 다채로운 것이었다. 길거리에는 수 천 명이 몰려들었고 길 여기저기에 아치가 세워져 있었다. 옛날 군복과 지금 군복들의 갖가지 모습들, 대신들 시종들 나인들 가마꾼들 마부들의 갖가지 옷차림과 제복들이 곁들여져 장관을 이루고 있었다.

특별 초대를 받은 우리는 우리가 사랑하던 그 벗, 깊은 슬픔을 안겨준 그 벗에게는 찬란한 행렬이 어울리지 않는다고 생각하여 그저 수수한 문상을 하기로 했다.

오후 8시경에 우리가 장지에 도착했을 때 조선의 고유한 빨간 등불과 노란 등불이 그 넓은 땅을 밝히고 있는 듯이 보였다. 찬란한 만장들이 나부끼고 있었고 들판 여기저기에는 횃불이 피어오르고 있었으며 군인들이 떼지어 그 불 근처에 모여 있었다. 날씨는 몹시 추웠다. 수정처럼 맑은 밤하늘에 별이 반짝이는 밤이었다.

이 고요하고 성스러운 밤에 장례를 지내는 것은 참으로 어울리는 관습이었다. 그 시간에 신의 존재가 가장 가까이 있는 것 같았다.

6차례에 걸친 기도와 제사 그리고 마지막 고별 의식을 치른 후에 시신이 무덤 안으로 들어가게 되어 있었다. 새벽 3시에 모든 준비가 끝났다.

왕족을 나타낼 때 쓰는 노란 비단의 아름다운 어용 가마를 왕실 가마꾼들이 들어 올려 먼저 언덕에 거창하게 자리를 잡았다. 그 다음에 푸른 비단으로 된 가마가 따랐고, 마지막으로 황후의 상여가 따랐다.

상여에는 커다란 밧줄을 묶었는데, 그 밧줄을 남자들이 촘촘히 붙어서 잡고 있었다. 그래야만 아주 천천히 걸을 수 있는 것이다. 물론 그들 말고도 정식 상여꾼이 있었는데, 그 한 사람이 상여 앞에 서서 방향을 잡고 이끌고 있었다. 만사가 아주 꼼꼼하게 진행이 되어서 한 치의 착오가 없었다.

만장과 붉은 등불 노란 등불을 든 군인들과 시종들의 엄숙한 행렬이 상여를 따랐다. 그들은 낮은 목소리로 곡을 하면서 행진했다.

상여 뒤로는 황제와 황태자가 따랐다. 그들은 그 소중한 시신이 무덤으로 내려가는 것을 손수 지휘하고 심지어 관이 잘 놓이는지를 보려고 묘실 안으로 들어가기까지 했다.

다시 제사를 드리고 기도를 드렸다. 나무로 만든 커다란 말을 불태우고 문상객들은 물러갔다. 모든 외교관들과 문상객들이 임금을 뵙고 조의를 표하고 작별 인사를 드림으로써 의식은 아침 8시쯤에 끝났다."(언더우드 지음 · 김철 옮김, 언더우드 부인의 조선견문록, 2008, pp.228~235)

재정고문 브라운 해임 갈등

1897년 11월 13일에 탁지부 재정고문 브라운이 해임되고 후임에 러시아 관리 알렉셰프(Alexeieff)가 임명되었다.

영국인 브라운은 영국의 한국 진출 일환으로 1895년에 해관장(세관장)으로 부임하여 탁지부 재정 고문을 겸임했다. 영국 「데일리 메일」 신문 기자 매켄지는 1920년에 발간한 『한국의 독립운동(Korea's Fight for Freedom)』에서 브라운의 활동을 아래와 같이 적었다.

"청국의 세관에서 경험을 쌓은 브라운 씨는 영국 정부의 천거로 한국의 탁지부와 해관 책임자를 1895년에 맡았다. … 국고를 치부의 수단으로 삼고 있는 모든 사람들에게 브라운 씨는 공포의 대상이었다. 심지어는 국왕도 자신의 사치가 제지당하고 있음을 알았다. 왕실의 사업계획은 지연되었으며 쓸데없는 낭비는 다른 좋은 목적을 위하여 전용되었다. 이를테면, 고종이 하고 싶은 명성황후의 기념궁 건립은 연기되고 나라의 영원한 이득을 위한 도로가 건설되었다. 이러자 자신의 수입이 제한되고 자신의 친척을 위한 한직(閑職)이 줄어든 사실을 발견한 관리들은 브라운을 몰아내려고 손을 잡았다."(매켄지 지음 · 신복룡 역주, 한국의 독립운동, p.47)

그런데 알렉셰프는 임명되자마자 브라운과는 다른 행보를 보였다. 그는 관리의 봉급을 두 배로 올려주었다. 수많은 은화가 탁지부에서 유출되어 궐내의 관리들에게 뿌려졌다.(매켄지 지음 · 신복룡 역주, 대한제국의

비극, p.90)

한편 고종이 영국인 재정고문을 러시아인으로 교체하자 영국이 무력 시위에 나섰다.

박은식은 『한국통사(韓國痛史)』에서 '재정 고문의 문제'를 적었다.

"영국인 브라운이 재정고문으로 있었는데 러시아 공사가 우리 조정과 상의하여 러시아인 알렉셰프로 바꾸어 버렸다. 영국 영사가 강하게 항의했지만 소용이 없었다. 러시아는 다시 경성에 한러은행을 설립하여 한국의 재정과 경제를 장악하고자 하니, 12월 27일에 영국이 동양함대 7척을 파견해 제물포에 정박시키고 영사가 장교 1명과 수병 10명을 데리고 서울에 들어왔다. 이에 우리 정부가 두려워 브라운을 해관 총 세무사에 임명하였다.

브라운의 해임은 우리 정부에 막대한 손해를 주었는데 그는 고문으로 재직하는 동안 법을 지키고 직분을 다하여 필요불가결한 지출 외에는 허락하지 않았고 1년 사이에 300만 원의 잉여금을 만들어 일본에 대한 부채를 갚았다.

많은 사람들이 그를 칭찬하였지만, 궁정과 관청의 탐관오리들은 마음대로 비용을 쓰지 못하는 것을 불쾌하게 여겨 그를 해임시키게 되었다.

그런데 러시아 고문은 임명되자마자 브라운과 전혀 반대로 궁중과 관청에서 마음대로 돈을 지출하게 하니 수개월이 못되어 탁지부의 금전이 바닥났다. 이러자 관직을 팔고 백성의 재물을 거둬들이는 등 탐학과 악정이 성행하게 되었다. 외국인 고문도 법을 지키고 직분을 다하는 자는 질시 속에 파면을 당하니 당시 당국의 부패 정도를 능히 알 수 있다." (박은식 지음 · 김승일 옮김, 한국통사, pp.218~219)

만민공동회

1897년 10월에 러시아는 재정고문으로 알렉셰프를 파견하고 12월에는 한러은행을 설립하는 조치를 취했다. 1898년 1월 초에 러시아 군함이 부산에 입항했고, 수병들은 절영도(지금의 영도)에 상륙하였다. 해군제독 두바소프는 절영도에 석탄고 기지 설치를 요구하였다.

그런데 2월 16일에 임명된 외부대신 서리 민종묵은 절영도 조차와 한러은행 허가를 의정부의 의견도 거치지 않고 단독 처리했다. 의정부가 문제를 제기하자 3월 2일에 고종은 민종묵을 면직시켰다. 하지만 다음날인 3월 3일에 고종은 다시 그를 외부 대신에 임명하였다. 고종, 너무나 황당하다.

한편 서재필은 독립문 건립 추진과 함께 모화관(慕華館)을 개수하여 독립관이라 이름하고 1897년 8월 29일부터 매주 토론회를 개최했다.

1898년 2월 13일의 제21회 토론회에서는 '구국 선언상소'를 결정했다.

3월 7일에 독립협회는 러시아의 절영도 조차 회수와 한러은행 철수를 요구하는 항의문을 정부에 보냈다. 3월 10일에는 서울 종로에서 민회(民會)가 열렸다. 민회에는 1만여 명의 시민이 모였는데 당시 서울 인구 19만 6천 명의 5%가 모인 것이다. '원조 촛불 집회'이라고 불리는 이 집회는 '글이 아닌 말로 하는 정치참여' 길을 열었고, 민중과 연사가 자주독립권 수호를 위한 확고한 결의를 내외에 과시했다. 모임은 당초엔 '민회(民會)'라 했으나 만 명이나 모이자 '만민공동회'라 불렀다.

만민공동회에서 시민들은 러시아의 부산 절영도 조차(租借) 요구 철회와 한러은행 철수, 그리고 러시아 군사교관과 재정 고문의 해임을 요구했다.

이러자 고종은 대책 마련에 부심하였는데, 원로의 자문과 내각 회의를 통해 러시아 공사관에 군사교관과 재정고문의 철수를 요청하기로 결정했다. 이 시기 러시아는 한반도보다도 만주 경영이 급선무라 여겼기에 한반도에서 한발 물러나기로 하였다. 3월 24일에 고종은 탁지부 재정고문과 러시아 교관들을 파면하였고, 한러은행도 문을 닫았다.

4월 12일에 러시아는 재정고문과 군사교관을 철수시키고 주한 러시아 공사도 스페이르에서 마튜닌으로 교체했다.

그런데 러시아의 한반도 후퇴가 독립협회의 반대 때문이었을까. 이는 독립협회 활동을 과대평가한 것이다. 러시아의 철수는 러시아의 관심이 조선에서 만주로 넘어갔기 때문이다.(최문형 지음, 한국을 둘러싼 제국주의 열강의 각축, p.250~251)

1898년 4월 25일에 일본주재 러시아 공사 로젠과 일본 외무대신 니시 로쿠지로는 도쿄에서 '로젠－니시 협정'을 맺었다. 이를 살펴보자.

1. 양국 정부는 조선의 주권과 독립을 확인하고 일체의 내정간섭을 하지 않는다.
2. 조선이 양국 중 어느 국가에 조력을 요청하는 경우는 서로 협상하여 처리한다. 군사교관이나 재정고문 임명은 상호 협상하지 않고는 어떤 조치도 취할 수 없다.
3. 러시아는 조선에서 일본의 상업과 공업의 기업이 크게 발달한 사실과 일본 거류민들이 많다는 사실을 인정하여 조선과 일본 양국간의 상업상 · 공업상의 관계가 발전되는 것을 방해하지 않는다.

이처럼 러시아는 조선에서 일본의 경제적 우위를 인정했다. 러시아가 일본에 양보할 수밖에 없었던 것은 1898년 3월 러시아의 뤼순 · 다롄 조차로 인해 영국과 미국등 열강의 적개심을 달래 놓을 필요가 있었기 때문이었다. 하지만 러시아는 한반도에서 일시 후퇴하였지 완전히 포기한 것은 아니었다.

한편 당사자인 대한제국은 또 소외되었다. 번번이 '코리아 패싱'이었다.

독립협회 회원 구속과 서재필 추방

독립협회 회원 구속

만민공동회 개최에 경악한 고종은 즉시 견제에 나섰다. 3월 15일에 고종은 특명을 내려 독립협회 회원 지석영, 이원긍, 여규형, 안기중을 구속시켰다.

지석영 등 4명이 구속되자 3월 20일에 독립협회는 항의 투쟁을 하였지만, 고종은 선동죄를 적용하여 이들을 10년간 유배보냈다.

이러자 독립협회는 특별회와 토론회를 잇달아 열어 정부의 횡포를 거세게 규탄하고 항의 편지를 보내는 등 투쟁을 벌였다. 결국 6월 28일에 고종은 유배된 죄인 지석영 등 4명을 특별 방송(放送)했다.

서재필 추방

1898년 5월 14일에 고종과 수구파 정부는 독립협회 지도자 서재필(1864~1951)을 추방했다. 1895년 12월 26일에 귀국한 지 2년 5개월 만이었다.

1896년 4월 7일에 「독립신문」을 창간한 서재필은 초반에는 정부에 매우 협조적이었다. 이후 서재필은 정부의 부패와 무능을 고발하고 열강의 이권 침탈을 규탄했다.

부패사례를 살펴보자. 1896년 9월 17일 자 「독립신문」 논설에는 내부

대신이 새로 임명된 거창군수 김봉수를 만나 “어떻게 자네가 고을 원님이 되었느냐?”고 물으니까 “돈 3만냥을 주고 고을 원님 벼슬을 샀다”고 대답했다가 파면됐다는 기사가 실려 있다.

정부 비판이 거세지자 고종은 서재필을 못마땅하게 생각했고 1897년 12월 13일에 외부대신 조병식은 주한미국 공사 알렌과 담판했다. 그는 알렌에게 정부를 비난하는 서재필은 한국을 떠나야 한다고 말했다. 이러자 알렌은 서재필이 미국인임을 강조하고 중추원 고문 계약기간 10년 중 남은 기간의 급료와 미국으로 돌아갈 여비를 지급하지 않고는 해고할 수 없다고 말했다.

이후 러시아 공사 스페에르는 서재필을 추방하라고 고종에게 압박을 가했고, 일본도 서재필 추방에 러시아와 공동보조를 취했다.

1898년 4월 25일에 서재필과 정부 사이의 교섭이 알렌의 주선으로 타결됐다. 정부는 서재필 출국 조건으로 서재필과 계약한 10년 중 잔여기간 7년 10개월의 급여 등을 지급하기로 합의한 것이다.

5월 14일에 서재필은 미국인 부인과 맏딸을 데리고 용산에서 배를 타고 인천을 거쳐 미국으로 돌아갔다.

하지만 서재필은 떠났어도 독립협회 활동은 결코 위축되지 않았다. 자주독립, 외세 배격, 민권 보장의 목소리는 더욱 거셌다.

외국인 친위대 고용사건

1898년 9월 15일에 상해에 체류 중인 5개국 퇴역군인 30명(미국인 9명, 영국인 9명, 프랑스인 5명, 독일인 5명, 러시아인 2명)이 서울에 들어왔다. 8월에 고종 황제는 미국 법무고문관 그레이트 하우스와 장봉환을 상해에 파견하여 이들을 친위대로 고용한 것이다.

9월 17일에 독립협회는 외국인 용병의 즉각 귀환을 요청하는 항의문을 해당 부서에 전달하고, 9월 18일에 외부(外部) 문 앞에서 대규모 민중대회를 열어 외국인 용병의 즉각 철수를 요구했다. 「독립신문」도 이 사실을 규탄했고, 「제국신문」 주필인 이승만도 9월 19일 자 「제국신문」 논설에서 '상하가 함께 부끄러운 큰 괴변'이라고 주장했다.

9월 19일에 열린 의정부 회의에서 대신들은 만장일치로 외국인을 친위대로 고용하려는 것에 반대했다. 이러자 외국인 용병들은 9월 24일에 철수해 27일에 제물포항을 떠났다. 9월 29일에 플랑시 프랑스 공사는 외국인 친위대 해산 및 외국인 송환을 위한 경비 지출 상황을 보고했다.

"대한제국 정부는 9월 26일에 친위대를 해산하며 외국인 용병들에게 상해로 돌아간다는 조건으로 1년 치 고용비 840 피아스터를 지급했습니다. 결국 25,200 피아스터를 앉은 자리에서 낭비한 것입니다."

고종 황제는 외국인 용병을 단 하루도 근무시키지 못하고 고용계약에 명시된 임금 전액을 지급했다. 국제적 망신이었다.

김홍륙 독다사건(毒茶事件)

1898년 9월 11일에 '김홍륙 독다사건'이 터졌다. 고종 황제 독살 미수 사건이었다. 1896년 아관파천 시절부터 커피를 좋아한 고종은 커피 냄새가 이상하다고 생각해 한 모금 입에 넣자마자 뱉었지만, 황태자(나중에 순종)는 그냥 몇 모금을 마셔 토하고 쓰러졌다. 궁중은 아수라장이 됐다.

9월 14일에 종신유형(終身流刑) 죄인 김홍륙이 사주했음이 밝혀졌다. 김홍륙은 1895년에 이범진이 러시아 공사 베베르와 조러통상조약을 체결할 때 러시아어 통역관이 돼 출세의 기회를 잡았다. 그는 1896년 아관파천 시절에는 비서원 승(祕書院 丞)으로 근무하면서 고종의 전담 통역관이 됐다. 이어서 김홍륙은 1896년 11월 15일에 학부협판(차관)으로 승진했고, 1898년 3월 11일에는 한성부 판윤에 임명되었다.

그런데 김홍륙은 고종의 총애와 러시아 세력을 배경으로 권력을 남용하고 뇌물을 탐해 비난을 받았다. 심지어 그를 규탄하는 방서(榜書)가 나붙기도 했다.

8월 25일에 고종은 김홍륙이 공무(公務)를 빙자해 사욕을 채우는 것을 추궁하여, 그를 흑산도로 종신 유배 보냈다. 그런데 김홍륙은 유배 떠나는 날에 고종 독살 음모를 했다. 김홍륙은 한 냥의 아편을 전선사(典膳司) 책임자 공홍식에게 주면서 수라상에 섞어서 올릴 것을 사주했다.

이러자 공홍식은 서양 요리사 김종화를 만나서 아편을 고종에게 올리는 커피에 섞어서 올리면 은(銀) 1,000원(元)을 주겠다고 말했다. 김종화는 아편을 소매 속에 넣고 주방에 들어가 커피 찻주전자에 넣어 진어(進御)했다.

김홍륙 독다사건이 일어난 지 1주일이 된 9월 18일에 현학표 등은 역적을 엄중히 다스리도록 연좌(連坐)와 노륙(拏戮)법을 부활하라고 상소하였다. 연좌제(緣坐制)는 죄인뿐만 아니라 그 아내와 아들 그리고 친족까지도 연대 처벌하는 제도이고, 노륙법은 죄인의 아내와 아들도 참형을 적용시키는 법으로 이 법들은 이미 1894년 갑오개혁 때 폐지되었다.

9월 23일에 의관(議官) 서상우 등이 중추원 회의에서 노륙법과 연좌법 부활을 주장하였다. 이에 법부대신겸 중추원 의장 신기선 이하 의관 34명이 동조하여 정부에 정식으로 요구했다. 9월 24일에는 서상우를 소두(疏頭)로 하여 상소하였다.

그런데 경무사 민영기는 이 사건으로 체포된 부녀자와 무고한 사람들까지 무참히 고문하였다. 고문을 받던 공홍식은 자살을 시도하는 일까지 벌어졌다.

이러자 독립협회가 반발하고 나섰다. 비록 김홍륙 같은 역적이라도 법률에 의해 처벌되어야 하고 고문은 용납될 수 없으며, 연좌와 노륙법 부활은 절대 불가라고 주장한 것이다.

9월 25일에 독립협회는 반역사건을 규탄하고 사건의 철저한 조사를 촉구하면서도, 죄인에 대한 고문과 이미 폐지된 노륙법과 연좌법의 부활 반대운동을 전개하기로 하였다.

9월 26일에 독립협회는 법부대신 겸 중추원 의장 신기선에게 서한을 보내 의장과 서명한 의관의 사직을 요구하였다. 9월 27일에 신기선은 갑오개혁 이후 역적을 다루는 데 교수형만 적용시키니 역변(逆變)이 그치지 않아 노륙법을 부활시키지 않을 수 없고, 또 대신의 진퇴는 독립협회가 말할 바가 못된다고 답신했다.

10월 2일에 독립협회는 중추원 앞에서 민중대회를 열고 신기선의 사직을 권고하였다. 신기선이 불응하자 독립협회는 신기선을 고등재판소에 고발하였다.

고발장을 접수한 고등재판소는 법부대신은 황제에게 상주한 후에야 구금할 수 있는데 법부대신 신기선 자신이 피고이므로 상주할 사람이 없어 이를 처리하기 어렵다고 밝혔다. 이에 독립협회는 10월 6일에 고등재판소 앞에서 민중대회를 열었다.

이 날 의정부 의정 심순택이 고종에게 법부대신 신기선을 면직(免職)하도록 아뢰었다. 하지만 고종은 신기선에게 1개월 감봉 조치만 내렸다. 10월 7일에 독립협회는 경운궁 인화문 앞에서 농성하면서 신기선등 관련자 처벌을 요구했다.

하지만 고종은 도리어 법부와 중추원을 두둔하였다. 이에 독립협회는 더욱 강경해졌다. 10월 10일에 독립협회의 윤치호 등은 경운궁 앞에서 농성을 계속하면서 신기선, 이재순, 민영기 등 일곱 대신의 파면을 요구했다. 그런데 11일에 고종은 법부대신 신기선과 판사 이인우를 파면시키고 의정부 찬정 서정순을 법부대신으로 임명했다.

이 날 농성 중인 의관(議官) 윤치호가 심순택 등을 규탄하는 상소를 올렸고, 독립협회는 경운궁 앞에서 농성을 계속했다. 종로 시전 상인들도 모두 철시하고 농성에 가담하였다. 농성 중인 윤치호는 상소하여 심순택, 신기선, 민영기 등 일곱 대신의 파면을 거듭 촉구했다.

고종은 12일에 고종은 윤치호를 중하게 견책하도록 명령했다.

하지만 이날 소학교(초등학교) 학생들까지 참여하여 농성 참가자는 1만 여명으로 늘어났다. 궁지에 몰린 고종은 의정부 찬정(贊政) 박정양을 의정부 의정 서리로, 조병호를 탁지부 대신으로, 민영환을 군부 대신으로 임용하였다. 결국 심순택, 신기선등 일곱 대신이 파면되고 노륙법과 연좌법 부활 기도도 사라졌다.

10월 12일 저녁에 독립협회 회원들과 시민들은 만세를 부르면서 해산했다. 각국의 외교관들은 대한제국에서 민중운동에 의해 개혁 정부가 수립된 사실에 놀랐다. 주한미국공사 알렌은 '하나의 평화적 혁명(A Peaceful Revolution)'이 일어났다고 미국 국무부에 보고할 정도였다. (국사편찬위원회, 한국사 41 열강의 이권 침탈과 독립협회, p.353)

관민공동회와 헌의 6조

10월 15일에 독립협회는 박정양 정부와 회담을 갖고 잡세 혁파와 중추원 관제 개정을 통한 의회 설립을 협의하여 긍정적인 답변을 받아냈다. 이러자 고종은 곧 저지 활동을 시작하였다. 고종은 10월 20일에 토론은 정치문제 이외에만 허용하고, 집회는 한 장소에서만 하고 이차집회(離次集會: 장소를 옮겨서 집회를 여는 것)를 금지하는 조칙을 내렸다.

이러자 독립협회는 10월 22일부터 정해진 장소인 독립관이 아닌 경무청 앞에서 집회를 열고, 칙명을 위반했으므로 처벌을 받겠다는 뜻으로 철야 농성을 계속했다. 그런데 상황은 독립협회에 유리하게 전개되었다. 10월 23일에 고종은 의정부 찬정 박정양을 참정(參政 총리)으로 승진시키고, 중추원 의장에 한규설, 부의장에 윤치호를 임명한 것이다.

아울러 고종은 중추원 관제를 중추원 의장 · 부의장과 협의해서 개정하라는 조칙을 내렸다. 이에 독립협회는 이상재 등이 마련한 중추원 개정안을 정부에 제출했다. 이 안에는 의관 50명 가운데 관선과 민선을 25명씩으로 하고 민선 25명은 독립협회가 회원 중에서 투표로 선출한다는 조항이 들어 있었다.

이어서 독립협회는 10월 28일에 관민공동회(官民共同會)를 개최키로 결정했다. 그런데 정부 대표는 집회 장소가 독립관이 아닌 종로라는 이유로 불참을 통고했다. 하지만 독립협회는 10월 28일 오후 1시부터 종로에서 4천 명이 참석한 가운데 집회를 개최하였다. 이 자리에서 윤치호는

① 황제와 황실에 대한 불경한 언행, ② 외국에 대한 모독, ③ 회원간 및 전 · 현직 관료에 대한 비방, ④ 사회 개혁적 발언을 엄금한다는 4개 엄금 사항을 제시했다.

이러자 정부 대표는 고종의 허락을 받고 다음 날인 29일의 관민공동회에 참가하였다.

10월 29일 오후 2시에 1만 명 넘은 시민이 참석한 가운데 관민공동회가 열렸다. 민간에서는 독립협회뿐만 아니라 독립협회 계열의 모든 자매단체들이 참석하였고, 수구파 행동대인 황국협회까지도 초청을 받고 참석하였다.

또한 의정부 참정 박정양, 법부대신 서정순, 농상공부대신 김명규, 탁지부 대신 서리 고영희, 중추원 의장 한규설, 원임 대신 김가진, 민영환 · 민영기, 한성판윤 이채연 등 정부 인사도 참석하였다.

먼저 독립협회 회장 윤치호가 인사를 하였고, 의정부 참정 박정양이 등단하여 개막연설을 하였다. 이어서 백정 출신 박성춘이 등단하여 개막연설을 하였다.

"나는 대한의 가장 천한 사람이고 무지몰각합니다. 그러나 충군애국의 뜻은 대강 알고 있습니다. 이에 나라에 이롭고 백성을 편하게 하는 길은 관민이 합심한 연후에 가능하다고 생각합니다. 저 차일(천막)에 비유하건대, 한 개의 장대로 받친즉 역부족이나 많은 장대를 합한즉 그 힘이 매우 공고합니다. 원컨대 관민합심하여 우리 대황제의 성덕에 보답하고 국조(國祚)로 하여금 만만세를 누리게 합시다."

이러자 군중들은 박성춘의 연설에 박수갈채를 보냈다. 박성춘은 1895년에 곤당골 교회에서 새뮤얼 무어(1846~1906 모삼열) 목사로부터 세례를 받은 기독교 신자였다. 1892년에 한국에 온 무어 목사는 1893년에 곤당골 교회를 열고, 고종의 어의인 에비슨과 함께 백정들에 대한 차별 철폐 운동을 전개했는데 이런 무어 목사의 행동은 양반 신자와 선교사들로부터 불평과 비난의 대상이 되기도 하였다.

10월 30일에 의정부 참정 박정양은 관민공동회에서 채택된 헌의 6조를 고종에게 보고했다.

"… 신들이 생각건대 6조항은 바로 나라의 체면을 존중하고 재정을 정돈하며 법률을 공평하게 하고 규정을 따르는 문제로서 모두 응당 시행해야 할 것들이었습니다. 삼가 아룁니다.

첫째, 외국인에게 의존하지 말고 관리와 백성들이 동심협력하여 전제황권(皇權)을 굳건히 한다.

둘째, 광산, 철도, 석탄, 산림 및 차관(借款), 차병(借兵)과 정부와 외국과의 조약은 각 부의 대신들과 중추원 의장이 합동하여 서명하고 날인한 것이 아니면 시행할 수 없다.

셋째, 전국의 재정은 어떤 세금을 탁지부에서 관할하고, 다른 부(府)와 부(部) 및 사적인 회사에서 간섭할 수 없으며, 예산과 결산을 인민들에게 공포한다.

넷째, 이제부터 중대한 범죄에 관계되는 것은 특별히 공판(公辦)을 진행하되 피고에게 철저히 설명해서 마침내 피고가 자복한 후에 형을 시행한다.

다섯째, 칙임관은 대황제 폐하가 정부에 자문해서 과반수의 찬성에 따라 임명한다.

여섯째, 장정을 실천한다.

보고를 받은 고종은 '의정부로 하여금 조처하도록 하겠다.'고 비답하였다."(고종실록, 1898년 10월 30일)

이어서 고종은 전제 황권을 견고케 한다는 '헌의 6조'에 만족하여,

10월 31일 새벽에 중추원 장정 개정, 협회와 신문규칙 개정, 관리들의 부패 척결, 상공학교 설립 등의 '조칙(詔勅) 5조'를 반포함으로써 관민공동회에 대한 지지의 뜻을 표시하였다.

이렇게 고종은 중추원의 의회로의 개편을 사실상 승인하였다. 근대국가로 나가는 의지를 밝힌 것이다. 11월 2일에 고종은 칙령 제36호, 〈중추원 관제 개정 건〉을 재가(裁可)하여 반포하였다.

"중추원은 아래에 열거한 사항을 심사하고 의정(議定)한다.

중추원의 직원은 의장 1인, 부의장 1인, 의관(議官) 50인등으로 정한다. 의장은 대황제 폐하가 글로 칙수(勅授)하고, 부의장은 중추원에서 공천에 따라 폐하가 칙수하며, 의관은 그 절반은 정부에서 나라에 공로가 있었던 사람을 회의에서 상주하여 추천하고, 또 절반은 독립협회 중에서 27세 이상 되는 사람이 정치, 법률, 학식에 통달한 자를 투표해서 선거할 것이다."(고종실록, 1898년 11월 2일)

이제 한국 역사상 최초의 의회 개설만 남았다. 그러나 11월 4일에 변고(變故)가 일어났다.

수구파의 익명서 조작과 6일간의 만민공동회

11월 4일 박정양 내각은 독립협회에 25명의 중추원 의관을 명단을 보내 달라고 요청했다. 이에 독립협회는 11월 5일에 독립관에서 중추원 민선의관 선거를 실시한다고 공고하였다.

그런데 11월 4일 밤에 '익명서(匿名書)'가 서울 광화문과 시내 곳곳에 게시되었다. '익명서'에는 '독립협회의 의회설립 목적은 황제를 몰아낸 후, 대통령 박정양 · 부통령 윤치호 · 내부대신 이상재 등을 내세워 공화제 국가를 만들려는 것'이라고 적혀있었다. 이는 의정부 찬정 조병식, 군부대신 서리 유기환, 법부협판 이기동 등이 꾸민 '익명서 조작'이었다.

그런데 조병식 등은 고종에게 '익명서'를 보이면서, 독립협회가 황권을 폐하고 공화제 국가를 만들려고 한다고 무고했다.

고종은 즉각 독립협회를 해산시킴과 동시에 독립협회 간부 20명의 체포령을 내렸다. 아울러 고종은 박정양 등을 파면시키는 동시에 조병식을 의정부 참정 겸 법부대신 임시서리로, 민종묵을 외부대신 겸 내부대신 임시서리로, 김정근을 경무사로 임명했다.

조병식과 김정근은 11월 4일 밤중부터 11월 5일 새벽에 이르기까지 이상재(독립협회 부회장), 정교, 남궁억 등 독립협회 간부 17명을 체포했다. 다행히 독립협회 회장 윤치호와 최정덕, 안영수는 체포당하기 직전에 도피하였다.

아펜젤러 집으로 피신한 윤치호는 고종 황제에 대한 배신감과 러시아 · 일본의 배후세력 흉계를 일기에 적었다.

"오늘의 관보는 독립협회의 해산과 헌의 6조에 서명한 대신들을 해임시킨 칙령을 공포했다. 이것이 국왕이라니! 거짓말을 능사로 하는 배신적인 어떤 비겁자라도 대한의 대황제보다 더 천박한 일을 하지 못할 것이다. 이제 정부는 친일 노예 유기환과 친러 노비 조병식의 수중에 있다. 러시아인들과 일본인들이 이 사건에 개입해서 의심할 여지 없이 모종의 알짜 이권을 위하여 그들의 노예를 지원하고 있다.

저주받을 왜놈들! 그들이 대한의 마지막 희망인 독립협회를 분쇄시키는 데 러시아인들을 돕고 있는 이유를 알게 될 것을 나는 참으로 희망한다"(윤치호 일기, 1898년 11월 5일)

한편 체포 소식을 들은 서울 시민들과 독립협회 회원들은 동요했다. 11월 5일 오전, 경무청 문 앞에는 삽시간에 수천 명의 시민이 운집하였고 만민공동회가 개최되었다.

시민들은 경무사에게 독립협회 지도자 체포를 항의하였다. 시민들은 체포와 투옥을 자원하기로 결의하고, 자기들도 체포해 달라고 다투어 요구하였다. 경무사는 당황하여 시민들은 체포대상자 명단에 없어 체포할 수 없으니 해산해 줄 것을 종용하였다.

그러나 군중들은 해산하지 않았고, 오후에는 그 수가 더욱 증가하였다. 종로의 시전상인들도 철시하여 합류했고, 시민들은 모닥불을 피워놓고 철야농성을 하였다. 11월 6일에도 경무청 문 앞에서 만민공동회는 계속되었고, 시민들은 철야했다.

11월 7일 아침 6시경에 경무청은 이상재 등 17명을 고등재판소로 이송

하였다. 이러자 시민들은 고등재판소 앞에서 만민공동회를 개최하였다.

이날 외부대신 민종묵은 군대를 동원하여 만민공동회를 해산시키는 것에 양해를 구하기 위해 각국 공사관을 순방하였다. 그런데 영국 총영사와 미국 공사가 군대 동원에 우려를 표명했다.

이날 오후 경무사가 해산을 종용하였지만 시민들은 물러가지 않았고, 고등재판소 문 앞에는 시민들이 더욱 많아졌다. 특히 각 학교 학생들은 학부(學部)의 만류에도 불구하고 다수 참가하였는데, 11세의 소학교 학생 장용남의 "피를 토하는 연설"이 화제였다.

만민공동회 참가자가 수만 명에 이르자, 고종은 크게 당황했다.

11월 8일에 시민들은 차가운 겨울비를 맞으면서도 고등재판소 문 앞에서 시위를 계속하면서 철야했다. 고종은 이날 중추원 의장 한규설을 법부대신 겸 고등재판소장에 임명하였다.

11월 9일 오전 9시경 군부대신 서리 유기환이 친위대 2개 중대 병력을 투입해서 탄압을 획책했다가 실패하였다. 그런데 보초 선 군인들까지도 만민공동회에 동정을 표시했으며, 이날 밤 만민공동회를 포위하고 있던 200명의 군인들이 스스로 해산하여 버렸다. 심지어 한성부 관리들까지도 수구파 정부의 모략을 개탄하고 만민공동회에 동정을 표시하였다. 이날 밤도 시민들은 추위와 찬비 속에서 동요하지 않고 철야하였다.

만민공동회 6일째인 11월 10일에 고종은 조병식 · 민종묵 · 유기환 등을 해임하였고, 구속자 17명 전원을 즉각 석방하였다.

이로써 6일간의 투쟁으로 독립협회 지도자들이 전원 석방되었다. 시민들은 감격에 넘쳐 서로 붙들고 울며 만세를 불렀다.

만민공동회와 황국협회의 갈등 고조

11월 10일 만민공동회는 이상재 등 독립협회 지도자 17명의 석방에 만족하지 않고 익명서를 조작한 조병식 등의 처벌을 결의했다.

11월 11일부터 14일까지 종로에서 만민공동회가 열렸다. 시민들은 익명서를 조작한 조병식, 민종묵, 유기환, 이기동, 김정근 5흉(凶)의 처벌, '헌의 6조 실시', 독립협회 복설 등을 요구했다.

11월 15일에 만민공동회는 집회 장소를 경운궁 인화문(仁化門) 앞으로 옮겨 집회를 계속했다. 11월 16일에 법부대신 한규설이 조병식등 5흉을 잡아다 신문할 것을 상주(上奏)하니, 고종이 윤허하였다.

이런 가운데 수구파들은 이기동 · 길영수 · 유기환 등이 중심이 되어 전국의 보부상들을 서울로 불러올렸다. 황국협회 세력을 이용하여 만민공동회 공격을 계획한 것이다.

11월 20일에 수 천 명의 보부상들은 영수인 과천군수 길영수를 호위하면서 종로로 시위행진을 하였다. 이 날 경운궁 인화문 앞에는 만민공동회가 농성하고, 종로에서는 황국협회의 시위가 벌어져 위기가 고조되었다.

11월 21일 새벽에 길영수와 홍종우의 지휘 아래 2천여 명의 보부상들이 인화문 앞에서 농성 중인 만민공동회를 습격했다. 이때 시위대 대장 김명제와 경무사는 고종의 칙령을 비밀리에 받아 보부상들이 진격하는 길을 열어주었다.

연일 철야한 시민들은 물푸레나무 몽둥이로 무장한 보부상들의 갑작스러운 공격에 대항할 도리가 없었다. 삽시간에 아수라장이 되었다. 보부상들의 기습이 승리로 끝나자, 궁중에서는 백반과 육탕을 보내어 보부상들을 격려했다.

그러나 보부상들의 승리는 잠깐이었다. 보부상들이 만민들을 습격했다는 소식이 서울 안에 퍼지자 격분한 시민들은 정동으로 모여들었다. 시민들은 인산인해를 이루었다.

격분한 시민들에게 놀란 보부상들은 사태가 역전되었음을 느끼고 오후 2시쯤 병정들의 호위 아래 도망쳤다.

이후 시민들은 다시 종로에 모여 만민공동회를 개최하였다. 이 자리에서 시민들은 황국협회를 격렬히 규탄하였다.

이 날 아침 일찍 나무를 팔러온 나무장수들이 만민공동회의 피습 소식을 듣고 분노를 이기지 못하여 이기동 · 조병식 · 민종묵 · 홍종우 · 길영수 · 유기환 · 윤용선 · 민영기 등의 가옥을 파괴했고, 보부상들의 도가인 신의상무소(信義商務所)도 부숴버렸다.

11월 22일, 이른 아침부터 더욱 많은 시민들이 종로에 모여들었다. 학생들도 휴학하여 수만 명의 대규모 만민공동회가 개최되었다. 군인들도 일부 고급장교를 제외하고는 만민공동회를 지지했고, 경무청의 순검들까지도 만민공동회를 지지했다.

이때 마포에 사는 한 시민이 만민공동회에 달려와서 마포에 둔을 치고 있는 보부상의 행패가 크다고 보고하였다. 분격한 일부 시민들은 빈손으로 마포로 달려갔다. 그런데 무장한 보부상들을 이길 수 없었다. 결국 신기료 장수 김덕구가 사망하고 10여 명이 중상을 입어 시민들이 패퇴했다.

이날 오후부터 고종은 당황하기 시작하였다. 고종은 독립협회 회장 윤치호를 불러들여 해산을 종용했으나 이미 윤치호의 능력 밖이었다. 결국 고종은 독립협회의 부활과 보부상들의 단체인 상무사의 폐지를 칙령으로 승낙했다.

그런데 시위대와 순검들이 궁궐을 잘 호위하지 않고 만민공동회를 지지하자, 고종은 11월 22일 밤에 각국 공사 · 영사와 그 가족들을 궁궐로 불러서 자신을 호위토록 하였다.

고종을 하룻밤 호위해 주고 나온 각국 외교관들은 11월 23일 아침에 회의를 열어 논의해 보았으나 통일된 안을 만들지 못했다. 일본 공사 대리는 병력을 동원하여 군중을 해산할 것을 제안했지만 영국 공사와 미국 공사는 반대했다.

고종은 이날 내부대신서리와 경무사를 보내 독립협회 복설이 승인되었으니 만민공동회를 해산하라고 요청하였다.

하지만 만민공동회는 이기동 · 조병식 · 민종묵 · 유기환 · 김정근 · 길영수 · 박유진 · 홍종우 등 8역(逆)의 처벌, 마포 강변에 둔취하고 있는 보부상들의 해산, 명망있는 정부 인사 임명의 3개 항을 해산의 조건으로 제시했다.

고종은 24일에 박정양을 의정부 참정, 민영환을 내부대신, 권재형을 농상공부대신, 이근호를 경무사, 윤치호를 한성부 판윤으로 임명하였다. 또한 보부상을 혁파하는 등 만민공동회의 제안을 수용했다. 이러자 만민공동회는 24일과 25일 이틀 동안 일시 해산하기로 결의했다. 하지만 이번에는 보부상들이 강력 반발했다. 이들은 각 지방에 통문을 돌려 비상소집을 하였다.

한편 11월 25일까지 정부가 보부상의 해산 불응을 방조하고 조병식 등의 체포에 소극적이자 만민공동회는 11월 26일 오전 10시 종로에서 대규모 집회를 다시 개최했다.

이즈음 보부상들은 은밀히 수구파의 지원을 받으면서 마포에 둔취(屯聚)하고 있어 위기감이 감돌았다. 이러자 고종은 26일 오후에 만민공동회와 황국협회 대표를 직접 만났다.

약속을 지키지 않은 고종

11월 26일 오후 1시에 경운궁 앞에 정부 관원과 각국 외교사절이 대좌한 가운데, 고종은 만민공동회원 200명과 보부상회원 200명을 불러 면담하였다.

오후 2시 30분에 고종은 고영근 · 윤치호 · 이상재 등 만민공동회 대표를 면담하였다. 이들은 5흉의 재판, 보부상 혁파, 만민이 신임하는 대신의 임명, 헌의 6조의 실시를 주청했고, 고종은 긍정적인 답변을 하였다. 이러자 만민공동회 회원들은 만세를 세 번 부르고 해산하였다.

고종은 오후 4시에 홍종우 · 길영수 · 박유진 보부상 대표를 면담했다. 이들은 상무소 복설, 만민공동회 혁파, 조병식 등 8인 석방을 주청했다. 고종은 역시 긍정적으로 답변하자 보부상들도 만세를 삼창하고 물러갔다.

이날 고종의 양측 대표 만남은 성공적이었다. 하지만 독립협회와 황국협회 양쪽의 주장을 모두 수용한 점이 곧 논란이 되었다.

11월 29일에 고종은 중추원 의관 50명을 지명하였다. 지명된 중추원 의관을 계파별로 보면, 독립협회 및 만민공동회 계열이 17명, 황국협회 계열이 16명, 황제파 계열이 17명이었다. 즉 고종과 황국협회 등 수구파가 33석으로 3분의 2를 차지한 것이다.

12월 1일에 독립협회와 만민공동회는 김덕구의 장례를 만민장(萬民葬)으로 거행했다. 김덕구는 11월 21일에 마포에서 보부상과 맨주먹으로 싸우다가 죽은 신기료장수(구두 수선공)였다. 장례식은 성대하게 거행되었다. 시민들과 외국인들이 구름같이 모여서 만민장 광경을 지켜보았다.

12월 2일에 고종은 의정부 참정 박정양, 외부대신 민영환, 법부대신 한규설, 농상공부대신 권재형 등을 해임하였다. 12월 4일에 고종은 개혁파 민영환을 의정부 참정, 박정양을 농상공부대신으로 임명하고, 수구파 심상훈을 군부대신, 민영기를 탁지부대신, 김명규를 학부대신, 이윤용을 법부대신과 내부대신 서리로 임명했다. 수구파를 다시 기용한 것이다.

이러자 12월 6일에 종로에서 만민공동회가 재개되었다. 이 날 독립협회장 고영근이 상소하여 보부상 해산과 조병식등 5흉의 처벌을 촉구했다. 12월 8일에도 고영근은 다시 상소를 올려 고종이 친히 약속한 국정개혁의 조속한 실행을 촉구하였으나, 고종은 "이렇게 시끄럽게 구는 것인가? 다 알았으니 물러들 가라."고 비답하였다.

12월 9일에 전 참서관 안태원이 상소를 올려 민회를 규탄하였다. 12월 10일에는 의관 이남규와 이복헌 등이 민회를 규탄하는 상소를 올렸다. 이날 찬정 최익현도 당장 시행해야 할 12개 조항을 상소했는데 7번째 조항에 '민당을 혁파하여 변란의 발판을 막으라.'는 주장이 들어 있었다.

12월 15일에 고영근 등은 만민공동회를 계속하면서 다시 상소를 올렸다.

"신 등은 비답을 받을 때마다 모두들 기뻐하며 나랏일이 이제부터 펴질 것이며 백성들의 생업이 이제부터 안착될 것이라고 말하면서 밤낮으로 기대하였으나 아직 실시된 것이 하나도 없습니다. … 삼가 바라건대 폐하는 단안을 내려 빨리 이 무리들을 쫓아버리고 다시 슬기 있고 착한 사람을 선발하여야 모든 정령이 비로소 실시될 수 있을 것입니다. … 아직도 보부상(褓負商)들은 뭉쳐서 무엇을 바라고 있는지 민간에서는 이들 때문에 소란이 나고 도로는 이로 말미암아 막히고 있습니다. 그런데도 그 뿌리를 뽑아버리는 일을 서두르지 않는다면 앞으로 그것이 점점 늘어나고 퍼지는 화를 면하지 못할 것입니다. 삼가 바라건대 폐하는 엄격히 단속하여 나쁜 버릇을 되풀이하는 일이 없도록 하소서."

이에 고종이 비답하였다.

"여러 차례에 걸쳐 비답을 내렸는데도 이처럼 시끄럽게 구는가? 매우 무엄하다. 다시는 시끄럽게 굴지 말라. 알았으니 물러들 가라."(고종실록, 1898년 12월 15일)

12월 17일에 만민공동회는 고종에게 다시 상소를 올렸다.

① 보부상을 혁파했다고 하지만 황국상무협회(皇國商務協會)로 개명하여 고종의 분부를 받아 행동하고 있고, ② 보부상들의 경비는 황제의 하사금과 탁지부의 지출이라 하며, ③ 고영근 · 윤치호 · 이상재를 암살하려 하고 있고, ④ 백민회(白民會)는 만민공동회를 공격하기 위한 단체로 그 경비는 탁지부대신 민영기가 지출했다 하니 이를 조사해서 처벌할 것이며, ⑤ 민영기 · 심상훈 · 김명규의 해임, 조병식 · 민종묵 · 김정근 대신의 징계, 유기환 · 이기동 2흉의 재판을 요구했다.

독립협회 강제 해산

1898년 12월 15일 오후 4시에 중추원이 개원되었다. 의장은 이종건, 부의장은 윤치호였다. 12월 16일 오전 11시에 속개된 중추원은 '헌의 6조'와 '조칙 5조'의 조속 실시를 촉구했다. 이윽고 독립협회 출신 의관 최정덕은 정부 대신에 임명할 11명을 선발하여 황제가 서용하도록 하자고 제안하였다. 이 제안은 의결되어 중추원 의관들의 투표에 의하여 11명이 천거되었다. 개혁파로는 민영환 · 이중하 · 박정양 · 한규설 · 윤치호 · 김종한 · 박영효 · 서재필 8명이고, 수구파로는 민영준 · 최익현 · 윤용구 3명이었다.

그런데 중추원이 박영효와 서재필의 천거한 것은 너무 무모한 일이었다. 박영효는 대역죄인의 죄명을 쓰고 일본에 망명 중이었고, 서재필은 미국으로 추방된 상태였다. 그러나 이미 의결된 것이라 원안이 확정되었다.

중추원의 11명 공천 결의안은 곧 정부에 제출되었다. 이 와중에 내부주사 이석렬 등 33인이 연명 상소하여 박영효의 소환과 서용을 주장하였다. 또한 독립협회 내 소장 급진파들인 이건호,현공렴,이승만, 최정덕 등이 중심이 되어 박영효의 귀국 운동을 적극 추진하였다. 그러나 박영효의 소환 운동은 고종과 수구파의 경계심을 불러 일으켰고, 만민공동회에 호의적이었던 일반인의 반발을 샀다.

12월 17일에 수구파 민영기 등이 군대를 동원하여 만민공동회를 해산시킬 것을 진언했다. 이러자 고종은 영국·독일·러시아·미국의 공사들을 불러 의견을 타진하였다. 외국의 공사들은 순검을 사용하여 만민공동회를 해산시키도록 권고하였다. 고종은 순검의 힘이 약하니 군대로써 만민공동회를 해산시킴이 어떠한가를 물었으나, 외국 공사들은 찬성하지 않았다.

12월 18일에 일본 공사 가토 마스오가 고종을 단독 면담했다. 고종은 가토에게 "군대로 민회를 해산하는 것이 어떠한가"를 물었다. 가토는 "일본에서도 메이지 유신 초기에 군대로 민회를 제압한 일이 있다"고 답하면서 군대를 동원하여 만민공동회를 해산시킬 것을 권고하였다.

일본 공사 가토는 무려 3시간 면담하면서 민회가 처음에는 충군 애국에서 출발했지만 이제는 난민의 부류에 빠져있다고 만민공동회와 독립협회를 규탄하였다. 고종은 가토의 진언을 듣고 매우 기뻐하였다.

12월 18일에도 만민공동회는 수구파 관료들의 추방과 개혁정부 수립을 요구하면서 집회를 계속하였다. 이 날 고종은 의정부 찬정 윤웅렬을 경무사에 겸임시켰다. 윤웅렬은 독립협회 회장 윤치호의 부친이었다.

12월 20일에도 만민공동회가 계속되었다. 이날 이승만은 보부상의 주모자는 민영기이니 그의 체포에 은 1천 원의 현상금을 걸자고 제안하여 채택되었다. 또한 만민공동회는 21일에 고등재판소 문 앞에서 보부상 배후 조종자인 전 탁지부대신 민영기와 군부대신 민병석 등 4인을 체포하여 공개 재판에 부칠 것을 요구하였다.

그런데 이날 고종은 조령(詔令)을 내려 박영효 임명을 상소한 이석렬 등을 잡아 진상을 밝히도록 명했다. 강경 대처를 예고한 것이었다.

마침내 고종은 12월 23일에 군대와 보부상을 동원하여 만민공동회를 강제 해산시키면서 독립협회와 만민공동회 지도자에 대한 대대적인 체포에 나섰다.

시위대(侍衛隊) 제2대대 대대장 김명제는 부하 병정들에게 각 3원씩 나누어 주고 술을 마시게 한 다음 만민공동회를 해산토록 명령했다. 술 취한 시위대 병정들은 일제히 만민을 총검으로 위협하면서 행사장으로 들어왔다. 만민들이 흩어지자, 시위대 병정들은 만민들을 총검으로 위협하며 추격하였고, 그 뒤에는 보부상들이 뒤따라오면서 "민회를 밟아라", "회원 연설자를 잡아라"등 고함을 치며 만민들을 추격했다. 만민들은 시위대 군인들의 총검과 보부상들의 몽둥이에 쫓기다가 날이 어두워지자 해산하였다.

12월 24일에 서울 시내는 완전 계엄 상태였다. 시위대는 종로를 봉쇄했으며, 서울 시내 요소요소에는 총검을 든 군인들이 배치되어 시민이 모이면 즉각 총검으로 위협하고 귀가시켰다.

12월 25일에 고종은 민회(民會)에 칙유(勅諭)하였다. 그 내용은 민회가 법을 어기고, 대신을 능욕하고, 황제의 잘못을 외국공관에 투서하고, 역적 박영효를 임용하라는 등 11가지 잘못을 저질렀다는 것이다.

이어서 고종은 조령(詔令)을 내려 집회를 금지시키고 구경꾼까지도 단속하라고 내부(內部)와 군부(軍部)에 명했다.

12월 28일에 고종은 조령(詔令)을 내려 백성들에게 생업에 안착할 것을 명했다.

1899년 1월 15일에 고종은 독립협회 지회를 해산시키도록 명령하였다. 아울러 고종은 독립협회 간부들에 대한 탄압에 나섰다. 고종은 1월 3일에 중추원 의관(議官) 신해영, 어용선, 변하진, 이승만, 홍재기를 해임시킨데 이어, 박영효와 내통해서 고종 폐위와 공화제 시행 음모를 기도했다는 혐의로 이승만 · 연홍식 · 연홍기 · 임만용 · 김봉구 · 조문식을 체포 투옥했으며, 놓친 최정덕 · 정항모 등을 긴급 체포했다. 무려 430여 명의 독립협회 · 만민공동회 중견간부들이 체포당했다.*

이로써 만민공동회는 완전히 해산되었다. 독립협회의 근대적 개혁운동은 종말을 고했다.

한편 고종은 개혁 관료들을 모두 파면하고, 수구파 정부를 편성하였다. 심상훈이 의정부 참정, 유기환이 법부대신, 민영기가 탁지부 대신, 신기선이 학부대신, 민병석이 군부대신, 홍종우가 의정부 총무국장, 이기동이 시위대 제1연대 제1대대장, 이근용이 경무사, 이한응이 한성판윤, 이기동이 참령, 길영수가 참위에 임명되었다. 이용익은 전환환국장(典圜局長)으로 복귀하였다.

만민공동회와 독립협회에 의해 규탄받던 가장 부패하고 무능한 사람들이 권력을 차지했는데, 가장 현저한 변화는 보부상들의 진출이었다. 보부상 단체 간부 46명이 모두 정부의 중견 관직을 차지했으며, 길영수는 곧 농상공부 상공국장으로 영전하였다.

---

* 이승만이 구금되자 알렌은 이승만의 석방을 요구하였지만 거부당했고, 이승만은 1899년 1월 말에 탈옥을 시도하다 실패해 종신형을 언도받았다. 그는 5년 7개월간 한성 감옥에서 지내다가 1904년 8월 9일에 특별 사면령을 받고 석방되었다.

제 3 장

대한제국 -
황제 1인의 나라

대한국 국제 - 황제 1인의 나라

1899년 8월 17일에 고종은 정치체제는 '만세불변할 전제정치(專制政治)'이고 황제권은 '신성불가침한 권력'임을 천명한 '대한국(大韓國) 국제(國制)'를 반포했다.

그러면 「대한국 국제」를 살펴보자.

제1조 대한국(大韓國)은 세계 만국에 공인된 자주독립(自主獨立)한 제국(帝國)이다.

제2조 대한제국의 정치는 과거 500년간 전래 되었고, 앞으로 만세토록 불변할 전제정치(專制政治)이다.

제3조 대한국 대황제(大皇帝)는 무한한 군권(君權)을 지니고 있다. 공법에 이른바 정체(政體)를 스스로 세우는 것이다.

제4조 대한국 신민이 대황제가 지니고 있는 군권을 침손(侵損)하는 행위가 있으면 이미 행했건 행하지 않았건 막론하고 신민의 도리를 잃은 자로 인정한다.

제5조 대한국 대황제는 국내의 육해군(陸海軍)을 통솔하고 편제(編制)를 정하며 계엄(戒嚴)과 해엄(解嚴)을 명한다.

제6조 대한국 대황제는 법률을 제정하여 그 반포와 집행을 명하고 만국(萬國)의 공통적인 법률을 본받아 국내의 법률도 개정하고 대사(大赦), 특사(特赦), 감형(減刑), 복권(復權)을 한다. 공법 이른바 율례를 자체로 정하는 것이다.

제7조 대한국 대황제는 행정 각부(各府)와 각부(各部)의 관제와 문무관(文武官)의 봉급을 제정 혹은 개정하며 행정상 필요한 각 항목의 칙령(勅令)을 발한다. 공법에 이른바 치리(治理)를 자체로 행하는 것이다.

제8조 대한국 대황제는 문무관의 출척(黜陟)과 임면(任免)을 행하고 작위(爵位), 훈장(勳章) 및 기타 영전(榮典)을 수여 혹은 박탈한다. 공법에 이른바 관리를 자체로 선발하는 것이다.

제9조 대한국 대황제는 각 조약국에 사신을 파송주재하게 하고 선전(宣戰), 강화(講和) 및 제반 약조를 체결한다. 공법에 이른바 사신을 자체로 파견하는 것이다.(고종실록, 1899년 8월 17일)

'대한국 국제'의 핵심 내용은 대한제국은 전제국가이고, 대황제는 무한한 군권(君權)을 가지며, 육해군의 통수권, 입법권, 행정권, 관리임면권, 조약 체결권 등 주요 권한을 모두 황제에게 집중시킨 것이다. 더 나아가 "황제의 권한을 손상시키는 자는 신민(臣民)의 도리를 잃은 자"로 규정하여 복종만 강요했다. 한마디로 고종은 프랑스 루이 14세나 러시아의 짜르처럼 무한 군권을 장악했다. 대한제국은 독립협회가 해산된 이후 왕권에 대한 어떤 견제도 없었고, 서구 근대국가의 대세인 입헌군주제와는 더욱 더 멀어졌다.

고종 황제, 재정권과 군권· 인사권을 장악하다.

고종은 황제권 강화를 위해 재정권과 군권(軍權), 인사권을 무소불위로 휘둘렀다. 1898년 이후에 고종은 궁내부를 대폭 확대했다. 1894년 갑오개혁기에 관원이 163명이던 것이 1903년 말에는 470여 명으로 급증했고, 내장원(內藏院), 예식원, 철도원, 통신원 등 여러 기관이 신설됐다.

이들 신설기구는 기존의 탁지부, 외부, 농상공부 등이 관장했던 재원이나 업무를 가져갔다. 탁지부가 관장하던 화폐주조권, 홍삼 전매권, 역둔토 소작료 징수권, 상업세 · 어세 · 염세 등 허다한 재원들이 내장원으로 이관되었으며, 이로 인해 정부 재정은 극도로 궁핍해졌다. 심지어 탁지부는 관원 봉급 재원도 부족하여 결세를 담보로 내장원으로부터 재정자금을 차입하기도 했다. 이후 내장원은 탁지부 대출금 환수를 위해 각 지방에 봉세관을 파견하여 결세를 직접 징수했는데, 백성들에 대한 수탈은 원성(怨聲)의 표적이 되었다. 심지어 1901년에 일어난 '제주농민항쟁'('이재수의 난'으로도 불림)은 봉세관이 과중한 과세를 강압적으로 징수한 데 그 원인이 있었다.

더구나 1900년 이후에 내장원으로 이관된 전환국은 황제의 의향에 맞춰 백동화를 대량 주조하여 '황제의 전환국'이 되었다. 백동화 대량발행은 물가를 폭등시켜 1904년의 물가는 1894년보다 3~5배 치솟았다.

또한 고종은 예식원을 신설하여 외교 업무를 맡김으로써 외교 업무도 외부와 예식원으로 이원화시켰다. 농상공부 산하 기관이었던 전보사,우체사, 철도사 및 광산 관리기능도 궁내부에 신설된 통신원, 철도원, 광학국으로 이관되었다.

아울러 고종은 군권(軍權)을 직접 장악했다. 고종은 1899년 6월에 원수부를 설치하고 황제가 대원수를 겸임하고 황제를 호위하는 부대인 시위대(侍衛隊)와 지방 진위대(鎭衛隊)를 증강해 배치했다. 한편 군부 예산은 지나치게 많았다. 1901년에는 정부 예산 중 44.8%에 이르렀고 1904년에 이르기까지 40%에 달했다.

고종은 인사권도 마구 휘둘렀다. '회전문 인사'를 자주 한 것이다. 1899년에 '대한국 국제'를 선포한 이후부터 1907년까지 군부대신의 임용기간은 길게는 14개월, 짧게는 2일이었다. 이들은 9년 동안 34명이 교체됨으로써 재직기간은 평균 96.6일이었다.(장영숙 지음, 고종의 인사정책과 리더십, 2020, p.338)

이렇게 고종 황제는 "짐이 곧 국가이다."라고 말했던 루이 14세처럼 절대권력을 행사하는 전제군주였다.

매관매직이 풍습인 대한제국

오스트리아 외교관이 본 조선의 정세

1897년 10월에 대한제국이 탄생했지만 매관매직은 여전했다. 흡혈귀 같은 관료의 수탈은 대한제국 시대에도 전혀 변하지 않았다.

먼저 1898년 1월 11일에 일본 도쿄 주재 오스트리아-헝가리 제국 외교관이 수집한 조선의 정세에 대하여 살펴보자.(대한제국엔 공사관이 없었다)

"이 나라의 한탄스러운 상황은 무엇보다도 비양심적이고 부패한 관료계층에 그 원인이 있다. 관료들은 정부로부터 봉급을 받지 못하거나 기껏해야 보잘 것 없는 곡물만을 받기 때문에 마치 흡혈귀처럼 민중의 피를 빨아들이는 것이다. 이 상태가 오래 계속된다면 이 나라에서는 거의 희망을 가질 수 없을 것이며 민중은 계속 비참한 상황에서 헤어나지 못할 것이다. 관료들에 의한 철면피한 강탈체계가 폐지되고 난 후에야 비로소 조선의 새날이 밝아 올 것이다."(박종인 지음, 매국노 고종, 2020, p.253)

주한프랑스 공사의 보고서

1899년 3월 25일에 주한프랑스공사 플랑시가 프랑스 외무부 장관에게 보낸 보고서의 일부이다.

"가장 빈번하게 일어나는 일은 그 어느 때보다 사례금이 높아진 관직

매매입니다. 실제로 아무리 낮은 관직이라 해도 4000 피아스트르를 지불해야 한다고 최근 언론에서 밝히고 있습니다. 가장 인기를 끄는 관직은 지방 수령입니다.

최근 관직매매 소문이 점점 확산되어 의정부 참정(총리) 심상훈은 내부대신에게 이 같은 관행이 대한제국의 명성에 먹칠을 한다는 사실을 알릴 필요가 있다고 판단했습니다. 이런 생각을 실행에 옮기기 위해서 그는 상당한 용기가 필요했는데 내부대신이 황실에서 내린 명령을 집행하는 인물일 뿐이라는 사실을 모르고 있지 않기 때문입니다. 뿐만 아니라 대부분의 대신들은 참정의 의견에 동조하거나 아니면 침묵으로 일관하고 있는 실정입니다.

그런데 황제는 내각의 태도가 자신의 권위를 위협한다고 판단해 내부대신에게 10년 유배형을 내리고 심상훈은 15년 유배에 처했고, 다른 대신들은 파면에 처했습니다. 이 같은 느닷없는 조치로 인해 박제순 외부대신도 파면당했고, 후임으로 이도재가 임시서리로 임명됐습니다."(국사편찬위원회 홈페이지, 한국사 데이터베이스, 한국근대사자료집성 19권 프랑스 외무부 문서 9 대한제국 Ⅱ · 1899~1901〉 대한제국의 대외 정책과 주재 외국인 1899~1901 2권〉【3】독립협회 현황과 관직 매매)

한편 1899년 3월 15일의 『고종실록』에는 "심상훈이 군수 100명을 전보시킨 내부대신의 파면을 요청하자 고종은 의정부 여러 신하도 견책했다"고 적혀 있고, 3월 24일의 실록에는 "죄인 민병한은 10년간 황주군 철도(鐵島)에, 죄인 심상훈은 15년간 지도군(智島郡) 고군산에 유배시켰다"고 기록돼 있다.

샌즈의 비망록

1899년 10월에 주한미국공사관 서기관 샌즈가 궁내부 고문관에 취임했다. 그는 대한제국이 러 · 일 양국의 대립에서 벗어나 스위스처럼 영세 중립국이 되려면 내정개혁이 급선무라고 정부 고관들을 설득했다. 하지만 샌즈의 개혁은 처음부터 벽에 부딪혔다. 궁내부 관리들부터 부패했다. 특히 영친왕의 친모인 엄귀비는 샌즈의 개혁을 몹시 못마땅하게 여겼다.

샌즈는 1930년에 발간한 『조선비망록』에서 이렇게 회상했다.

"지금도 관직 임용에 뇌물 수수 관행이 너무 심해 이를 직업으로 삼는 일본인 고리대금업자까지 등장했다. 그들은 어떤 지방 관직을 얻는데 필요한 뇌물 준비금을 토지와 농산물 거래 때의 통상적인 이자인 월 12%로 후보자에게 빌려주고 공직을 얻은 뒤 짧은 기간 내에 되받아 냈다. 뇌물은 황제에게까지 올라가는 데 조선 사람들은 우리가 생각하는 것처럼 뇌물을 그렇게 비도덕적인 것으로 생각하지 않았다. 왜냐하면 땅과 백성은 황제가 바라는 대로 처분할 수 있는 소유물이기 때문이다. 황제는 곧 국가이다. 관리들은 황제의 징세 청부업자일 뿐이다. 지방행정도 부패했고 소름이 끼칠 정도였다."(샌즈 지음 · 신복룡 역주, 조선비망록, 2019, pp.127~128)

청나라 공사 서수붕의 비웃음

1900년 12월에 청나라 공사 서수붕은 귀국하면서 고종의 매관매직을 비웃었다.

"서수붕이 처음 고종을 뵈었을 때 조선의 기수(氣數)가 왕성하고 풍속이 아름답다고 칭찬했다. 고종이 의아하게 여기고 그 연유를 물으니 그가 대답했다.

'본국은 벼슬을 팔아먹은 지가 십 년도 되지 않았는데 천하가 크게 어지러워져 종묘사직이 거의 위태로울 지경에 이르렀습니다. 그런데 귀국은 벼슬을 팔아먹은 지 30년이나 되었는데도 제위(帝位)가 아직 편안

하니 기수가 왕성하지 않거나 풍속이 아름답지 않고서야 어찌 이럴 수 있겠습니까?'

고종은 크게 웃으며 부끄러운 줄 모르자 서수붕이 나가면서 말했다.

'불쌍하구나, 대한의 백성들이여'."(황현 지음 · 허경진 옮김, 매천야록, 2006, p.282)

의정부 의정(총리) 윤용선의 상소

1900년 3월 12일에 의정부 의정(총리) 윤용선이 상소를 올렸다. 윤용선은 1899년 8월 17일에 반포된 「대한국 국제」를 만든 법규교정소 총재였다.

"첫째, 궁금(宮禁)을 엄숙하게 할 것입니다. 근래에 기강이 무너져 공적인 일을 빙자해서 사적인 것을 도모하여 폐단이 너무 많으므로 매우 통탄스러워 말하고 싶지도 않습니다. 종친과 외척은 모두 촌수(寸數)를 한정하였고, 학식있고 단아한 선비라도 특별히 부르는 일이 없으면 알현할 수 없는 것이 조종조(祖宗朝)의 옛 규례입니다.

그런데 근래에는 애당초 자격이 없는 조신(朝臣)들과 사방의 부잡(浮雜)한 무리들이 연줄을 타고 궁궐에 출입하여도 거의 막지 않으니, 기밀이 누설되고 위엄이 농락당하고 있습니다.

삼가 바라건대, 관리와 액속(掖屬)들을 엄히 금하고 살펴서 비록 각부 관리라도 공적인 부름을 받지 않은 경우에는 궁궐에 들어가지 못하도록 하고, 종친과 외척도 들어오라는 명이 있어야 들이는 옛 법을 거듭 밝히소서. 이를 위반하는 자는 의정부가 처리하도록 해주소서.

둘째, 잡세(雜稅)를 없애고 관리를 파견하는 것도 없애소서. 갑오년(1894) 이후 누차 어려운 일을 겪었지만 아직까지 국가를 유지하고 있는 것은 요역(徭役)과 세금을 가볍게 매기어 백성들이 안정된 생활을 할 수 있기 때문입니다.

근래에 다방면으로 걷어 들이고 명목도 한두 가지가 아니며 사방으로 관리를 파견하여 온갖 침학(侵虐)을 자행하고 있습니다.

삼가 바라건대, 신속히 칙령을 내리셔서 모두 폐지하게 하소서. 만일 경비가 궁색하여 잡세로 보충하려고 하면 그 권한을 전적으로 탁지부(度支部)에 주어 탁지부가 덜 것은 덜고 징수할 것은 징수하게 하여 그 징수한 재물을 마땅히 써야 될 비용에 이획(移劃)한다면 백성을 착취하거나 중간에서 착복하는 폐단이 없어질 것입니다. 그리고 이른바 독쇄관(督刷官), 위원(委員), 파원(派員) 등 허다한 관원은 폐단 위에 폐단만 더하게 되니 모두 없애버려 백성들의 마음을 안정시키소서."(고종실록, 1900년 3월 12일)

황현은『매천야록』에서 윤용선의 상소에 대해 이렇게 적었다.

"이때 별입시(別入侍)의 명목이 날로 늘어나 청별입시(廳別入侍), 계별입시(階別入侍), 지별입시(地別入侍) 등이 있었다. 청별입시는 청(廳)에 오르는 자요, 계별입시는 뜨락에 나열해 있는 자, 지별입시란 마당에 서 있는 자이다. 위로는 대관으로부터 아래로는 무당과 백정, 거간꾼에 이르기까지 참여하지 않는 사람이 없으므로 고종은 그들을 다 기억하지 못하고 그들이 알현할 때마다 고개만 끄덕일 뿐이었다.

이에 입시한 사람들은 고종이 돈을 좋아하기 때문에 기회를 노려 서로 알현하곤 하였다. 어느 곳에는 광산이 난다, 어느 곳에는 수리(水利)가 있다, 어떤 회사를 세워야 한다고 하면 고종은 곧바로 허락했다.

그러나 평안도는 백성들이 사나워 파견된 관원들이 누차 쫓겨나거나 구타를 당하였으므로 감히 손을 쓰지 못하였다. 오직 영남과 호남지방이 화를 당하여 원성이 날로 드높았다. 이때 윤용선은 하는 일 없이 자리만 지키고 있는 것을 부끄러워하여 억지로 이런 상소를 하였다.”

윤용선이 상소하자 고종이 비답하였다.

“궁금이 문란한 것은 과연 한탄스럽다. 무릇 종친과 외척, 조신들의 출입하는 규정은 궁내부로 하여금 옛 법을 거듭 밝혀 시행하게 하라. 독쇄관 같은 관리를 없애버리는 것은 더없이 급한 일이다.”

하지만 궁금 문란과 부패 문제는 전혀 개선되지 않았다.

민영환의 어리석음과 군수의 자리값

민영환의 어리석음

1901년에도 매관매직의 풍조는 여전했다. 1894년 갑오개혁 이전보다 훨씬 더 심했다. 아무리 종친이나 외척 혹은 임금과 가까운 자라도 감히 한 자리도 은택(恩澤)으로 얻을 수 없었다, 관찰사 자리는 10만 냥 내지 20만 냥이었고, 일등 수령 자리도 5만 냥 이하로는 내려가지 않았다.

서상욱은 민영환의 외삼촌이다. 민영환은 고종에게 군수 자리를 달라고 오래전에 아뢰었는데, 고종은 "너의 외숙이 아직까지 군수 한자리 하지 못했단 말이냐?"라고 말할 따름이었다.

얼마 후에 민영환이 다시 외삼촌 일을 아뢰자 고종은 고개를 끄덕이며 "내가 잊을 뻔하였다. 곧바로 임명하도록 하겠다."하고는 서상욱을 광양 군수에 임명하였다.

민영환은 집에 가서 기쁜 얼굴로 어머니에게 "오늘 임금이 외숙에게 군수 자리를 허락하셨으니, 천은(天恩)에 감사한다."고 말했다. 이러자 그의 어머니가 실소(失笑)하면서 "네가 이처럼 어리석고도 어리석은 척리(戚里 임금의 외척)란 말이냐? 임금이 언제 한자리라도 은택으로 제수한 적이 있었더냐? 어찌하여 너에게만 특별히 은덕이 미친단 말이냐? 내가 이미 5만 냥을 바쳤단다."라고 말했다.

이 일화는 황현의 『매천야록』에 나온다.(황현 지음 · 임형택 외 옮김, 역주 매천야록 하, pp.106~107)

군수 임기를 16개월로 정하다

1903년에 군수의 임기를 개정하여 16개월로 정하였다. 이때 군수를 임명함에 있어 금액의 다과에 따랐는데, 고종은 관직을 자주 팔면 돈이 많이 생긴다고 여겨 1년도 못 되어 금방 교체시켰다. 심지어 한 사람이 1년에 5개 군을 바꾼 경우가 있었고, 1년에 5명의 군수를 맞이한 군도 있었다. 돈을 바치고 임명된 자들은 이런 사실을 알고 부임하자마자 수탈을 일삼았으니, 조금만 늦춰지면 교체되기 때문이었다. 그러나 바친 돈이 워낙 많아 본전을 뽑을 수 없었다. 그러므로 돈 주고 군수가 된 자가 파산하기도 하여 군수 자리를 사려는 자가 점차 드물었다. 고종은 이런 점을 깨닫고 임기를 16개월로 정한 것이다.

군수의 자리값

1903년에 내부대신 김주현이 면직되었다. 김주현이 임금께 올려 군수 70여 명이 새로 임명되었는데, 고종의 뜻이 중간에 변해 모두 면직되고 아울러 김주현 또한 교체되었다. 당시 군수 자리는 5, 6만 냥을 바쳐야 했는데, 졸지에 자리를 빼앗겼으니 경향에 파산한 집안들이 속출하였고, 시전에서 어음을 쓴 자는 줄줄이 구속되었다.(황현 지음, 위 책, pp.147~148)

마산포 · 거제도 조차(租借) 사건과 서경(西京) 공사

마산포 · 거제도 조차 사건

1899년 5월 1일 대한제국은 마산포, 군산, 성진 세 곳에 개항장을 설치하였다. 6월 2일에는 외부대신 박제순과 일본 · 영국 · 러시아 · 프랑스 · 독일 등 각국 공사들이 참석한 가운데 마산포 각국 공동 조계 장정이 조인되었다. 그런데 1900년 3월 30일 외부대신 박제순과 주한 러시아 공사 파블로프는 마산포의 각국 거류지(居留地) 밖의 10리(里) 이내 지점을 러시아에 조차(租借)한다는 것과 거제도(巨濟島)는 영구히 조차하지 않는다는 조약을 체결했다.(고종실록, 1900년 3월 30일)

러시아 입장에서 마산포는 부동군항(不凍軍港)을 얻을 수 있는 천혜의 항구였다. 아울러 러시아는 일본이나 제3국이 러시아의 남하 정책을 방해하지 않도록 거제도를 영구히 타국 정부에 조차하는 조약을 맺었다.

이를 눈치챈 일본은 이미 마산포 부근의 토지를 매입하였다. 따라서 마산포의 러시아의 조차 계획은 실패로 돌아갔다.

서경 공사로 평안도민이 도탄에 빠지다.

1896년 6월, 러시아 황제 니콜라이 2세 대관식에 참석한 일본 육군대신 야마가타 아리토모가 러시아에 '39도 한반도 분할론'을 제안했다.

러시아는 이를 무시했다.

그런데 1901년 1월 7일 주일러시아 공사 이즈볼스키가 일본에 한반도 분할론을 제안했다. 소식을 접한 고종은 비상이 걸렸다. 그리고 한반도가 분할될 경우를 러시아에 의지하여 북부지방에서라도 왕권을 유지하기 위하여 서경(西京 평양) 건설에 나섰다.(이윤상, 대한제국기 국가와 국왕의 위상 제고사업, 2003 ; 김용삼, 지금 천천히 고종을 읽는 이유, 2020, pp.334~335에서 재인용)

1902년 5월 1일에 특진관 김규홍이 두 개의 수도에 대하여 건의했다. 즉 서경에 이궁(離宮)을 새로 짓자고 상소한 것이다.

5월 14일에 고종은 서경 공사를 명하면서 특별히 내탕전(內帑錢) 50만 냥(10만 원)을 내려보냈다. 그러면서 해당 도지사로 하여금 재정을 마련하여 공사를 끝내도록 하였다. 서경 공사비는 216만 원이 들었는데 고종이 하사한 내탕금 10만 원을 제외한 206만 원은 모두 평안도 백성들이 부담했다.(평안도 백성들이 도탄에 빠지자, 1903년 1월에 고종은 평안도에 대해 2년간 세금의 1/3을 감액하라고 명했다.)

1902년 6월 3일에 서경 행궁(行宮)인 풍경궁(豊慶宮) 공사가 시작되어 1903년 11월 6일에 태극전과 중화전 공사가 완공되었다. 이리하여 고종과 황태자의 어진이 모셔졌다. 그런데 추가 공사는 재정난 때문에 난관에 봉착했다. 더구나 1904년 2월에 러일전쟁이 일어나자 평양은 어수선했고 공사는 중단되었다.

1904년 7월 15일에 중추원 의관 안종덕이 상소하여 서경 공사의 문제점을 아뢰었다.

"서경 공사가 아직 끝나지 않았는데 한 도(道)의 민력이 고갈되었다고 합니다. 대개 이 공사는 보잘것없는 간사한 자들이 원칙에서 어긋나는 망령된 설을 조작해 폐하를 속이고 그에 빙자하여 백성들을 착취하려는 데서 시작된 것입니다. … 서경 궁전을 건축하는 것이 나라에 무슨 이익을 주며, 백성들의 원한을 쌓으면서 궁전을 만들어 놓고 중하기 그지없는 황제와 황태자의 진전(眞殿)을 멀리 그곳에 모셔다 두는 것은 도대체 무슨 생각에서입니까? …

지금 러일전쟁을 하고 있는데 서경은 공교롭게도 그 요충에 있으니 장차 화가 미칠지 모릅니다. 신은 진전을 속히 도로 모셔 오도록 하소서. … 재력이 궁핍한 때에 기근까지 닥치고 전쟁까지 덮친 마당에 백성들을 부리는 것이야말로 폐하의 청렴한 덕을 크게 손상시키는 것이 아닌가 합니다. 폐하께서는 살피시기 바랍니다."

이어서 7월 25일에는 봉상사 부제조 송규헌이 상소를 올려 서경 공사 책임자 민영철을 탄핵했다.

"민영철이 지난날 평안도에 감히 요궤(妖詭)하는 무리들을 이끌고 허황된 말로 부추기고 현혹시켜 폐하를 기망하였습니다. 그리고는 힘으로 눌러 복종시키려면 서경에 창건해야 한다고 하여 대거로 궁궐 역사(役事)를 일으켜서 매향전(賣鄕錢)을 집집마다 거두고 재목 운반 비용을 각 촌리(村里)에 배분하여 거두어들였으니 이는 백성이 어육(魚肉)이 된 것으로 마침내 전 지역이 소란해졌습니다. 그는 수많은 재물을 축적하여 사리사욕을 채우고는 국경을 넘어 몸을 빼서 도주하고는 스스로 다행으로 여겼으니 속히 자세히 조사하여 정죄(正罪)함이 마땅합니다."

이러자 1905년 2월 17일에 민영철이 공사 비용의 지출과 잔고를 기록하여 상소를 올렸다.

"궁궐 공사를 감독하는 것은 중대한 문제입니다. … 지출과 잔고를 기록한 책을 낱낱이 구별하여 올려서 폐하가 볼 수 있게 하였습니다. 속히 신의 서경 감동당상 직책을 체차(遞差)시키고 직무를 잘못 수행한 변변치 못한 신의 죄를 다스려 주소서."

이러자 고종이 비답하였다.

"마침 어려운 시기를 만나 공사를 아직 끝내지 못하였는데 일의 형세가 본디 그럴 수밖에 없어서 재정문제로 말하면 수입과 지출이 더할 나위 없이 자세하니 혹 허튼 비방이 있다고 해도 개의할 것이 무엇인가?"

러일전쟁 이후 서경 공사는 중단되었고, 1908년에는 봉안된 어진이 다시 덕수궁으로 돌아왔다.

고종 즉위 40년 경축식 무산

1901년 12월 22일에 황태자가 상소하여 내년 정월 초하루에 존호를 올리고 연회를 베풀 것을 청했다.

"내년은 바로 우리 부황(父皇) 폐하께서 51살이 되고 왕위에 오른 지 40년이 되는 두 가지 큰 경사가 겹친 경사스러운 해이며 또한 우리 왕조에서 보기 드문 큰 경사입니다. 그러니 그 의식은 마땅히 이전보다 더 성대하게 해야 할 것입니다. … "

이러자 고종이 불허했다.

"눈 앞의 백성들의 일이 다급하니 이처럼 화기애애한 일을 할 겨를이 없다. … 청을 들어줄 수 없으니 이해하라."

그런데 12월 25일에 황태자가 네 번째로 아뢰었다. 이러자 고종은 '존호(尊號)를 올리는 일에 대해서는 마지못해 따른다. 그러나 연회는 내년 가을에 해도 결코 늦지않으니 이해하라.'라고 비답했다.

고종은 마침내 1902년 가을에 연회를 열라고 명한 것이다.

황현은『매천야록』에 이렇게 적었다.

"1901년에 서울에 진청(賑廳)을 설립하여 5부(部)에서 기아 인구 19,683명을 선별하였다. 이때 얼어 죽은 사람과 굶어 죽은 사람이 수만 명이나 되었으며, 그 고통을 못이겨 온 가족이 독약을 먹고 사망한 사람들도 있었다. 혜민원(惠民院)에서는 날마다 죽을 두 번씩 끓여 걸식한 사람에게 나누어 주었다."

한편 1902년 2월 13일에 고종은 의정부에서 올린 탁지부가 청의(請義)한 내진연(內進宴)과 외진연(外進宴) 연회 비용 31만 9,811원(元)을 재가했다. 고종의 속내는 정말 알 수 없다. 경축 진하만 받겠다고 해놓고, 내진연 · 외진연 예산을 재가한 것이다.

고종의 속내는 정말 알 수 없다. 경축 진하만 받겠다고 해놓고, 내진연 · 외진연 예산을 재가한 것이다.

3월 19일에 고종은 즉위 40년 기념 경축식을 준비하라는 조령을 내렸다.

"올가을에 등극한 지 40년이 된 것을 경축하는 예식을 거행하려고 한다. 응행의절(應行儀節)을 의정부, 궁내부, 예식원, 장례원(掌禮院)에서 서로 의논하여 결정한 다음 마련해서 들이게 하라."

4월 24일에 고종은 1902년 10월 18일에 경운궁에서 즉위 40돌 경축식을 하도록 조령을 내렸다.

7월 20일에 의정부 의정 윤용선이 즉위 40돌 경축 기념식에 대하여 아뢰었다.

"어극(御極) 40년 칭경예식을 참작하고 의논해서 마련하라고 명을 내리셨습니다. 신들이 정부에 일제히 모여 자세히 상의해서 의정(議定)한 내용을 별단(別單)으로 올립니다.

별단은 아래와 같다.

- 올해 10월 18일 대황제 폐하의 즉위 40년을 칭경할 때 높고 낮은 신하들과 백성들이 모두 칭송하는 경축 의식을 할 것입니다.

- 외부대신은 6개월 전에 정부와 의논한 다음, 수도에 주재하고 있는 각국의 공사와 영사들에게 칭경하는 예식 날짜를 알려 본국 정부에 통보하게 할 것입니다.(중략)
- 관병식(觀兵式), 원유회(苑遊會), 각종 연회는 예식원에 관계되는 각 부(府), 부(部), 원(院), 청(廳)에서 규례대로 마련하여 설행할 것입니다.

이러자 고종이 윤허하였다."(고종실록, 1902년 7월 20일)

정부는 10월 18일에 치를 '어극 40년 칭경예식' 준비에 박차를 가했다. 문제도 일어났다.『매천야록』에 나온다.

문제도 일어났다.『매천야록』에 나온다.

"예식원을 지어 경축연 행사장으로 삼고, 창덕궁을 중수하여 각국 대사들의 연회장소로 삼으려 하였다. 얼마 지나지 않아 뭇 도둑들이 마구 들어가 목창(木廠)을 파괴하고 장판지를 벗겨 갔다."(황현 지음 · 임형택 외 옮김, 역주 매천야록 하, 2005, p.119)

그런데 1902년 가을에 콜레라가 전국에 퍼졌다. 이러자 9월 20일에 고종은 조령(詔令)을 내려 경축식을 1903년에 거행하도록 하고, 임시 혼성 여단(渾成旅團)을 해산하며 수도에 불러올린 각 진위대(鎭衛隊)를 도로 내려보내라고 명하였다.

황현의『매천야록』을 읽어보자.

"강화, 원주, 대구, 진주, 수원, 전주의 진위대에서 1,500명을 차출하였다. 장차 여단(旅團)을 편성하여 경축연(慶祝宴)을 대비하기 위해서였다. 진위대의 병사들이 올라오면서 도로가 소란하였으나, 얼마 후 경축연의 예식 일자가 미루어지자 다시 되돌아가라는 명을 내렸다."

10월 4일에 장례원경 서리 이용선이 40돌 경축식을 '내년 4월 30일로 거행하는 것이 어떻겠습니까?'라고 아뢰니, 윤허하였다.

40돌 경축식은 1903년 4월 30일로 연기되었으나, 기념 우표는 제 날짜인 1902년 10월 18일에 예정대로 발행되었다. 대한제국 전환국은 3전짜리 우표 5만 장을 발행했는데 등황색에 왕관과 이화가 디자인되어 있었다. 아울러 정부는 기념식을 위해 포드 자동차를 구입했다. 탁지부 대신이 알렌 공사에게 협조를 요청했는데, 알렌은 미국의 자동차 딜러에게 부탁하여 포드 자동차가 인천항에 들어왔다. 그런데 국내에는 운전사가 없어 일본인을 고용했다 한다. 그래서 자동차 업계는 1903년을 한국 자동차의 원년으로 보고 있다.(김용삼 지음, 지금 천천히 고종을 읽는 이유, 2020, p.336)

그런데 1903년 4월 10일에 고종은 칭경식(稱慶)을 다시 가을로 연기하라고 명령했다. 영친왕 이은이 천연두에 걸린 것이다. 4월 30일 칭경식을 20일 앞두고 갑자기 연기되었으니 예식 준비 관계자는 우왕좌왕하였다.

황현은『매천야록』에 이렇게 적었다.

"이은이 마마병(천연두)을 앓고 있어 경축식을 다시 가을로 미루었다. 외국 사절을 접견하면 불결한 일이 있을까 싶어 경축연을 가을로 미룬 것이다. 서양의 사절 중에 이미 도착한 사람에게는 우물쭈물 변명해 사례하고 여객선 비용을 배상하여 주었다."

1885년부터 1897년까지 12년간 주한러시아 공사로 재직했던 베베르도 1903년에 서울을 방문했다. 경축식에 참석하기 위해서 였다.

베베르는 방문 소감을 남겼다.

"서울에 5년 만에 다시 와 보니 거리의 남루한 복장이 이전보다 두 배나 많았다. … 고종 황제는 무당을 불러 굿을 하는 엄비(영친왕의 생모)를 따라 미신을 신봉하고 있었다. 황제는 아주 호감을 주는 인물이지만 많이 쇠약해져 있었다. … 정치적 상황은 더욱 악화되고 있었다. 일본인들이 다시 절대적인 영향력을 행사하고 있었다. 한국인은 러시아, 일본 기타 열강의 국제관계 및 그들의 정치적 의도를 제대로 이해하지 못하고 있었으며 나라가 어떤 처지에 놓였는지 제대로 몰랐다. … 관직은 강대국과 종속관계에 놓여 독립심이 박약하고 의타심이 강하다. 관직은 공적과 능력에 따라 임용되지 않고 뇌물의 액수에 따라 결정됐다.(후략)"

(강준만 지음, 한국근대사 산책 4, 인물과 사상사, 2007, p.19)

한편 경축식과 관련하여 부작용도 일어났다. 역시『매천야록』에 나온다.

"일본 상인이 경축 기념잔(盞)을 제조하여 서울에서 판매하였다. 그들은 우리 조정이 날마다 경축행사를 꾸미고 있는 것을 보고 백자 기념잔 10만개를 만들어 그 잔에다가 금으로 새기기를,「壽齊南山 福溢漢水(수제남산 복일한수 : 수는 남산과 가지런하고, 복은 한강수처럼 넘치리)」라고 하였다. 황제를 송축하는 글귀라고 하지만 외국인들에게 조롱당함이 이와 같았다."

그런데 1903년 가을에 성대하게 치르기로 한 '고종 즉위 40년 칭경식'은 무산되었다. 1903년 10월에 만주와 한반도를 둘러싸고 러일 간 갈등이 극에 달했다. 1904년 2월 8일에 러일전쟁이 일어났다. 이로써 여러 번 연기된 칭경식은 치르지 못하고 말았다.

그런데 행사도 치르지 못하고 준비에만 105만 원이 사라졌다. 이는 1902년 국가 예산 739만 원의 13%에 해당하는 거액이었다. 1903년 1월 서울 주재 외국 공사관 모임은 "대한제국의 재정 형편으로 볼 때 칭경식은 무모한 것"이라고 평가했다.(김용삼, 지금 천천히 고종을 읽는 이유, 2020,

pp.336~337 ; 최덕수 지음, 근대조선과 세계, 2021, pp.206~207)

여담이지만, 서울시 광화문 교보빌딩 앞 도로변 모서리에는 '고종 어극 40년 칭경기념비각'이 있다. 비각 오른편에는 기념비 안내판이 있다.

"고종 어극 40년 칭경기념비는 1903년 9월 2일에 세워졌다. 비석 앞면의 전액(篆額)은 황태자 순종의 글씨로 '大韓帝國大皇帝寶齡望六旬御極四十年稱慶紀念頌(대한제국 대황제가 60세를 바라보게 된 것과 즉위한 지 40년이 된 것을 축하한다.)'라고 썼다.

원래 고종이 즉위한 지 40년이 되는 해이자 51세가 되어 기로소에 입소한 해는 1902년이었지만, 나라 형편이 어려워 한해 늦게 세우게 되었다."

그런데 황현은『매천야록』에 '송덕 기념비를 세우기 위해 지방관들에게 돈을 징수했다.'고 적었다.

"송축(頌祝) 보조금을 다시 징수하였다. 지난해 조병식 등이 고종의 송덕기념비를 건립할 때 그 비용을 경관(京官) 및 지방관들에게 징수하니, 관찰사는 100원, 군수는 4등급으로 나누어 80원에서 40원까지 받고 또 각 군별로 벼슬아치와 선비들도 장부에 기록하였으나 아무도 응한 사람이 없으므로, 군수가 부호(富戶)를 택하여 강제로 수십, 수백냥을 부과하였다. 이토록 한 번만으로 부족해서 이때 또 징수한 것인데, 군수가 종종 착복하기도 하였다."

군함 양무호 국제 사기 사건

1903년 4월 15일 제물포에 대한제국 최초의 군함이 입항했다. 군함은 입항 전부터 관심이었다. 2월 9일에 「황성신문」은 특종을 실었다.

"소문을 들은즉, 정부가 일본인과 계약하고 군함 한 척을 구입한다는데, 그 가격은 50여 만원이라 하고 신품 여부와 톤수는 아직 모른다더라."

당시는 1월 25일에 군부대신 신기선이 일본 미쓰이물산과 군함 도입 계약을 완료한 상태였다.

3월 18일에 「황성신문」은 "황제 폐하가 군함을 '양무(揚武)'라고 명명했다. 배 이름은 카치다테마루(勝立丸), 총톤수 3435t에 263마력짜리 엔진을 달고있다."는 기사도 냈다.

제물포에 입항 며칠 뒤에 「황성신문」 기자가 양무호에 올라가 취재를 하였는데 4월 25일의 기사는 "고물 배를 고가에 매입했고, 해군이 사용하기 곤란하다"는 폭로성 기사였다.

"신제품이 아니오, 기십 년 전 일본의 고물인데 누차 파손돼 일본해상에 세워뒀던 배를 정부가 고가에 매입했더라. 해군이 사용하려면 본래 노후되고 파손된 물건이라 곤란하다더라."

도대체 양무호는 어떤 군함이었나? 양무호는 영국이 1881년에 건조한 길이 103m, 3,432톤급 증기 화물선 팰러스(Pallas)호였는데 미쓰이 물산이 청일전쟁이 발발한 1894년에 25만엔에 구입하여 '카치다테마루(勝立丸)'로 명명(命名)하고, 9년간 써먹은 석탄 운반선이었다.

그런데 미쓰이 물산은 이 화물선에 일본 군함에서 떼어낸 구식 대포(80mm) 4문과 소포(5mm) 4문을 갑판에 장착하여 대한제국에 군함으로 팔아먹은 것이다. 아무리 화물선을 전투용으로 개조했다지만 도저히 군함이라고 볼 수 없었다. 화물선에 대포를 단다고 전투함이 되는 것인가?

더구나 이 배는 유지비가 너무 많이 들어 미쓰이 물산도 골치를 앓은 배였다. 미쓰이 물산 중역 회의록에는 "이 배는 워낙 유지비가 많이 들어 화물선으로 쓰기에는 채산성이 많지 않다."고 적혀 있다.

그런데 대한제국은 이런 고물 화물선을 미쓰이 물산이 1894년에 구입한 25만엔보다 두 배나 비싼 일화(日貨) 55만엔(한화 110만원, 오늘날 약 440억원)에 구입한 것이다. 이 돈은 1903년 국가 예산(1,076만원)의 10.2%, 군부(軍部) 예산(412만3천원)의 26.7%에 해당하는 거액이었다.

이러자 6월 1일자 「황성신문」은 "한 명의 수병도 없이 군함을 사들여 재정을 낭비했다."고 비판했다. 그랬다. 양무호는 하루 43톤에 달하는 석탄 소비량을 감당하기 어렵고, 기관 고장도 잦아 바다에 나가는 날보다 항구에 묶여 있는 날이 더 많았다.

한편 양무호 구입 사건은 주한 외국공관의 비웃음을 샀다. 주한 러시아 외교관은 "고종이 일본의 국제무기거래 사기극에 속았다"고 본국에 보고했다. 또한 독일 신문에도 크게 보도되어 국제적 망신을 샀다.

왜 이런 일이 일어났을까? 1903년 1월 25일에 군부대신 신기선과 미쓰이물산을 대신한 임시대리공사 하기와라 모리이치는 군함 구입 계약을 하면서 계약 부속 명세서에 다음 내용을 명기했다.

"군기(軍器)는 적당히 완비할 것, 순양함 혹은 연습함의 목적에 변통

(變通)함을 위함. 식당에는 미려(美麗)한 서양 요리 기구 30인분, 사령관 이하 함장 사관 25인 침구는 화려한 서양 물품으로 완비할 것, 각 구경대포 실탄 외에 예포(禮砲) 연습용 공탄과 소총 탄환도 적당히 준비할 것, 접객실을 특설하여 대한국 황실 경절 때 봉축에 사용"

'변통(變通)'함을 위한 것이었으니 정부는 이 배가 신품이 아니었음을 알고 있었다. '미려한 서양 요리 기구'와 '화려한 침구'가 조건이고, 무기는 '적당히' 완비하고 예포용 공포탄 또한 적당히 두라 했으니 의전용으로도 사용하기 위한 것으로 보이고, '접객실을 특설하여 대한국 황실 경절 때 봉축 사용'은 1903년 4월30일 고종 황제 즉위 40주년 경축식을 겨냥한 행사용 아니었나 싶다.

주한미국 공사 알렌은 이렇게 기록했다. '1903년 1월 군부대신 신기선이 약 55만엔 상당 전함(戰艦)을 일본으로부터 구입하는 발주 계약을 체결함. 이는 고종 즉위 40년 칭경예식을 위해 발주한 것임.'(알렌, 근대한국 외교사연표, 1904년)

그런데 너무나 어이없는 것은 해군 사졸 1명도 없이 군함부터 샀다는 사실이다.

그 단서가 1903년 7월 29일의 『고종실록』에 나온다. 이날 군부대신 윤웅렬이 사직 상소를 냈다. 7월 17일에 임명된 지 12일 만이었다.

"(전략) 군함을 구매할 처음에 신이 비록 참여하지는 못했지만 처음 있는 일이므로 널리 논의했어야 하는데, 의정부에서 충분히 논의하게 하지 않고 군부에서만 계약을 맺게 하여 이것이 잘못되어 의견이 분분히 일어나게 된 것입니다. 신은 생각건대, 겨우 한 척의 군함을 구비하자 비용부터 걱정하니, 이 점이 신이 이해할 수 없는 것입니다.(후략)"

이러자 고종은 비답하였다.

"제수된 지 얼마 되지도 않았는데 어찌 갑자기 사직하는가? 말미(末尾)에 진술한 것은 의정부로 하여금 충분히 의논하여 품처하게 하겠다."

그런데 군부 대신은 너무 자주 바뀌었다. 1903년 1월 25일부터 1904년 1월23일까지 군부대신은 8번 교체되었다. 1903년 1월 25일에 군함 도입 계약을 한 신기선은 1월 31일에 교체되었고, 심상훈이 군부대신 서리로 임명되었다. 5월 9일에는 이근택이, 5월 13일에는 이봉의가 군부대신이 되었고, 6월 2일에 윤웅렬은 군부대신 서리를 하다가 7월 17일에 군부 대신에 임명되어 7월 29일에 사직 상소를 냈다. 이후 10월 22일에는 이근택이 군부대신 서리로, 11월 24일에는 민영철이, 1904년 1월 21일에는 이용익이 군부대신이 되었다가 1월 23일에 윤웅렬이 다시 군부대신이 되었다. 이용익은 단 2일간 하다가 교체되었으니 이런 잦은 인사가 고종의 인사 스타일이었다.

한편 8월 7일에 의정부 참정 김규홍이 해군 설치는 타당하지 않고, 구입한 군함 문제는 군부에서 따로 논의하도록 아뢰었다.(고종실록, 1903년 8월 7일)

"신이 여러 신하들과 충분히 토의해 보니 모두들 이미 양성해 놓은 사졸(士卒)들이 없고 또 경비(經費)도 이처럼 구차한데 해군을 설치한다는 것은 매우 타당치 않다고들 말하였습니다. 군함을 접수하는 일은 군물(軍物)과 관계되니 군부로 하여금 따로 방략을 세워 조치하게 하는 것이 어떻겠습니까?"

이러자 고종이 윤허하였다.

이윽고 9월 12일에 군부 대신 윤웅렬이 아뢰었다.

"지금 이미 군함이 있으니 보관 경비가 없어서는 안 될 것입니다. 그런데 그 비용이 적지 않아 사실 방도가 없습니다. 전(前) 해방영, 통제영, 각 수영(水營)에서 관할하는 군사 둔전 토지의 영업세와 해세(海稅), 선세(船稅), 또 해면(海面)의 어선세(御膳稅)를 거두어들여 모두 해당 군함 경비로 삼도록 하는 것이 어떻겠습니까?"

이에 고종이 윤허하였다.

해군 한 명 없이 군함부터 샀고, 군함 운영경비를 또 세금으로 충당하였으니 대한제국은 정말 한심하다. 이러고도 '근대화를 향한 나라'라고 할 수 있을까? 부패하고 무능하다. 그런데 누가 군함 사는 것을 주도했을까? 군부대신 신기선인가? 아니면 고종인가?

나중에 양무호는 1904년 2월에 러일전쟁이 일어나자 일본해군에게 접수되어 화물선으로 전용되었다. 이후 1907년에 군대해산 후 해양실습선으로 전락했다가 1909년 일본 하라다 상회에 4만2천 엔에 팔렸다. 55만 엔에 사서 10분의 1도 못 받았으니 완전히 고철값이었다. 그리고 양무호는 1916년에 동중국해에서 침몰되어 최후를 맞았다.

'나라의 힘을 키운다.'고 고종황제가 이름 지은 '양무호'는 결국 해군 한 명 없이 무작정 구입한 군함이란 역사적 오명(汚名)을 남겼다.

제 4 장

러일전쟁 발발과 역술·미신에 빠진 고종

러일전쟁 배경

1900년에 의화단(義和團) 사건이 일어났다. 의화단은 중국 산동지방에서 원나라 때부터 맥을 이어오던 백련교(白蓮敎) 계통의 비밀결사였다. 이들은 스스로 하늘에서 내려온 신병(神兵)이라 칭하여 권법(拳法)과 봉술(棒術)을 익히고 주문을 외우면 비록 총탄이라도 피할 수 있다고 공언하였다. 의화단은 '부청멸양(扶淸滅洋 청을 도와 서양을 멸한다)'을 기치로 외국인에 대해 테러를 가하는 배외(排外)운동을 전개했다.

6월 20일에 20만 명의 의화단은 독일 공사 캐텔러를 살해하고 북경의 열강 공사관을 포위 · 공격했다. 6월 21일에 청나라는 열강에 정식으로 선전포고하였다. 서태후는 "청국은 약해질 대로 약해졌다. 믿을 것은 민심뿐이다."라고 말했다.

의화단의 공사관 봉쇄는 55일간이나 계속되었다. 열강들은 영국 공사 맥도널드의 지휘하에 잘 버티었다. 이 사건은 '북경의 55일'이란 영화로도 제작되었다. 공사관이 포위되자 영국, 미국, 독일, 프랑스, 러시아, 오스트리아-헝가리 제국, 일본, 이탈리아 등 8개국은 공동출병을 결의했다. 그러나 현실적으로 각국의 출병은 쉽지 않았다. 영국은 40만 명의 병력을 동원한 남아프리카의 보어전쟁에 발이 묶였고, 미국은 필리핀 독립운동 진압에 매달려 있었다. 열강은 일본에 출병을 요청했다. 7월 6일 야마가타 아리토모 내각은 "열강과 어깨를 나란히 할 수 있는 모험"이라며 출병을 결정했다.

8월 14일의 북경 총공격에 참가한 연합군은 47,000명이었는데 일본군이 22,000명, 러시아군이 10,374명이었다. 연합군 공격 직전에 서태후는 광서제와 함께 서안(西安)으로 도망쳤고, 북경은 연합군의 약탈장으로 변하였다. 서태후가 아끼던 여름 궁전 이화원도 파괴되었다. 가장 약탈이 심했던 것은 독일군이었다. 캐텔러 공사가 피살되어 화가 난 독일 황제는 청국을 야만국으로 취급하라는 훈령까지 내렸다.

영국 · 프랑스 · 러시아 · 이탈리아 · 오스트리아 등도 약탈행위를 하였다. 그런데 일본군은 절도 있는 기율을 지켰고 서구 열강은 일본군을 '동양의 헌병'이라고 불렀다. 1901년 9월 7일 청국 대표 이홍장과 연합국 대표 사이에 '신축조약'이 조인되었다. 천문학적 배상금으로 국가 재정은 파탄 지경이었고, 국토는 반식민지화 되었다.

1900년 6월의 의화단 사건은 만주에도 파급되었다. 7월에 의화단은 요양지방에서 철도를 파괴하고 러시아 철도 수비대를 공격했다. 건설 중인 러시아의 동청철도는 위협을 받았다.*

이에 러시아는 동청철도 보호를 구실로 처음에는 8만 명, 나중에는 16만 명을 출병시켜 만주 전역을 점령했다.

그런데 의화단 사건이 종결된 1901년에도 러시아는 만주에서 철병하지 않고 계속 주둔했다.

이에 미국과 영국은 반발했다. 특히 러시아의 남하정책에 위협을 느낀 영국은 '명예로운 고립 정책'을 포기하고 일본에게 동맹을 제안하였다.

1902년 1월 30일 영국 런던에서 제1차 영일동맹이 체결되었다.

---

* 동청철도는 만주리–하얼빈–블라디보스토크를 잇는 시베리아 철도의 일부로서, 남만주 지선은 하얼빈에서 뤼순 · 다롄으로 연결된다. 러시아는 1898년에 뤼순 · 다롄을 조차(租借)한 다음, 1896년에 확보한 동청철도부설권을 활용 하얼빈역에서 뤼순에 이르는 남만주지선 부설권까지 차지하였다.

주요 내용은 다음과 같다.

1. 영 · 일 양국은 한(韓) · 청(淸) 양국의 독립을 승인하고, 영국은 청에, 일본은 한국에 각각 특수한 이익을 갖고 있으므로, 제3국으로부터 그 이익이 침해될 때는 필요한 조치를 취한다.
2. 영 · 일 양국 중 한 나라가 전항의 이익을 보호하기 위해 제3국과 개전할 때는 동맹국은 중립을 지킨다.
3. 위의 경우에서 제3국 혹은 여러 나라들이 일국에 대해 교전할 때는 동맹국은 참전하여 공동작전을 펴고 강화(講和)도 서로의 합의에 의해서 한다.

영일동맹은 즉각 효과를 나타냈다. 독일과 프랑스의 대일 참전이 불가능해졌고, 러시아는 고립되었다. 러시아는 불리해진 국제정세를 인식하여 1902년 4월 8일에 청나라와 만주 철병 협정을 조인하고 10월부터 6개월 간격으로 3차에 걸쳐 만주에서 철군하기로 했다.

10월 8일에 러시아 군대가 1차 철군하였다. 그런데 러시아는 2차 철군 예정일인 1903년 4월 8일에 철군하지 않고, 오히려 1차 철병지역을 재점령하고 병력을 증파했다.

게다가 러시아는 1903년 4월부터 압록강 삼림 채벌에 착수하였다. 5월 초에는 만주에 주둔하고 있던 러시아군 일부가 용암포(龍巖浦)까지 진출하였다. 6월에 러시아는 안동 · 용암포 간 수저전선(水底電線) 가설을 시작하였고, 7월 20일에 삼림감리(森林監理)로 파견된 조성협과 러시아삼림회사 총무인 모지스코는 '용암포 조차(租借)에 대한 가조약'을 체결하였다.

'용암포 조차 가조약'이 체결되었다는 소식이 전해지자, 일본과 영국은 즉각 반발했다. 일본 고무라 외상은 주한일본공사 하야시에게 즉각 전문을 보내 이를 저지하도록 하였다. 이에 하야시는 용암포를 러시아의 조차지로 인정하는 것은 부당하며, 모든 나라가 균점할 수 있는 개항장으로 개설하라고 대한제국에 강력 항의하였다. 이러자 외부(外部)는 하야시에게 "그 조약은 조성협 개인이 체결한 것이며, 용암포를 개항장으로 만들 의사가 있다."고 언질하였다.

하지만 러시아는 9월 중순부터 용암포의 뒷산인 용암산에 포대(砲臺)를 구축하고 석탄 및 탄약을 적재한 선박을 입항시켰으며, 용암포에서 약 10리 하류에 위치한 두류포에 망루를 건설하는 등 군사기지화를 강행하였다.

용암포 점령 사건 이후 일본엔 개전론이 일어났다. 하지만 협상론도 대두되었다. 1903년 8월 12일에 일본은 6개 조문의 협상안을 러시아에 제시했다. 핵심 내용은 '러시아는 한국에서의 일본의 우세한 이익을 승인하고, 일본은 만주의 철도경영에 관한 러시아의 특수 이익을 승인한다.'는 '만한교환론(滿韓交換論)'이었다.

10월 3일에 러시아는 일본에 답신하였다.

"만주는 일본과 협상 대상이 아니다. 러시아가 한반도의 해협을 자유로이 항해할 수 있도록 하고 일본은 한반도를 군사적 목적으로 이용해서는 안 되며, 39도 이북의 한반도를 중립지대로 한다."

즉 만주를 러시아가 확보하는 것은 당연하고, 39도선 이북은 중립지대로 하고, 39도선 이남에만 일본의 우위권을 인정한다는 것이었다.

여기에서 주목할 것은 '한반도 39도선 분할론'이다. 한반도 분할론은 1894년 청일전쟁의 징후가 농후할 때 등장했다. 당시 영국 외무장관 킴벌리는 중국과 일본에 한반도 분할 점령론을 제시했다.

"조선은 중국과 일본이 공동으로 점령하며, 일본은 서울의 남쪽 지역을 중국은 서울의 북쪽 지역을 점령한다."

하지만 일본은 영국 외무장관의 제안을 검토하는 흉내만 내다가 8월 1일에 청나라에 선전포고하였고, 청일전쟁에서 승리하였다.

그런데 2년 후인 1896년 5월에 니콜라이 2세 대관식에 일본 대표로 참석한 육군 원수 야마가타 아리토모는 러시아에 '39도 한반도 분할론'을 제안했다. 당시는 고종이 아관파천 시절이라 러시아가 일본의 제안을 받아들일 리 없었다.

다시 러일협상으로 돌아가자. 1904년 1월 하순에 협상은 완전히 결렬되었다. 2월 8일에 일본은 선전 포고 없이 러시아를 공격했다. 전쟁의 명분은 동양 평화와 문호개방이었지만 사실은 일본의 이익선(利益線)인 한반도 점령이었다.*

---

* 이익선이란 제3대 일본 내각총리대신 야마가타 아리토모가 1890년 12월 6일 제국 의회에서 한 15분짜리 짧은 시정연설에 나오는 개념이다.

  "국가의 급무는 행정 · 사법 제도를 정비하고 농업 · 공업 · 통상을 진흥하여 나라의 실력을 쌓고, 국가의 독립을 유지하고 국권의 확장을 꾀하는 것이다. 여러 나라 사이에서 일국의 독립을 유지하기 위하여는 단지 주권선을 수호하는 것에 머무르지 않고, 나아가 이익선을 보호하지 않으면 안 된다. 1891년 일반세출 예산 8,000만엔 가운데 육해군 예산이 26.3%인 것은 이 때문이다."

  주권선이란 일본의 영토를 말하는 것이고, 이익선은 주권선의 안전에 밀접한 관계가 있는 인접 지역을 말한다. 곧 한반도였다.

  그런데 주권선과 이익선은 야마가타가 만든 이론이 아니라 오스트리아 빈 대학 로렌츠 폰 슈타인 교수가 만든 이론이다.

  야마가타는 1888년 11월에 지방제도 조사차 유럽에 갔다. 1889년 6월에 야마가타는 오스트리아 빈에서 슈타인 교수를 만났다. 슈타인은 이토 히로부미가 1882년에 헌법 조사차 빈에 갔을 때 만난 교수로, 그는 이토에게 메이지 헌법의 기본 구조를 알려주었다. 이번에도 슈타인은 야마가타에게 주권선과 이익선이라는 개념을 가르쳐 주었다. 구체적으로는 이익선은 한반도라는 것이다. 조선을 점령하고자 하는 자는 적으로 간주하여 무슨 수를 쓰더라도 막아야 한다는 것이다.(가토 요코 지음 · 박영준 옮김, 근대일본의 전쟁 논리, 태학사, 2003, pp.82~95)

전운(戰雲)의 한반도

#『코레야 1903년 가을』

1903년 가을부터 대한제국은 흉흉한 소문에 휩싸였다. 동학교도들이 일본인을 내쫓기 위해 다시 봉기할 것이라는 소문이 나돌았다.

이 시기에 폴란드계 러시아인 세로체프스키(1858~1945)는 1903년 10월 10일에 부산에 도착하여 1개월간 한국을 여행하고, 1905년에 『코레야 1903년 가을』 책을 지었다.

『코레야 1903년 가을』의 마지막은 '전쟁 전야의 서울'이다. 세로체프스키는 러일전쟁 전야의 대한제국을 적나라하게 묘사하고 있다.

"신문균과 나는 서울의 유명 음식점에서 마지막 저녁을 함께 보냈다. 음식점은 너무 형편없었다. 역겨운 술 냄새가 진동했고, 탁자도 의자도 벽도 너무 더럽고 지저분했다. 신문균은 말이 없었다. 벽 너머의 목소리가 잦아들고 손님들이 나간 후에야 그는 우울한 말을 하였다.

'도대체 희망이 보이지 않아요. 교육도 하고 학교도 열고 학생들 유학도 보내야 하는데 돈이 없습니다. 돈이 없는 것은 관료들이 도둑질해 가기 때문입니다. 이들도 가족을 봉양해야 하고, 친척도 도와주어야 하고, 뇌물도 상납해야 하고 … 그러니 도둑질을 할 수 밖에 없어요.

외국인들은 우리나라에 관료들이 너무 많다고 하지만, 한국에는 관직을 제외한 직업이란 게 없습니다. 농민들은 찢어지게 가난한 삶을 살고

있어 차라리 개들이 더 낫게 사는 지경입니다.'

그는 한숨만 푹 쉬며 술을 들이켰다.

'그럼 일본인들은 어떻습니까?'

나는 조심스럽게 물었다.

'일본인들이요? 그들은 최악입니다. 그들은 산 채로 우리 목에 올가미를 걸고 있어요. 그들은 은행을 열어서 우리에게 돈을 빌려줍니다. 그리고 우리 모두 그들의 노예가 되고 있습니다. 서울 땅의 1/3이 그들 소유라는 것을 아십니까? 다들 그들에게 저당 잡히고 또 잡히고 있지요.'

'그래도 일본인들은 개혁을 시도하고 있지 않나요? 사람들을 교육하고 노예제를 폐지하고 국가 경제를 정비하고자 하지 않습니까?'

'맞는 말입니다. 하지만 그들은 겉으로만 우리를 만족시키려 하고 있어요. 우리의 겉모습만 바꾸고 내면은 다 파내 버려 껍질만 남기려는 것입니다. 그들은 우리의 혼을 없애려고 합니다.'

신문균은 우울한 침묵 속에 연거푸 술을 마셨다. 잠시 후 우리는 발코니로 나갔다. … 갑자기 저기 나무들 사이로 갓 쓴 노인의 환영(幻影)이 보이는 듯했다. 노인은 졸음이 밀려오는 지친 머리를 기댈 곳을 헛되이 찾고 있는 듯 보였다. 그 모습이야말로 한국의 저 불행한 과거를 말해주는 끔찍한 상징이 아니겠는가!"(세로셰프스키 지음 · 김진영 외 4명 옮김, 코레야 1903년 가을, 2006, pp.420~423)

1903년 12월

1903년 12월에 러일 양국은 경쟁적으로 한반도에 병력을 증파하고 있었다. 러시아는 12월 17일에 순양함 두 척을 제물포로 보냈다. 일본군은 부산 · 인천 등을 통해 수십 명 단위로 상륙했고, 연습용 명목으로 기관포와 공병 재료들도 소속 들어왔다.

1904년 들어 열강들은 자국 공사관 보호를 명목으로 속속 호위병을 입경시키고 순양함을 제물포에 파견했다. 1월 3일 주한미국 공사 알렌은 공사관과 거류민 보호를 위해 미 해병대 100명을 입경시켰고, 영국, 프랑스, 독일, 이탈리아도 호위병을 증강했다. 러시아는 1903년 12월 17일에 순양함 두 척을 제물포로 보냈다.

이러자 서울의 물가는 폭등하고 민심이 동요되는 등 극도의 혼란이 일어났다. 1월 25일 자 「황성신문」은 "근일 각국의 보호병이 서울에 들어오고 일본과 러시아의 개전론이 유포되면서 … 곡식값이 뛰고 있다."고 보도했다.

1904년 1월 2일에 고종은 고위 대신을 통하여 미국공사관에 파천을 요청했다. 알렌은 "전쟁이 터지면 황제가 공사관으로 오겠다는 요구를 거절했다."고 미국 국무부에 보고했다.

프랑스 공사관에 온돌방을 만들었다는 소문이 도는 가운데, 고종은 프랑스 공사관에도 파천을 타진했지만 실행되지는 못하였다.

국외중립 선언

지푸 선언

1904년 1월 21일에 고종은 중국 지푸(芝罘)에서 기습적으로 '국외중립 선언(局外中立宣言)'을 하였다. 그 내용은 러시아와 일본 간에 평화가 결렬 될 경우 대한제국은 엄정중립을 지키겠다는 것이었다.

지푸 선언은 황실에서 이용익이 극비리에 총지휘하고 현상건 · 강석호 · 이학균 · 이인영 등이 프랑스인 교사 마르텔 및 벨기에인 고문 델코안뉴 등의 협조를 받아 추진되었다. 영국 공사 조단은 '외무대신도 사전에 알지 못한 채 문서에 도장을 찍으라는 명령만 받았다.'고 본국에 보고했다.

더욱이 한국의 전신 업무는 실제로 일본의 수중에 있었기 때문에 고종은 외부(外部) 번역관 이건춘을 지푸 주재 프랑스 부영사에게 밀사로 파견하여 불어로 된 선언문을 각국에 타전하였다.

그런데 일본과 러시아 · 미국은 이 선언에 대해 아무런 회답을 보내지 않았다. 영국 · 프랑스 · 독일 · 이탈리아는 접수했다는 회신만 했을 뿐 지지하지는 않았다.

매켄지와 이용익의 면담

2월 8일 새벽에 사세보항을 출발한 일본 연합함대 제4 전함대는 제1군단 선봉대 2천 명을 싣고 오후에 인천항에 도착했다. 오후 8시부터 개시된 상륙은 한밤중에 이르러 완료되었다.

한편 일본군이 인천에 상륙하기 이틀 앞서(2월 6일경) 영국 데일리 메일 종군기자 프레데릭 아서 매켄지는 고종의 최측근 이용익과 대담하였다.*

이 만남에서 이용익은 한국이 미국과 유럽으로부터 독립을 보장받았기 때문에 안전하다고 확신했다.

"러일전쟁이 일어나기 직전에 내가 겪은 개인적인 기억이 머리를 떠나지 않는다. 나는 서울에 있는 동안 이용익과의 면담에 초대받았다. 그 자리에서 나는 한국이 멸망하지 않으려면 개혁이 필요하다고 강조했다. 그 말을 들은 이용익은 한국이 미국과 유럽으로부터 독립을 보장받았기 때문에 안전하다고 즉각 응답했다. 그와 나 사이에는 다음과 같은 대화가 오갔다.

M(매켄지) : 열강으로부터 보장받지 못한 조약이란 쓸모없는 것이라는 점을 귀하는 모르십니까? 만약 조약이 준수되기를 바란다면 당신이 먼저 조약을 지켜야 합니다. 지금 한국은 개혁을 단행해야 합니다. 그렇지 않으면 멸망할 수밖에 없습니다.

이(이용익) : 다른 나라가 어찌하든 그것은 상관없습니다. 우리는 우리가 중립적이라는 사실과 우리의 중립이 존중되기를 바란다는 내용을 발송했습니다.

M : 만약 귀국이 스스로 지키지 않는다면 그들이 왜 당신들을 지켜주겠습니까?

이 : 우리는 미국과 약속을 했지요. 무슨 일이 있어도 미국은 우리의

---

* 매켄지는 1908년에 『대한제국의 비극』, 1920년에 『자유를 위한 한국의 투쟁(Korea's Fight for Freedom)』 책을 쓴 친한파이다. 2014년에 대한민국 정부는 매켄지에게 건국훈장 독립장을 수여했다.

우방이 되어 줄 겁니다.

이용익은 그러한 입장으로부터 자기의 결심을 조금도 움직이려 하지 않았다. 그로부터 3일이 지나자 러시아 선박 와리아크호와 코리에츠호는 제물포항에서 일본 함대의 포격을 받고 격침되었으며 일본 군대는 한국의 궁궐을 점령했다."(매켄지 지음 · 신복룡 역주, 한국의 독립운동, pp.58~59)

이용익이 언급한 '미국의 약속'이란 1882년 5월 22일에 체결된 한미수호조약 제1조의 '거중조정(good offices)조항'을 말한다.

"미합중국 대통령과 조선 국왕 및 각 그 정부의 공민과 신민간에 영구한 평화와 우호가 있을 것을 기약하고 만일 제3국이 체약국 간의 어느 한 정부에 대하여 부당하게 또는 억압적으로 행동할 때에는 체약국 중의 타방 정부는 그 사건의 통지를 받는대로 원만한 타결을 가져오도록 주선을 다함으로써 그 우의를 표시하여야 한다."

이용익은 이 조항을 금과옥조처럼 여기고 미국이 도와주리라고 믿었다.

그런데 이 거중조정 조항은 1883년 11월 26일에 체결된 한영수호통상조약 제1조에도 명시되어 있다.

"제1조 (2) 체약국의 일방국과 제3국 간에 분쟁이 발생되는 경우에 청을 받은 타방은 이의 원만한 타결을 보기 위해 조정에 노력한다."

이용익은 국가 간의 통상수호조약에서 통상 쓰는 이 용어를 가지고 미국이 영토 보전까지 도와주리라고 생각한 것이었다. 그런데 이는 이용익만의 생각이 아니라 고종과 그 측근도 같은 생각을 가지고 있었다.

러일전쟁 발발(勃發)

러일전쟁은 일본이 한국의 진해만을 점령하면서 시작되었다. 1904년 2월 4일 일본은 어전회의에서 러시아와 전쟁을 결정했고, 6일에 러시아와 국교를 단절했다. 1904년 2월 4일 일본은 러시아와 전쟁을 결정했다. 5일에 일본은 러시아와 국교를 단절했고, 메이지 천황은 육 · 해군에 출동 명령을 내렸다. 천황이 육 · 해군에게 내린 칙어를 읽어보자.

"짐은 동양평화를 진심으로 바랐다. 그래서 짐은 작년 이래 정부로 하여금 청나라와 한국 두 나라의 시국(時局) 문제를 러시아와 교섭하게 하였다. 그러나 러시아 정부는 동양 평화를 돌아보는 성의가 없음을 확인하게 되었다. 대개 청나라와 한국 두 나라의 영토 보전은 우리 일본의 독립과 지위에 밀접한 관계가 있다. 이에 짐은 정부에 명령하여 러시아와 교섭을 끊고 우리 독립과 자위를 위해 자유의 행동을 집행할 것을 명령했다."(신명호 지음, 고종과 메이지의 시대, 2014, pp.474~475)

1904년 2월 6일 아침에 나가사키 근처의 사세보 군항에서 연합함대의 제1전함대와 제2전함대가 중국 뤼순으로 출발했다.

제3전함대와 제7전함대는 2월 6일 아침에 대마도의 다케시키 항을 출발하여 저녁 무렵에 진해만을 점령했다. 이어서 육전대가 상륙하여 마산의 전신국을 점령했다. 이것이 일본의 대한제국 첫 침략이었다.(와다 하루키 저 · 이경희 역, 러일전쟁과 대한제국, 2011, pp.59~60)

2월 8일 밤, 도고 헤이하치로가 이끄는 일본 해군은 중국 뤼순항에 있는 러시아 극동 함대를 기습공격했다. 이날 우류 소토치키의 일본 함대 14척은 제물포에 정박한 두 척의 러시아 전함에 대해서도 기습공격했다. 오후 4시경 카레예츠호가 자폭하였고, 6시경 바라크 호가 침몰하였다.

일본은 1894년 청일전쟁 때처럼 기습 공격으로 러일전쟁을 시작했다.

2월 9일에 러시아가 일본에 선전포고했고, 2월 10일에 일본이 러시아에 선전포고했다.

일본은 개전 이유에서 "러시아가 만주를 병탄할 가능성이 있으며, 그 결과 한국의 영토 보존이 위태롭게 되었다. 이번 전쟁의 목적은 한국의 독립과 영토를 보전하고, 극동아시아 교역을 위한 지속적인 '문호개방' 유지"라고 되풀이했다.

2월 9일에 일본군 1천 명이 서울에 들어왔다. 사람들은 도망치고 구중궁궐도 텅 비었으며 조정 대신들도 숨기에 바빴다. 나라를 지켜야 할 지도층이 흔들렸으니 나라 꼴이 말이 아니었다. 고종 황제는 나라가 전쟁터가 되었는데도 '국외중립 선언' 이상의 행동을 보여주지 못했다. 너무나 무능하고 안일했다. 12일에 러시아 공사 파블로프가 서울을 떠났다.

엎친 데 덮친 것인가. 4월 14일에 경운궁에 큰불이 났다. 함녕전, 중화전, 즉조당, 석어당과 각 전각이 모두 불탔다. 이러자 고종은 미국공사관과 인접한 수옥헌(지금의 중명전)에 임시 거처를 정했다.

4월에 알렌은 본국에 "고종 황제의 미국에 대한 기대가 당혹스럽다면서 고종이 1882년 한미수호조약 1조의 '거중조항'을 자신에게 유리하게끔 자기 멋대로 해석하고 있다"고 보고했다.

러일전쟁 종군기자 잭 런던(Jack London)은 당시 상황을 이렇게 기록했다.

"오늘날 전쟁은 인간사의 마지막 심판자이며 또한 국민성을 최후로 시험하는 관문이다. 이 시험에서 대한제국 국민은 실패했다. 외국 군대가 자기 나라를 통과해 가려고 하자 어려움을 이기지 못하고 모두 도망갔다. 그들은 문짝이며 창문이며 할 것 없이 주워갈 수 있는 것 모두를 등에 지고 산으로 들어갔다."

한일의정서 체결

1904년 2월 10일에 일본은 러시아에 선전포고했다. 이러자 주한일본 공사 하야시 곤스케는 고종을 위협하여 2월 23일에 한일의정서를 체결하였다.

체결과정을 살펴보자. 1903년 10월부터 하야시는 이를 추진했다. 하야시는 정부 고관들의 협조가 필수적이라 생각하고 고종의 독단적 정국 운영에 불만을 품고 있던 외부대신 이지용과 군부대신 민영철, 이근택 등을 포섭했다. 이지용 등은 이용익 등 고종 측근 세력의 반대를 무마하기 위해 로비 자금 1만 원(지금 시세로 13억 원 정도)이 필요하다고 일본 측에 요구하여 돈까지 받았다.

그런데 러일전쟁의 징후가 농후해지자 고종은 1904년 1월 21일에 중국 지푸에서 국외중립(局外中立)을 선언하고 이를 각국 공관에 통고하였다. 그러나 각국의 반응은 냉담했다. 그나마 하야시가 주도한 교섭이 중단된 것은 다행이었다.

하지만 2월 12일에 파블로프 러시아 공사가 철수해버리자 하야시는 고종에게 조약 체결을 압박했다. 결국 고종은 2월 13일에 외부대신 이지용을 일본 공사관에 보내 교섭을 재개하게 했다. 그러나 친러파 이용익은 일본과 조약을 체결했다가 나중에 러시아가 승리하면 곧바로 대한제국·병탄의 이유가 된다며 강력 반대했다.

한편 러시아군이 안주와 평양 부근에서 승리했다는 소식을 전해 들은 고종도 러시아가 승리할 가능성을 기대하면서 현상건 · 이학균 등 측근들을 불러들이는 등 조약 체결을 연기하려는 움직임을 보였다.

이용익은 2월 22일에도 외부대신 이지용을 찾아가 만일 일본과 조약을 체결하면 대역죄인으로 처분받을 것이라고 엄포를 놓았다. 이지용은 후환이 두려워 조인을 거부하고도 싶었지만, 그럴경우 하야시로 부터 받은 로비 자금이 문제가 될 판이었다.

2월 22일에 일본은 이용익을 전격 납치하여 일본으로 압송하였고, 육군참장 이학균 그리고 육군참령 현상건 등을 연금했다. 그럼에도 불구하고 이지용은 2월 23일에 아침 서울 밖으로 도주하려 하였다. 하야시는 이를 막고 전문 6조의 '한일의정서' 조인에 성공했다.(서영희 지음,일제 침략과 대한제국의 종말, 2012, pp.29~36)

그러면 1904년 2월 23일의『고종실록』을 읽어보자.

"한일의정서(韓日議定書)가 체결되었다. … 대한제국 황제 폐하의 외부대신 임시서리 육군참장 이지용과 대일본제국 황제 폐하의 특명전권공사 하야시 곤노스께는 각각 상당한 위임을 받고 다음의 조목을 협정한다.

제1조 한일 양국 사이의 항구적이고 변함없는 친교를 유지하고 동양(東洋)의 평화를 확고히 이룩하기 위하여 대한제국 정부는 대일본제국 정부를 확고히 믿고 시정(施政) 개선에 관한 충고를 받아들인다.

제2조 대일본제국 정부는 대한제국 황실을 확실한 친선과 우의로 안전하고 편하게 한다.

제3조 대일본제국 정부는 대한제국의 독립과 영토 보전을 확실히 보증한다.

제4조 제3국의 침해나 혹은 내란으로 인하여 대한제국 황실의 안녕과 영토의 보전에 위험이 있을 경우에는 대일본제국 정부는 속히

정황에 따라 필요한 조치를 취할 수 있다. 그러나 대한제국 정부는 위 대일본제국의 행동을 용이하게 하기 위하여 충분한 편의를 제공한다. 대일본제국 정부는 전항의 목적을 성취하기 위하여 군략상 필요한 지점을 정황에 따라 차지하여 이용할 수 있다.

제5조 대한제국 정부와 대일본제국 정부는 상호 간에 승인을 거치지 않고 뒷날 본 협정 취지에 어긋나는 협약을 제3국과 맺을 수 없다.

제6조 본 협약에 관련되는 미비한 세부 조항은 대일본제국 대표자와 대한제국 외부 대신 간에 정황에 따라 협정한다."

이를 분석하면 제1조의 '시정개선 충고'에 따라 일본의 내정 간섭 근거가 마련되었고, 제4조에 따라 일본 군대 주둔의 길이 열렸으며, 제5조에 따라 러시아 등 다른 열강과 대한제국 간의 독자적 교섭의 길이 막혔다.

그런데 한일의정서를 체결한 이지용은 고종의 친척이다. 흥선대원군 이하응의 형 이최응의 손자인데, 그는 1905년에 내부대신으로 을사오적이 되었고, 1910년에 나라가 망하자 백작 작위를 받은 친일 매국노였다.

한편 한일의정서 선포후 영국의 「런던타임즈」는 이렇게 논평했다.

"한국이 이 조약으로 말미암아 마침내 영구히 일본의 속국이 되었다. 지금부터 일본에 있어서 한국은 마치 우리 영국에 있어서의 이집트와 같다. … 한국의 독립은 형식적인 독립이다. 일본이 말하는 충고권이란 사실 얇은 종이 한 장을 덧씌운 명령권이다"

이준과 안중근, 일본을 지지하다.

러일전쟁 개전 초에 일본군은 러시아 병사들과는 대조적으로 매우 질서있게 행동했다. 특히 한국인의 감정을 건드리지 않도록 조심했다. 주한영국공사 조단(Jordan)에 의하면, 일본군은 여자를 겁탈하지도 않았고 물선값도 제대로 지불했다. 윤치호를 비롯한 일부 개화파는 일본과 러시아는 한국에게는 두 개의 악(two evils)이지만 이 중 하나를 선택해야 한다면 일본이 덜 나쁘다고 보았다.(구대열, 다모클레스의 칼?-러일전쟁에 대한 한국의 인식과 대응, 정성화 외, 러일전쟁과 동북아의 변화, p.55, 59)

1904년 3월 23일에 이준이 이현석, 정순만과 함께 경무청에 체포되는 사건이 발생했다. 일본군 부상자를 돕기 위해 의연금을 모집하자는 권고문을 발표했기 때문이다. 권고문에 따르면 일본이 러일전쟁을 일으킨 것은 러시아의 침략으로부터 대한제국과 청나라의 독립을 지켜주기 위해서이므로 대한 인민들도 일본을 도와야 한다는 것이었다.

마찬가지로, 중국인들도 환호하고 나섰다. 러시아가 자국의 영토를 잠식하고 있는데 일본이 대신 이를 몰아 내주고 있다는 것이다.

1904년 3월 15일 자 청나라 신문 「경종일보」를 읽어보자.

"학생과 상인들은 등불을 들거나 배를 몰아 일본의 승리를 축하하는 시위를 벌이고, 스스로 상류사회에 속한다고 자처하는 이들은 모금해서 일본군 부상병을 위로하고 있다."(정승교 지음, 미래를 여는 한국의 역사 4, 2011, pp.195~197)

이런 생각은 안중근(1879~1910)도 마찬가지였다. 안중근은 이준처럼 일본의 승리를 바라고 있었다. 그가 1910년 2월 여순 옥중에서 쓴 「동양평화론」 '서문'을 읽어보자.

"대저 합치면 성공하고 흩어지면 패망한다는 것은 만고에 분명히 정해져 있는 이치이다. 지금 세계는 동서로 나뉘어져 있고 인종도 각각 달라 서로 경쟁하고 있다. … 그런데 유럽의 여러 나라들은 가까이 수 백년 이래로 도덕을 까맣게 잊고 날로 무력을 일삼으며 경쟁하는 마음을 양성해서 조금도 꺼리는 기색이 없다. 그 중 러시아가 가장 심하다. 그 폭행과 잔인한 해악이 서구나 동아 어느 곳이고 미치지 않은 곳이 없다. 악이 차고 죄가 넘쳐 신과 사람이 다 같이 성낸 까닭에 하늘이 한 매듭을 내려 동해 가운데 조그만 섬나라인 일본으로 하여금 이와 같은 강대국인 러시아를 만주 대륙에서 한주먹에 때려 눕히게 하였으니 누가 능히 이런 일을 헤아렸겠는가. …

한 · 청 두 나라 국민은 일본군대를 환영하고 그들을 위해 물건을 운반하고, 도로를 닦고, 정탐하는 등 일에 수고로움을 잊고 힘을 기울였으니 이것은 무슨 이유인가.

거기에는 두 가지 큰 사유가 있었다. 일본과 러시아가 개전할 때 일본천황의 선전포고하는 글에 '동양 평화를 유지하고 대한독립을 공고히 한다' 운운했으니 이와 같은 대의가 청천백일의 빛보다 더 밝았기 때문에 한 · 청 인사는 지혜로운 사람이나 어리석은 이를 막론하고 일치 동심해서 복종했음이 그 하나이다. 또한 일본과 러시아의 다툼이 황 · 백인종의 경쟁이라 할 수 있으므로 지난날의 원수졌던 심정이 하루아침에 사라져 버리고 도리어 하나의 큰 인종 사랑하는 무리를 이루었으니 이도 가히

합리적인 이유의 다른 하나이다.(후략)"(안중근 저, 안중근 의사 자서전, 2000, pp.119~123)

그러나 일본은 러일전쟁이 끝나자 한국의 독립을 보장하기는커녕 을사늑약을 체결하여 외교권을 강탈했다. 이에 안중근은 큰 배신감을 느끼고 1909년 10월 26일 하얼빈 역에서 이토 히로부미를 처단했다.

일본의 황무지 개척권 요구 : 나가모리 프로젝트

1904년 2월 23일에 한일의정서를 체결한 일본은 4월에는 전보사와 우체총사를 접수하고 군기 누설 예방 명목으로 전보 검열을 실시했다.

5월 초순에 일본은 고종을 압박하기 위해 궁궐 숙청을 단행했다. 내관들을 다수 파면하고 황제 알현은 대신과 협판에 한정시키는 등 고종을 근왕 세력들로부터 완전히 고립시키고자 했다.

또한 전라도 · 경상도 · 강원도 연해 어업권에 이어 전쟁 중인 일본군에 신선한 생선을 공급한다는 명목으로 평안도 · 황해도 · 충청도 3도 연해 어업권 등 각종 이권마저 요구했다.

그런데 6월에 일본인 나가모리 도키치로(長森藤吉郎)의 '황무지 개척권 요구'가 알려져 큰 파문이 일었다. 일본 대장성 관리였던 나가모리는 1903년 12월에 한국에 경제 · 금융 사정 등을 살피고 한국을 경영할 방법을 구상했는데 그 결과가 '황무지 개척권 요구'였다.

나가모리는 1904년 3월 16일 「대한제국 내 토지의 개간 · 정리 및 소주, 연초, 백삼, 식염, 석유 등의 제조 · 수입 전매특허에 관한 계약서」를 작성하고 궁내부대신 민병석과 교섭을 진행했다.

그런데 6월부터는 일본 외무성 지시하에 주한 일본 공사관 측이 공식적으로 나서서 대한제국 정부와 교섭을 시작했다. 6월 6일에 일본 공사 하야시는 외부(外部)에 50년 동안 전국 황무지의 개척권을 위임하라고 요구했다.

‘황무지(荒蕪地) 개척권 요구’는 개간되지 않은 전국의 많은 땅을 황무지라 하여 50년간 일본인에게 무상 대여하라는 것이었다. 그런 후에 그 땅들을 자기들이 비용을 들여 경제가치가 있는 땅으로 바꾸어 주겠다는 것이었다. 이는 겉으로는 일본이 한국을 돕기 위한 제안처럼 보이지만 실제로는 한국 땅의 절반 이상을 공짜로 삼키겠다는 야욕에 지나지 않았고, 일본은 황무지 개간권 획득을 통해 막부 말기부터 폭발적으로 늘어난 일본 내 과잉 인구를 한반도에 이주시키려는 속셈이었다.

이와 같은 일본의 야욕에 백성들은 분노했다. 울분에 차 있던 백성들은 전 국토의 3할에 해당하는 황무지를 한 푼의 대가도 없이 강탈하려는 일본의 만행을 결코 묵과하지 않았다. 유생 및 전직 · 현직 대신들이 반대 상소를 연거푸 올렸고, 「황성신문」·「대한매일신보」 등도 논설과 기사로 일제히 일본을 규탄하였다.

또한 전 중추원 의관 송수만, 심상진 등은 서울 종로 백목전(白木廛)에서 민중 회의를 열고 보안회(保安會)를 창설하였다. 회장에 신기선, 부회장에 이유인, 대판회장(代辦會長)에 송수만을 추대하였다. 보안회는 보국안민(輔國安民)의 약칭인데, 종로에다 소청(疏廳)을 두고 공개 성토대회를 열어 결사반대를 외치면서 전국에 통문을 보냈다.

이러자 대한제국 정부는 6월 29일 자로 그 계약을 인준할 수 없다고 일본 측에 통고했다. 당황한 일본은 보안회의 해산과 집회 금지를 정부에 강력히 요구했다. 이어서 일본 공사관은 일본 헌병이 서울의 경찰 임무를 맡겠다고 통고하였고, 7월 21일에는 송인섭 · 송수만 · 원세성 등 보안회 주요 간부들을 체포했다. 더구나 하야시 공사는 고종이 날마다 시위 경비로 2천 원씩을 보안회에 내려주어 은밀히 배일 집회를 교사하고 있다고 주장하면서, 황무지 개간 사업 등 일본 측 요구에 대해 고종은 용단을 내리라고 압박했다.

언론에서는 연일 일본의 불법행위를 폭로, 규탄하였고, 보안회의 활동과 유생 · 대신들의 상소 운동도 더욱 격렬해졌다. 7월 23일에 고종은 일제의 황무지개척권 요구를 거절하는 긴급고시를 전국에 반포하였다. 결국 8월 10일에 백성들과 대한제국 정부의 일치된 저항으로 일본은 계획을 중단하였다.

이토 히로부미의 내한

1904년 2월 23일에 '한일의정서(韓日議定書)'가 체결되었다.

3월 7일에 메이지 천황은 이토 히로부미를 특파대사로 임명해 한국에 파견했다. 명분은 한국 황실 위문이었지만, 실제로는 한일의정서 체결에 따른 고종의 저항을 무마하려는 것이었다. 3월 17일에 이토는 서울에 도착하여 18일에 고종을 알현하였다.

3월 20일에도 이토를 만난 고종은 조령(詔令)을 내려 일본 공사관 직원들에게 훈장을 하사했다. 특명전권공사 하야시 곤노스께는 훈1등(勳一等)에, 서기관 하키하라 슈이치는 훈3등(勳三等)에 서훈되었고, 공사관 전 직원이 훈장을 받았다. 매우 이례적이었다.

3월 24일에 고종은 조령을 내려 이토 히로부미 등에게 훈장을 수여했다.

"금번 일본 특파 대사와 수행원들에게 모두 훈(勳)을 줌으로써 친애의 뜻을 보여 주어라. 일본 특파대사인 추밀원 의장이며 후작인 이토 히로부미를 특별히 대훈위(大勳位)에 서훈(敍勳)하고 금척대수장(金尺大綬章)을 하사하라. 수행원인 추밀원 서기관장 쓰즈키 게이로쿠를 특별히 훈1등(勳一等)에, 육군 소장 우사가와 가즈마사, 해군 소장 사카모토 도시아쓰, 궁중 고문관인 자작 도엥 모토아이를 모두 특별히 훈2등)에 서훈하고 각각 태극장을 하사하라. 공사관 서기관 고쿠분 쇼타로를 특별히 훈2등에 서훈하고 팔괘장을 하사하라. 외무성 참사관

사카다 주지로, 제실 제도 조사국 비서 후루야 히사쓰나를 모두 훈4등에, 다카하시 다네노리를 특별히 훈5등에 서훈하고 각각 태극장을 하사하라."(고종실록, 1904년 3월 24일)

3월 25일에도 고종은 이토를 접견했다. 다음날 이토가 귀국하기 때문이었다. 이 날 고종은 일본국 함장 해군 대위 이노우에 도시오를 특별히 훈3등에, 대위 시바후 사이치로를 특별히 훈5등에 서훈하고 각각 태극장을 하사하였다.

고종은 이렇게 일본인들에게 대한제국의 훈장을 주었다. 이를 어떻게 해석하여야 하나?

한편 황현은『매천야록』에서 이토 히로부미의 방문을 이렇게 적었다.

"이토는 자못 정중하였고 경륜이 높아 고종은 민영환에게 명하여 그를 맞이하게 하였다. 이때 여론에 의하면 이토는 반드시 비상한 일을 저지를 것이라고 하였지만 그가 폐하를 알현할 때 매우 정중한 예의를 지키며 의지를 굳게 하기를 권하고, 또 정부가 구습을 버리고 새 조류를 따르라고 권고하였다. 고종은 그의 위세에 눌려 10일 사이에 궁중의 극장을 철거하였는데, 그가 서울을 떠나자마자 다시 내비(內批)가 내려졌다. 이 일을 두고 서울 사람들은 '8일 동안 청명(淸明)'이라는 노래를 지어 불렀다."

고종은 궁중에 극장을 설치하고 항상 가무를 즐기고 있었다. 1905년에 주한미국공사 알렌은 "황제는 무희들과 놀면서 시간을 보내고 있다"고 꼬집었다.

한편 3월 31일에 민영환은 영국 공사관을 방문해 주한 영국공사 조던에게 이토의 방문에 대해 설명했다. 조던은 즉시 영국 외무성에 보고했다.

"이토는 천황 국서를 직접 고종에게 전달하여 그 내용을 알 수 없다. 그리고 이토는 황제에게 천황 선물이라고 30만 엔(현 시가 375억원)을 주었다. 또한 궁중 참석자에게도 50만 엔을 나누어 주었다. 또한 경부선 이익금 일부와 경의선 이익금까지 보장하는 등 고종의 환심을 사는 데 주의를 기울였다."(박종인 지음, 매국노 고종, pp.332~333 ; 구대열, 다모클레스의 칼?-러일전쟁에 대한 한국의 인식과 대응, 정성화 외, 러일전쟁과 동북아의 변화, 2005, p.29)

고문(顧問) 정치

러일전쟁은 예상과 달리 일본은 승승장구했다. 1904년 5월초에 일본은 고종에게 러시아와 관계 단절을 선언하는 칙선서(勅宣書)를 발표하라고 압력을 가했다.

5월 18일에 고종은 어쩔 수 없이 러시아 한국공사관을 철폐하고 러시아공사 이범진의 소환 명령을 내렸다. 이날 외부대신이 칙선서 초안을 보고하니 고종이 윤허하였다.

" … 이번에 또 러시아주재 공사관을 철회하였으니 이것으로 실상 대한국과 러시아 간의 외교 관계가 단절되었다. 그러나 또 앞으로 우리 대한국의 방향을 명백하게 하고 러시아가 이전과 같이 조약과 특준(特準) 합동 등 조건을 핑계하여 침략적 행위를 다시 못하도록 하기 위하여 외부대신이 칙선서(勅宣書) 초안을 의정부 회의에 제출하여 토의를 거친 뒤에 의정부 참정과 연명으로 상주(上奏)하니, 고종이 그것을 윤허하였다."(고종실록, 1904년 5월 18일)

이 날 밤에 고종은 칙선서를 의정부에 내려보내고 관보 호외를 통해 서울과 지방에 반포하였다.

"〈칙선서〉

– 이전에 한국과 러시아 두 나라 사이에 체결된 조약과 협정은 일체 폐기하고 전혀 시행하지 말 것이다.

– 러시아의 관리와 백성들에게나 회사(會社)에 인준한 특허 합동(特許合同) 가운데 지금까지도 유효 기간이 있는 것은 이제부터 대한(大韓) 정부가 무방하다고 인정하는 것이면 이전대로 그 인준해 준 것을 계속 누릴 수 있게 한다. 그러나 두만강, 압록강, 울릉도의 산림 채벌 및 식수(植樹) 특허권은 본래 한 개인에게 허락한 것인데, 실상은 러시아 정부가 자체로 경영할 뿐 아니라 당해 특준(特準) 규정을 지키지 않고 제멋대로 침략 점거 행위를 하였으니, 당해 특준을 폐지하고 전연 시행하지 말 것이다."(고종실록, 1904년 5월 18일 4번째 기사)

이어서 일본 각의는 5월 31일에 '대한방침(對韓方針)'과 '대한시설강령(對韓施設綱領)' 두 가지를 결정했다. 여기에는 ① 한국 내 일본군의 영향력 확대, ② 재정권 장악, ③ 외교권 장악, ④ 경의선, 경부선 등 철도 장악, ⑤ 우편 · 전신 · 전화 등 통신 시설의 장악, ⑥ 농업, 임업, 광업, 어업 등에서 일본인의 한반도 진출 등 6개의 내용을 담고 있었다. 이 두 가지는 '한국의 보호국화'를 위한 구체적 방책이었다.

3개월 뒤인 8월 22일에 일본은 한일의정서 제1조에 규정된 '시정개선'을 구실로 '한일 협정서(韓日協定書)'를 체결하였다. '고문(顧問) 정치'의 시작이었다.

이 조약은 "대한 정부는 일본 정부가 추천한 일본인 1명을 재정고문, 외국인 1명을 외교 고문으로 삼아야 하며 재정 · 외교에 관한 중요한 사무는 일체 그의 의견을 물어서 시행해야 한다. 또 대한 정부는 외국과 조약을 체결하거나 기타 중요한 외교 안건 즉 외국인에 대한 특권 양여와 계약 등의 문제 처리에 대해서는 미리 일본 정부와 상의해야 한다."고 규정하였다.

그 결과 대한제국은 10월 15일 재정 고문에 일본의 대장성 주세국장 출신인 메카다 다네타로를 임명하고, 12월 27일에는 외교 고문에 20여 년 간 줄곧 일본에 고용되어 일해온 미국인 스티븐스를 임명했다.

이외에도 일본은 '시정개선'이란 명목하에 궁내부 고문 가토 마스오, 경무고문 마루야마 시게토시, 학부 참여관 시데하라 타이라, 법부 고문 노자와 다케노스키, 군부 고문 노츠 쓰네다케 등 많은 일본인을 고문, 보좌관, 교관 등으로 한국 정부가 초빙하도록 강요했다.

이들은 행정 각 분야에 직접 종사하면서 실무 집행까지 관여했다는 점에서 1894년 갑오개혁 때 파견된 40여 명의 고문관과는 질적으로 달랐다.

고종, 염근공신(廉勤公信)을 칙유하다.

1904년 5월 21일에 고종은 관리들과 백성들에게 칙유(勅諭)하였다.

“짐(朕)이 생각하건대 나라를 다스리는 도리는 백성들을 근본으로 삼는 것이다. 관청을 세우고 직무를 나누며, 어진 사람을 선발하고 유능한 사람을 임용하는 것은 오직 백성들을 편안하게 하기 위해서일 뿐이다. … 온 나라의 백성들이 편안히 살 수 있게 하는 도리는 다른 데 있는 것이 아니고, 오직 청렴과 근면, 공정과 신의에 있을 뿐이다. 청렴하게 백성들을 다스리면 백성들이 재산을 산처럼 늘리고, 근면하게 백성들을 다스리면 백성들이 생업에 힘쓰며, 공정하게 백성들을 다스리면 반드시 백성들의 억울한 사정이 풀리지 않는 것이 없게 되고, 신의로 백성들을 다스리면 백성들이 법령을 어기지 말아야 한다는 것을 반드시 아는 법이다. … 짐이 왕위에 오른 40여 년 동안 비록 덕이 없어서 선대 임금들의 크나큰 도리를 빛나게 하지는 못했지만, 언제나 한 가지 생각은 백성들을 편안하게 하기 위한 방도에 두지 않은 적이 없었다. 그러나 안으로는 부(部)와 부(府)의 여러 신하들이 예전대로 안일하게 지내면서 백성들을 구원하는 길로 나를 바로 이끌어 주지 못하였고, 밖으로는 지방 관리들이 탐욕에 젖어 나에게 백성들의 정상을 알리지 않았을 뿐 아니라 도리어 잔학하게 침해하여 백성들로 하여금 근심과 고통을 호소할 수 없게 하였다. 그리하여 왕왕 백성들이 생계를 잃고 앙상하게 여위어 어느 순간에 죽음의 구렁텅이에 빠질지 모르게 되고, 심지어 곤궁을 못이겨 도적이 되어 가지고 백주(白晝)에 항간에 달려들어 노략질을 제멋대로 해대는데, 농사를 망쳐 기근이 든 해이면 횡포하기가 더욱 심하였다. … 짐이 먼저 자신을 반성하고 자책하고서 그에 기초하여 청렴과 근면, 공정과 신의로써 백성들을 편안하게 만드는 데 대한 내용으로 8자의 글을 직접 써서 내려보내니, 이것을 가지고 경계하고 힘써라. 아! 여러 신하들은 이것을 걸어 놓고 해와 달처럼 밝히고, 이것을 받들어 쇠와 돌처럼 굳게 지킬 것이다. 청렴한 지조를 지켜 이익을 보면 의리를 생각하며, 직무에 근면하여 성의를 다하며, 마음을 공정하게 가짐으로써 한쪽에 편중하는 일을 없애며, 명령에서 신의를 지켜 법과 기강의 날을 세울 것이다. 그렇게 함으로써 고질적인 병통을 없애고, 도적이 사라지게 하며, 의식(衣食)을 넉넉하게 하고, 예의의 기풍을 일으켜 세워, 백성들이 부부간의 안락을 누리게 하라. … 아! 모든 관리들과 전체 백성들은 한마음 한뜻으로 짐의 지극한 뜻을 본받고, 나라와 더불어 밝은 세상을 같이 이룩하여 태평성세의 복을 길이 누려야 하기 때문에 칙유한다."

이어서 고종은 조령(詔令)을 내렸다.

"옛날 영조 임금 때에 영조께서 직접 쓴 '백성은 나라의 근본이니 근본이 든든해야 나라가 편안하다.〔民惟邦本本固邦寧〕'는 내용의 여덟 글자를 각 관청의 벽에다 걸었는데, 지금까지도 그 훌륭한 글이 해와 달처럼 빛을 뿌리고 있다. 짐이 지금 이처럼 신하들과 백성들에게 칙유(勅諭)하면서 '청렴과 근면, 공경과 신의로써 백성들을 편안하게 만들라〔廉勤公信以安斯民〕'는 여덟 글자를 직접 써서 내려보낸 것도 선대를 잇는 뜻에서 출발한 것이다. 정부에서는 서울과 지방의 각 관청들에 신칙(申飭)하여 이 글을 새겨 청사(廳舍)의 벽에 걸어 놓고 늘 보며 조심하면서 그대로 지켜나가 어김이 없도록 하라."(고종실록, 1904년 5월 21일)

중추원 의관 안종덕의 상소

7월 15일에 중추원 의관(議官) 안종덕이 '조정이 청렴, 근면, 공정하지도 않고 신의도 없음'을 지적하는 상소를 올렸다.

"5월 21일에 내린 칙서(勅書)를 삼가 보니, 빛나는 586자의 말은 간곡하기 그지없고 엄정하면서도 측은하게 여긴 것이었는데, 자신을 반성하고 자책하며 신하들을 신칙(申飭)한 내용은 마치 해와 달처럼 밝고 쇠나 돌처럼 확고한 것이었습니다. … 대체로 청렴이라는 것은 의리와 예의의 틀이고, 근면이라는 것은 지식과 행동의 용기입니다. 공정이라는 것은 어진 이의 큰 덕이며, 신의라는 것은 덕을 세우는 기초입니다. …

그런데 가만히 생각해 보면 폐하가 임오년(1882) 이후부터 수십 년 동안 환난이 생길 때마다 밝은 조서를 내린 것이 몇천 마디인지 모를 지경입니다. 자신을 반성하고 아랫사람을 격려하며 청렴과 근면, 공정과 신의로 일하겠다고 다짐 안 한 적이 없습니다. 하지만 얼마 못 가서 관리들의 부패는 전(前)과 같아지고, 무사안일과 불공정도 전과 같아지고, 신의를 잃는 것도 전과 같았습니다. 이는 무슨 까닭이겠습니까? … 신이 듣건대, 말로 사람을 감동시킨 것은 얕고, 마음으로 사람을 감동시킨 것은 깊다고 합니다. … 가만히 보건대, 폐하께서는 말로 사람을 감동시키려 했지, 마음으로 한 것이 아니라고 생각합니다."

안종덕은 고종의 칙유가 '진정성'이 없다고 상소한다. '보여주기식'이라는 것이다.

먼저 안종덕은 탐오(貪汚)를 지적한다.

"(전략) 지금 폐하는 청렴한 것을 좋아하지만 조정의 신하들은 탐오 한 오점을 가지고 있고 지방의 백성들은 생계가 거덜 났다는 탄식이 많습니다. 뇌물이 성행하여 관청의 법도가 문란해졌으며, 탐학한 자들이 도처에 넘치고 도적이 빈번히 일어납니다. 이 까닭이 무엇이겠습니까? 신은 폐하께서 청렴에 착실하게 마음을 두지 않기 때문이라고 생각합니다."

곧바로 안종덕은 매관매직의 폐해를 지적한다.

"대체로 벼슬을 파는 문제로 말하면 옛날이나 지금이나 나라를 망치는 길입니다. … 대체로 중앙과 지방의 관리들은 하늘이 준 벼슬이고 임금과 함께 천하를 다스리는 사람들입니다. 이것이 어찌 공공연히 사거나 팔아먹을 물건이겠습니까? 저 간교한 토호들과 아전들이 감히 요행으로 폭리를 얻어 볼 생각을 품고, 부유한 자는 재산을 털고 가난한 자는 이리저리 빚을 내어 먼저 10배 값을 실어다 주고서 밑지는 장사로 수령 자리를 사는데, 그런 사람이 나랏일을 위하겠습니까? 자신을 위하겠습니까? … 사적으로 뇌물을 받아먹는 행위가 계속되어 그렇게 하지 않으면 본전을 못 찾을 것이니, 이런 형편에서 그가 하는 정사가 과연 청렴한 것이겠습니까, 탐욕스러운 것이겠습니까?"

이어서 안종덕은 근면의 허상을 이야기한다.

"지금 폐하께서는 근면한 것을 좋아하지만 조정에는 게으른 습성이 있어 무슨 일이나 성사될 가망이 보이지 않습니다. 의정부의 회의는 모여 앉자마자 헤어지고 각 부(部)의 출근에 대해서 여러 번 주의를 주었음에도 출근하지 않는 경우가 많습니다.

수령이 결원되어 있으나 해가 지나도록 임용되지 않는 것은 전형을 맡은 관리들이 태만한 탓입니다. 죄수들이 옥에 갇혀 있어도 계절이 바뀌도록 심리하지도 않는 것은 법관들이 태만한 결과입니다. …

모든 일을 다 맡아본다는 것은 자질구레한 일에까지 나서는 것을 말합니다. 자질구레한 일에까지 나서는 것이 근면한 듯 하지만 신하는 게을러지고 일이 그르쳐집니다. … 아! 폐하께서는 황위에 오른 이후 날마다 바쁘게 지냈으니, 참으로 천하에 의로운 임금입니다. 하지만 걱정이 지나쳐서 하찮은 일들까지 살폈고 근심이 깊어서 남이 하는 것을 싫어하여 모든 일을 직접 도맡아 하였습니다. … 큰 원칙이 허술해지니 소인들이 폐하를 기만하게 되었고, 참소가 들어오니 대신들이 자주 교체되었습니다. 이것이 이른바 자질구레한 일에까지 나선다는 것입니다. … 전형을 맡은 관리들은 명령만 기다리게 되고, 법을 맡은 관리들도 명령만을 받들게 되니, 임금의 팔다리 노릇을 해야 할 관리들이 어찌 게을러지지 않으며, 만사가 어찌 그르쳐지지 않을 수 있겠습니까? 이것을 놓고 신은 감히 폐하의 근면이 근면의 마땅한 도리를 잃었다고 생각하는 것입니다."

이윽고 상소는 공정에 다다른다.

"지금 폐하는 공정한 것을 좋아하나 조정에는 사리사욕이 넘쳐나고, 관리들 간에는 당(黨)이 갈라졌으며, 벼슬을 얻어 나가려는 자들은 대궐 안의 비호 세력과 결탁하고, 세력에 끼려는 자들은 외세에 의지합니다.

재주도 없이 턱없는 과분한 벼슬을 지내는 것은 모두 세도 있는 집안의 인척들이고, 죄를 지고도 요행수로 면하는 것은 모두 권세 있는 가문의 청탁 결과입니다. … 천하에 잘 하는 일이라고는 오로지 사익을 채우는 일 한 가지뿐이니 이것이 무엇 때문입니까? 신은 폐하의 공정함이 진실한 공정함이 아니지 않는가 생각합니다. 겉으로 드러난 정령(政令)과 하는 일들로 미루어 폐하의 마음을 더듬어 보면 순전히 공적인 마음에서만 출발한 것이 아닌 것도 있는 듯 합니다."

상소는 계속된다.

"요즘의 관보를 보니, 칙임관·주임관·판임관의 벼슬이 매번 가까이 돌면서 사적인 총애를 받거나 점쟁이나 이단(異端)의 무리들에게 내려지는 것은 무엇 때문입니까? … 대체로 이 무리들은 간사한 술법을 숭상하고 간교하여, 안으로는 남을 헐뜯고 시비를 전도하며 밖으로는 제 집안을 일으켜 세우고 권세를 구합니다.

그리하여 이익을 좋아하고 염치없는 무리들을 앞다투어 추종하며 저마다 아부하여 편당을 만들고는 자기들과 다른 사람을 배척하고, 충성스럽고 어진 사람을 쫓아냅니다. 이런 형세는 필시 나라를 망하게 만들고야 말 것이니, 어찌 경계해야 할 일이 아니겠습니까?"

고종은 여전히 점쟁이나 이단의 무리를 등용했다. 대표적인 사람이 1899년에 만난 성강호이다. 그는 고종에게 1895년 을미사변에 시해당한 명성황후의 혼령을 볼 수 있다고 현혹했다. 이에 빠진 고종은 명성황후가 생각나면 매번 성강호를 궁중으로 불러들였다. 그는 1년 사이에 벼슬이 뛰어올라 협판(차관급)에 이르렀으며 그의 집 문 앞은 항상 저잣거리처럼 붐볐다. 황현의 『매천야록』에 나온다.

상소는 신의(信義)로 이어진다.

"지금 폐하께서는 신의를 좋아하지만 주변의 신하들은 속이는 것이 버릇이 되었고 중앙과 지방에서는 유언비어가 떼지어 일어나고 있습니다. 애통조서(哀痛詔書)를 여러 번 내렸으나 온 나라가 감격하는 효과가 없고, 엄격한 칙서(勅書)를 자주 내렸으나 탐관오리들이 조심하는 기미가 없습니다. 이것이 무엇 때문이겠습니까?

신은 폐하의 신의가 백성들에게 미치지 못하기 때문이 아닌가 생각합니다. 신의가 없으면 사람의 도리가 서지 못하고 신의가 없으면 하늘의 도리가 시행되지 않습니다. … 신의가 없으면 나라를 다스릴 수 없습니다. 그러므로 공자는 군대를 버리고 식량을 버릴지언정 신의는 버리지 않으려고 하였습니다*

폐하의 일에는 무슨 일이나, 신의가 별로 없습니다. 조서나 칙서를 내릴 때마다 신의를 다짐하지 않은 적이 없었지만, 하나도 제대로 실천되는 일이 없습니다. … 부패를 척결한다고 말하지만 관청이 부패관리를 보고하면 덮어두고 내려보내지 않으며, 백성들의 고통을 보살핀다고 하지만 대책을 올리면 아예 덮어둡니다. 대신이나 협판(차관)을 장기짝 옮겨 놓듯 교체하고, 관찰사나 군수는 여관 집 드나들 듯 교체됩니다.

… 법이 문란하면 백성들이 믿지 않게 되고 백성들이 믿지 않으면 명령이 시행되지 않고, 명령이 시행되지 않으면 일이 제대로 되지 않고 일이 제대로 되지 않으면 결국 나라가 망할 것입니다. 이것은 폐하의 마음에 신의가 부족하기 때문입니다."

상소는 계속된다.

---

* 『논어』 '안연 편'의 공자와 자공의 대화에서 나온다.
  자공 : 정치란 무엇입니까?
  공자 : "식량을 풍족히 하고, 군사를 넉넉히 하고, 백성들이 믿도록 하는 것이다."
  자공 : "부득이해서 한 가시를 버려야 한다면 이 세 가지 중에 무엇을 버려야 합니까?"
  공자 : "군대를 버려라"
  자공 : "나머지 두 가지 중에 부득이 하나를 버려야 한다면 무엇을 버려야 합니까?"
  공자: "식량을 버려라. 백성들의 신뢰가 없으면 나라는 존립하지 못한다.(民無信不立)"

"외교의 경우에는 더구나 신의가 중요합니다. … 나라와 나라간에 교제를 하는 경우야 더욱 그렇습니다. 지금 세계가 어지러운 싸움을 벌이고 있는데 우리 대한제국은 피폐하여 무력과 재력을 가지고서는 물론 겨루어 볼 수가 없습니다. 그러니 오직 지켜야 할 것은 신의뿐인데, 신의란 스스로 세우는 것입니다. 돌아보건대, 우리는 삼천리 강토와 500년 왕업을 가지고 가만히 앉아 독립자주권을 잃고 있으며, 세력을 믿고 달래며 위협하는 자들의 말을 고분고분 듣고 있습니다. 날마다 치욕을 당하지만 감히 막지 못하고 강요가 끊임없건만 감히 거절하지 못합니다.

이러다가는 장차 국내 정사와 대외 실무가 모두 남에게 넘어가 나라가 나라 구실을 못하게 될 것이니, 어찌 통탄스럽지 않겠습니까?

이 근원을 따져 보면 신의가 서지 못한 데 있습니다. … 안에서 재물을 저축하면서 무익한 소비를 없애야 합니다. 재물이 풍부해야 군사를 강하게 할 수 있음에도 불구하고 나라의 형편이 이처럼 위태로운 지경에 이른 것은 누구의 잘못 때문이겠습니까?"

이처럼 안종덕은 고종이 정치를 제대로 하여 부국강병하길 간언한다.

이제 상소는 마무리 단계이다.

"논하는 사람들은 모두 대한제국에 인재가 없다고들 합니다. 그런데 나라에 인재가 없는 것이 걱정이 아니고, 폐하의 마음에 신의가 부족한 것이 더 걱정이라고 생각합니다.

폐하께서 신의를 세우기만 하면 청렴과 근면, 공정 세 가지는 애쓰지 않아도 저절로 시행될 것입니다.

옛사람이 이르기를, '아름다운 말은 미덥지 못하고 미더운 말은 아름답지 않다.'라고 하였으며, 또 '쉽게 수락하는 말에는 틀림없이 신의가 적고 자꾸

고쳐 말하면 일이 잘되기 어렵다.'라고 하였습니다.

폐하는 늘 말을 곱게 하려고 하기 때문에 많은 경우 말에 신의가 없고, 또 늘 쉽게 수락하였다가 번복하는 경우가 많기 때문에 신의가 적습니다.

원컨대, 이제부터 어떤 문제에 부닥치면 반드시 먼저 마음속으로 이 일이 청렴한 것인가 탐욕스러운 것인가, 근면한 것인가 게으른 것인가, 공정한 것인가 사사로운 것인가를 요량해 보고 청렴한 것이면 나아가고 탐욕스러운 것이면 물리치며, 근면한 것이면 힘쓰고 게으른 것이면 경계하며, 공정한 것이면 시행하고 사사로운 것이면 그만두면서 한결같이 신의를 굳게 지켜야 할 것입니다.

아! 자하(子夏)가 말하기를, '믿어 준 다음에야 간하는 법이다. 그 임금이 믿지 않으면 자기를 헐뜯는다고 생각한다.'라고 하였습니다.

신은 하찮은 사람으로서 폐하에게 믿음을 받을 만한 것이 없지만 그저 바른 말을 해야 하는 직책에 있다는 이유로 감히 남이 하지 못하는 말을 하였습니다.

… 원컨대 폐하께서는 신의 마음을 살피시고 만일 티끌만큼이라도 비방하려는 데서 나온 것이면 당장 저를 처단함으로써 공경치 못한 신하들을 경계시키소서. 그러나 만일 충성하려는 데서 나온 것으로 자신의 안위에 대해서는 생각지 않은 것이라면 부디 살펴보고 채택하여 시행하소서. … 오로지 명철한 폐하의 재결(裁決)에 달려 있을 뿐입니다. 그리고 신이 지내는 중추원 의관 벼슬을 속히 체직하심으로써 죽어서 고향에 묻히려는 소원을 이루어 주소서."

안종덕의 장문의 상소에 고종은 간단히 비답하였다.

"말은 물론 옳다. 그렇지만 시의(時宜)도 생각해야 할 것이다. 그대는 사직하지 말고 직무를 살피라."

고종이 언급한 시의(時宜)는 무슨 의미인가? 안종덕의 상소가 시의적절(時宜適切)하지 않다는 의미인가? 아니면 러일전쟁을 예의주시하라는 의미인가? 아무튼 고종은 안종덕의 상소가 그리 탐탁하지 않았다.

의정부 참정(총리) 신기선의 상소

8월 28일에 철도원(鐵道院) 총재 신기선이 의정부 참정(총리)에 임명되었다. 그런데 5일 후인 9월 2일에 신기선은 사직 상소를 올렸다.

“(전략) 현재 온몸과 터럭들까지 다 병들어 단 한 점의 살점도 성한 것이 없이 만신창이가 된 것처럼 온갖 법이 문란해지고 모든 정사가 그르쳐졌습니다. 하나하나 두루 진찰해 보면 변사를 갈아대며 말해도 그 증세를 다 말해 낼 수 없으며 그 어떤 약도 효력을 볼 수 없습니다.

그러나 증세에 대한 처방을 가장 근원적인 데서 찾으면 두 가지 문제에 지나지 않습니다. 이 두 가지는 첫째 대궐을 엄숙하고 맑게 하는 것이고, 둘째 뇌물을 없애는 것입니다. 이 두 가지는 평소의 확실한 이치여서 시행하기 쉬운 것입니다. 폐하께서는 무엇을 꺼려 시행하지 않겠습니까?

첫째, 대궐을 엄숙하고 맑게 하는 것입니다.
… 지금은 하찮고 간사한 무리들이 폐하의 곁에서 가까이 지내는가 하면 점쟁이나 허튼 술법을 하는 무리들이 대궐 안에 가득합니다. 대신은 폐하를 뵈올 길이 없고 하찮은 관리만 늘 폐하를 뵙게 됩니다.

… 이로 인하여 벼슬을 함부로 주고 이를 통해 청탁이 공공연히 벌어집니다. 굿판이 대궐에서 함부로 벌어지고 장수하기를 빌러 명산(名山)으로 가는 무리들이 길을 덮었습니다. …

삼가 바라건대 폐하께서는 소인(小人)들을 멀리하고 어진 사대부들을 가까이하며 경찰들에게 엄히 신칙(申飭)하여 필요 없이 대궐에 들어가는 것을 단속하여서 대궐을 엄숙하고 맑게 만들어야 합니다.

둘째, 뇌물을 없애는 것입니다.
… 폐하의 명철함으로는 절대로 재물을 귀중히 여기고 어진 것을 천하게 여기면서 불법적으로 벼슬을 팔아먹을 리가 없건만, 수십 년 이래로 뇌물 주고받는 것이 풍습이 되고 관청 문이 저자처럼 된 것은 틀림없이 간사한 무리들이 연줄을 타고 청탁을 하여 사욕을 채우고 진상(進上)을 구실로 규례를 만들었기 때문입니다.

지금 상하가 서로 이익을 다투는 것을 마치 일상적인 일처럼 보며 온 나라 사람들이 모두 뇌물이 아니면 벼슬을 얻을 수 없고, 뇌물이 아니면 송사(訟事)에서 이기지 못하는 것으로 알며, 관찰사나 수령 자리에는 모두 높은 값이 매겨져 있고 의관(議官)이나 주사(主事) 자리도 또한 값이 정해져 있어서 심지어는 뇌물을 바치고 어사(御使)가 되어 각도(各道)를 시찰하기도 합니다."

이어서 신기선은 갑오경장 후부터 폐지된 경연(經筵)을 다시 열고, 하루에 세 번 조회를 열어 일체 정사를 처결할 때는 반드시 대신들과 직접 대면하여 의논하고 조정의 신하들에게 직접 문의할 것을 상소했다.

이러자 고종은 '사직하겠다는 말을 거두고 즉시 일을 보라.'고 비답(批答)하였다.

이로부터 2개월이 지난 11월 25일에 신기선은 다시 사직 상소를 올렸다.(고종실록, 1904년 11월 25일)

고종은 번거롭게 굴지 말라며 사직을 반려했다.

하지만 신기선은 12월 31일에 또 다시 사직 상소를 올렸다.

"신이 재주도 없이 외람되게 벼슬을 차지하였기 때문에 파면시켜 줄 것을 아뢰었으나 허락을 받지 못하고 그전대로 어물어물 벼슬에 있은 지 이미 한 달이 지났습니다. …

지금 조정은 태평의 즐거움을 탐하고 큰 세력만 의지하였습니다. 백성들을 다스리는 관리들이 사욕만 채웠고, 시행하는 정령(政令)은 압제(壓制)로 줄달음쳤습니다. 그러니 백성들은 원한이 극도에 이르렀으나 하소연할 데가 없게 되었고, 그것이 처음 변란인 임술년(1862)의 소요를 초래하였고 두 번째 변란으로 갑오년(1894)의 난리를 초래하였습니다. 그런 다음에야 나라는 비로소 개혁을 도모하며 유신(維新)을 표방하였습니다.

그러나 오랫동안 이루어진 버릇이 고쳐지지 않았습니다. 대소 관리들은 전날보다 몇 곱절 더 제 이익만 채우며 공적인 것을 모두 잊고 폐하를 속이며 법을 무시하고 있습니다. 부패 관리들은 백성들의 등골을 긁어내고 파견 관리와 시찰 관리들은 터무니없는 거짓말을 빙자하여 재물을 빼앗고 있습니다.

경무(警務)를 맡은 두 관청과 옥을 맡은 관리들은 요민(饒民)에게서 포악하게 약탈하여 온 나라를 함정으로 만들고 있으며 각 진위대(鎭衛隊)의 군사들은 비적(匪賊)을 핑계대고 백성들을 침해하고 있습니다.

각궁(各宮)과 각사(各司)에서는 잡세(雜稅)를 함부로 받아 내고 서경(西京)의 궁(宮)을 짓는 역사(役事)에 도(道) 전체를 모조리 긁어내어 고갈시켰습니다.

전환국(典圜局)은 악화(惡貨)를 주조하여 물가를 등귀시키고 있으며 내장원(內藏院)에서는 역참(驛站)의 둔전(屯田)을 관할하면서 농민들을 들볶고 있습니다. 이 밖의 허다한 고질적인 폐단은 다 셀 수도 없습니다.

백성들이 도탄에 빠진 것이 도리어 임술년(1862), 갑오년(1894) 전 보다 더 심해졌으니 백성들이 떠들썩하게 일어나 분연히 모여 살아날 길을 도모하는 것 또한 괴이할 것이 무엇이겠습니까?

이 때문에 이런 비상한 변고가 생기는 것입니다. 신은 매번 폐하 앞에 나설 때마다 적이 폐하의 뜻을 헤아리고 개연히 분발해서 어려운 형편에서 벗어나도록 도울 생각을 하지 않은 적이 없습니다. 그러나 변변치 못한 신이 어찌 외람되게 의정부(議政府)의 벼슬을 차지할 수 있겠습니까? 그 누구보다 어리석고 나약하기 때문에 아첨이 풍속이 되고 신하가 폐하의 위엄을 무릅쓰고 바른 말로 간하지 못하고 그럭저럭 지내는 것이 정상이 되어 있어 신은 일을 과단성 있게 처리하지 못합니다.

사변이 들이닥쳐도 망연해져 어쩔 줄 모르고 폐단을 바로잡을 계책이란 늙은이가 늘 하는 푸념에 지나지 않습니다. …

신의 죄는 만 번 죽어 마땅하니 바라건대 폐하는 속히 신의 참정(參政) 벼슬을 체차(遞差)하고 유능하고 식견 있고 명망 높은 인재를 선발하도록 하소서."

마침내 고종은 아뢴 대로 하라면서 사직을 수리했다. 참정에 임명된 지 4개월만 이었다.

역술가 정환덕에 빠진 고종

1901년 11월 27일에 고종 황제는 경운궁 함녕전에서 정환덕이라는 역술가를 만났다. 정환덕이 역술에 통달한 사람이라고 널리 알려지자 경운궁 전화과장(電話課長) 이재찬이 고종에게 추천하였다.

고종은 그에게 질문했다.

"한양에 도읍을 정할 때 500년으로 한정했고 종묘의 정문 이름을 창엽(蒼葉)이라 썼다. 창(蒼)이라는 글자는 이십팔군(二十八君)이 되고 엽(葉)이라는 글자는 이십세(二十世)를 형상한 듯하다. 국가의 운수가 과연 이와 같은가?"

조선 후기에 조선왕조의 수명이 500년이라는 예언들이 횡행했다. 그 근거가 종묘 정문 이름인 '창엽'이었다. '창엽'에는 조선이 태조 이후 20세대가 되거나 28대째 되는 임금 때에 망한다는 예언이 들어있다는 것이었다. 1901년은 조선왕조 509년이 되는 때였고, 고종은 26대 임금이었지만 세대로 치면 철종이 20세대였다. '창엽'대로라면 조선왕조는 철종대에 망했거나 아니면 고종의 손자 대에서 망할 수밖에 없었다.

정환덕은 "폐하의 운수로는 정유년(1897)부터 11년의 한계가 있습니다. 이 운수는 모면하지 못할 것입니다"라고 대답했다. 정환덕은 1907년까지는 고종이 황제 자리를 유지할 것이라고 답했다. 과연 정환덕의 예언대로 고종은 헤이그 특사 사건으로 1907년 강제 퇴위 당했다.

그러자 고종은 "그렇다면 혹 기도한다면 꽉 막힌 운수를 피할 수 있는가?"라고 물었다. 고종은 어떻게 해서든 왕조를 연장하고 싶었다. 이러자 정환덕은 "인재를 얻는 방법밖에는 없습니다"라고 대답했다.

이틀 후인 11월 29일에 고종은 다시 정환덕을 불렀다. 이날 고종과 정환덕 사이에 무슨 대화가 오갔는지는 알 수 없으나 정환덕은 "12월 그믐쯤에 화재의 염려가 있습니다"라고 말하고 물러났다.

이날 이후 고종은 정환덕을 잊었다. 그런데 1901년 12월 그믐에 정말로 화재가 발생했다. 이러자 고종은 1902년 1월 7일에 함녕전 침실로 정환덕을 불렀다. 두 번밖에 만나지 않은 정환덕을 침실에서 만난다는 것은 대단히 이례적이었다.

고종이 물었다.

"네가 화재를 미리 알 수 있었던 것은 확정적인 운수가 있어서인가? 아니면 우연히 맞은 것인가? … 장래 종묘사직의 존망을 나도 잘 알지 못하겠다. 그것을 들을 수 있겠는가?"

고종은 나라가 보존될지 아니면 망할지 자신도 모르겠다고 했다. 그는 내우외환을 자력으로 극복할 생각보다는, 내우외환이 운명이라면 운명 자체를 바꿀 수 있는 어떤 신통력에 매달리고 싶었다.

정환덕은 참으로 난감했다. 자신이 국가의 존망을 이야기하는 것이 엄청 큰 부담이었으리라.

정환덕의 답변은 그의 저술 『남가몽(南柯夢)』에 나온다.

"신의 계산으로 본다면 다가오는 광무 9년(1905년) 을사 11월 갑자일에 일계(日計)가 건괘(乾卦)의 초구(初九)로 옮겨 들어가게 됩니다. 이는 옛것을 개혁하고 새로운 정치로 나가는 시기입니다. 초구는 하루 종일

씩씩하고 저녁까지 조심하라는 뜻입니다. 이런 시국을 당해 국가의 형세는 날이 갈수록 위태하고 어렵습니다. 충신과 열사가 서로 죽기를 다투며 조정과 재야가 함께 힘써야 할 것입니다. 이 밖에도 허다한 변란을 이루 셀 수가 없습니다. 엎드려 바라건대 폐하께서는 궁중의 법을 엄숙히 하시고 용단을 확고히 하시어 어진 신하를 친근히 하시고 소인을 멀리하소서. 그렇게 하면 화란(禍亂)에서 벗어나 복록(福祿)이 되며 꽉 막힌 운수는 가버리고 태평의 운수를 맞을 것입니다. 만약 그렇게 하지 않는다면 국가의 일이 어느 지경에 이를지 알 수 없습니다."

정환덕의 말대로라면 대한제국의 미래는 1905년이 결정적인 전환기였다. 그런데 대한제국은 1905년 을사늑약으로 외교권을 일본에게 빼앗겼다. 고종은 정환덕 말처럼 어진 신하를 가까이 해야 했다. 하지만 이완용, 박제순 같은 이가 고종 주변에 있었고, 고종은 나약하고 무능했다.

이후 정환덕은 시종원에서 5년 정도 근무하면서 고종을 모셨다. 여기서 주목할 점은 고종의 최측근 자문관이 역술가였다는 점이다. 역술가의 현실 판단과 미래 비전은 말 그대로 역술에 기초했다. 그런 면에서 고종의 광무개혁은 합리주의와는 거리가 있었다.

병적으로 미신에 빠진 고종

1904년 11월 18일에 주한미국공사 알렌은 미국 국무부에 아래와 같이 보고했다.

"고종은 병적으로 미신에 빠져 있으며, 1895년 갑오개혁 기간 중 궁중에서 쫓겨났던 무당들이 궁중의 모든 일에 영향력을 미치고 국고로 들어가야 할 세금까지 가로챘습니다. 고종은 전투가 일본에게 유리하게 전개되고 있던 1904년 11월에도 러시아가 승리할 것이라는 무당들의 말을 듣고 안심했습니다."(구대열, 다모클레스의 칼?-러일전쟁에 대한 한국의 인식과 대응, 정성화 외, 러일전쟁과 동북아의 변화, 2006, p.28)

1882년 임오군란 때 장호원으로 피신한 민왕후(1851~1895)는 환궁하면서 여자 무당을 데리고 왔는데, 고종은 그녀에게 진령군이란 군호를 주었고, 그녀는 국정 농단을 하였다. 1893년 8월 21일에 전(前) 정언 안효제가 상소를 올려 무당 진령군을 처벌하라고 탄핵했지만, 탄핵한 안효제가 오히려 귀양을 갔다.

그런데 고종은 1895년에 민황후가 시해된 지 10년이 다 된 1904년에도 여전히 미신에 빠져 있었다.

「윤치호 일기」와 『고종실록』이 알렌의 보고서를 뒷받침하고 있다. 먼저 1904년 5월 27일의 「윤치호 일기」이다. 이 사료는 「국사편찬위원회-한국사 데이터베이스-한국사료총서」에 수록되어 있다.

"5월 27일 간밤에 비.

4. 이런 모든 일이 일어나고 있는 동안 고종 황제는 궁궐을 짓느라 분주하다.(1904년 4월 14일에 경운궁이 모두 불탔다-필자 주) 무당과 점쟁이들이 있는 방 두 칸에서 시간을 보내는 황제, 난방을 한 곁방 밖으로 나와 한낮의 햇빛을 보거나 신선한 공기를 마시고 싶어 하지도 않고 그렇게 할 시간도 없는 황제, 권력이 일상이고 부패가 즐거움이고 음모가 인생인 황제. 이 황제는 이 저주받은 나라의 저주받은 백성들로부터 갈취한 몇백만 원의 돈을 궁궐을 짓는 데 낭비하고 있다."

다음은 1905년 4월 17일의『고종실록』이다.

"의정부 참정대신 민영환이 아뢰었다. '무당이나 점쟁이 등의 잡술은 나라에서 철저히 금하는 바입니다. 그러나 요즘 법과 기강이 해이되어 그러한 무리들이 서울과 지방에 출몰하면서 요사스러운 말과 술수로 백성들을 선동하며 심지어는 패거리를 지어 정사(政事)를 문란하게 만듭니다. 실로 한탄스러우니, 속히 법부(法部)와 경무청으로 하여금 모두 붙잡아 법에 의거 죄를 주게 하는 것이 어떻겠습니까?' 이러자 고종이 윤허하였다."

그런데 1주일 뒤인 4월 25일에 무당과 점쟁이 등을 철저히 단속하지 않은 경무사 신태휴가 견책되었다.

황현은『매천야록』에서 '고종의 미신 현혹 실상'을 이렇게 기록했다.

"일본인들이 헌병을 파견하여 경운궁의 문을 수비하였다. 이때 요술(妖術)을 가지고 고종을 현혹시키는 자들이 헤아릴 수 없이 많았다. 그들은 혹 구름을 타고 허공을 날아 순식간에 만리 길을 가서 러시아군과 일본군의 진영(陳營)을 굽어본다고도 하고, 혹은 비와 돌을 마음대로 떨어뜨리게 하여, 만일 적들이 국경을 침범할 때는 비와 돌로 그들을 섬멸할 것이라고도 하였다. 그들은 요망스럽고 허황된 것이 모두 이따위 것들이었다. 민영환이 참정이 되어서 누차 그들을 엄히 묻기를 간청하였으나 그의 말을 듣지 않았고, 결국 일본인들이 헌병을 파견하여 금지하기에 이르렀던 것이다. 하지만 그들을 끝내 금하게 할 수는 없었다."

✚ 주한 미국공사 알렌이 본 대한제국

주한미국공사 알렌(1858~1932)은 21년간 한국에서 근무한 한말외교사의 산 증인이었다. 그는 1884년 갑신정변 때 절명 직전의 민영익을 살려 고종의 어의(御醫)가 되었고 우리나라 최초의 서양 병원인 제중원 초대 원장이 되었다.

1887년 7월에 그는 주미전권공사 박정양과 함께 미국 워싱톤의 한국공사관에서 일했다. 1890년에 한국에 돌아온 알렌은 주한미국공사관 서기관, 총영사, 대리 공사 등을 역임하고 1897년 7월에 전권공사가 되었다. 그는 1905년 3월 29일에 해임되어 미국으로 돌아갔는데, 1908년에 『조선견문기(Things Korean)』를 발간하였고, 『알렌의 일기』 등을 남겼다.

1903년 6월 1일에 알렌은 시베리아 대륙횡단 열차를 타고 러시아를 돌아본 뒤 영국, 프랑스를 경유하여 미국에 도착했다. 그는 9월 30일에 워싱턴 D.C에서 루즈벨트 대통령을 면담했다. 이 면담은 극동에서의 러시아와 일본의 동향에 관한 것이었다. 알렌은 친러정책을 펴야 한다고 주장하여 친일론자인 루스벨트 대통령과 격론이 벌어졌다.

10월에 알렌은 고향 오하이오 주 톨레도에 머물렀는데 10월 14일의 일기에 이렇게 적었다.

"나는 고종 황제가 허약한 인간이기 때문에 나를 해치는 일에 동의했으리라고는 믿을 수 없었다. 그러나 나는 이미 황제를 포기한 지 오래다. 황제가 만기친람(萬機親覽)하기 때문이다. 나는 오히려 러시아와 일본 간의 사태에 관해 몸이 오싹해질 정도로 흥분이 되는 전쟁 발발뉴스를 듣고 싶었다. 러일전쟁이 발발하면 전승을 거둔 어느 한쪽이 진정한 한국의 '대 군주 지위(Overlordship)'를 차지해서 '허구적인 대한제국(Fiction of Korean Empire)'을 파멸시키고 한국 국민들에게 약간의 자유를 부여할 것이다."(알렌 지음 · 김원모 옮김, 알렌의 일기, 1991, pp.288~289, 664)

만기친람은 황제가 모든 일을 다 챙긴다는 부정적 의미가 강한 단어이다. 실제로 대한제국은 황제 1인의 전제국가였다. 알렌이 일기에 적은 '허구적인 대한제국의 파멸'이란 표현은 더 심각하다.

1903년 10월 20일에 알렌은 샌프란시스코에서 배를 타고 11월 20일에 제물포에 도착했다. 그런데 한국에 돌아온 알렌은 루스벨트 대통령으로부터 견책 처분을 받아 의기소침했다.

그런데 1903년 말의 대한제국은 흉흉한 소문에 휩싸였다. 1904년 1월 2일에 고종은 고위 대신을 통하여 미국공사관에 파천을 요청했다. 알렌은 "전쟁이 터지면 황제가 공사관으로 오겠다는 요구를 거절했다."고 미국 국무부에 보고했다.

1904년 2월 9일에 일본 해군은 제물포에 정박한 러시아 전함 두 척을 침몰시켰다. 그리고 그 날 일본군이 서울에 들어왔다. 사람들은 도망치고 구중궁궐도 텅비었으며 조정 대신들도 숨기에 바빴다. 나라가 전쟁터가 되었는데도 국외중립 선언 이상의 행동을 보여주지 못했다.

2월 10일 일본은 러시아에 선전포고 하였고, 12일에 러시아 공사 파블로프가 서울을 떠났다. 엎친 데 덮친 것인가. 4월 14일에 경운궁에 큰불이 났다. 함녕전, 중화전, 즉조당, 석어당 등이 모두 불탔다. 이러자 고종은 미국공사관과 인접한 수옥헌(지금의 중명전)에 임시 거처를 정했다.

4월에 알렌은 "고종 황제의 미국에 대한 기대가 당혹스럽다면서 고종이 1882년 한미수호조약 제1조의 '거중조항'을 자기 멋대로 해석하고 있다"고 미국무부에 보고했다.

1905년 들어서 알렌은 한국의 몰락을 예감하고 있었다. 1905년 1월 19일에 알렌은 "황제가 파천을 간청한다는 요청을 대한제국 관료로부터 접수했다."고 미국에 보고했다. 알렌은 "이런 요구는 다시 듣고 싶지 않다면서 황제가 공사관 담을 넘어오더라도 퇴거를 요구하겠다."고 보고서에 첨언했다.

1905년 3월에 알렌이 체임되어 귀국하고 모건이 신임 공사가 되었다.

황현은 『매천야록』에서 알렌의 귀국과 관련하여 이렇게 적었다.
"알렌은 우리나라에 10여 년 동안 머물렀는데 귀국에 임해 사람들에게 '한국국민이 가련합니다. 내가 일찍이 구만리를 돌아 다녀보고 위아래로 4천 년 역사를 보았지만, 한국 황제와 같은 인간은 또한 처음 보는 인종이었습니다.'라고 말했다"(황현 지음 · 임형택 외 옮김, 역주 매천야록 하, pp.222~223)

제 5 장

포츠머스 조약과 을사늑약

일본, 랴오양 · 뤼순 · 봉천 전투에서 이기다.

(1) 랴오양 전투

1904년 4월 29일에 일본군 제1군이 압록강을 건넜다. 일본군 제2군은 5월 15일에 진저우를 점령하고, 30일에는 다롄을 점령했다.

8월 하순에 일본군 13만 명은 랴오양을 공격했다. 러시아군도 22만 명이 결전을 준비했다. 8월 25일 밤에 일본군은 랴오양 전투를 개시하여 28일에 총공격을 감행했다. 그러나 러시아군의 완강한 저항에 부딪쳐 일진일퇴를 거듭했다. 그사이 일본군 제1군이 태자하(太子河)를 건너서 러시아군의 배후를 공격할 기미를 보이자, 9월 3일 쿠로파트킨 러시아 만주군 총사령관은 퇴각 명령을 내렸고, 9월 4일에 일본군은 랴오양을 점령했다. 1주일간의 랴오양 전투는 세계 전쟁사에서 '20세기의 대 전투 중 최초의 전투'로 기록되는 처참한 싸움이었다.

(2) 뤼순 전투

1904년 7월 11일에 일본 연합 함대 사령관 도고 헤이하치로는 대본영에 급히 뤼순 공략을 촉구하는 전보를 보냈다.

"우리 함대는 점차 세력이 약화되어 뤼순 함대에 대해서도 위신을 상실할 지경이다. 더욱이 발트함대의 동항(東航)에 대비할 절박한 처지다. 우리 전략의 급선무는 하루빨리 뤼순을 공략하는 길밖에 없다. 이를 위해 모든 수단을 강구할 것을 요청한다."(최문형 지음, 러일전쟁과 일본의 한국 병합, 2004, pp.260~267)

이에 대본영은 제3군 사령관 노기 마레스케에게 뤼순 공략 명령을 하달했다. 8월 19일 새벽에 노기는 외국의 종군기자들과 접견한 자리에서 자신만만하게 뤼순을 열흘 안에 함락시킬 것이라고 말했다.

그러나 이는 난공불락의 뤼순 요새를 제대로 알지 못하는 무지에서 비롯되었다. 러시아 콘크리트 요새에는 최신예 기관총과 200문의 야포, 426문의 화포가 설치되어 있었고, 동시베리아 제7 저격병 사단을 비롯한 기병, 공병 5만 명이 뤼순에 추가로 집결했다. 또한 뤼순 탈출이 불가능하다고 판단한 러시아 함대는 함선을 얕은 여울 쪽으로 붙여 연안 방어를 지원하고, 함포와 해군 병사들을 뤼순 방어에 투입했다.

8월 19일부터 22일까지의 일본군의 공격은 어느 정도 성공했다. 하지만 러시아 역시 예비대를 집중시켜 막아냈다. 23일에 일본군 4개 여단을 투입한 공격이 격퇴당하자 노기 장군은 24일에 공격을 취소했다.

1차 총공세에서 일본군은 전사 5,017명, 부상 10,843명이었다. 이는 1개 사단 궤멸과 다름없는 큰 피해였다. 러시아군은 6천에서 7천 명 정도의 사상자를 냈다.

『언덕 위의 구름』의 저자 시바 료타로는 뤼순 공방전에 대해 "육군은 총검 돌격 사상(思想)으로 공격하고, 러시아는 기계력으로 막으려 한 전투"라고 평했다.

1차 총공세 후 러시아군의 요새를 단기간에 함락시킬 수 없음을 깨달은 일본군은 공병을 활용, 다수의 공격용 참호를 파들어 가는 장기 공성전에 돌입하였다.

그러나 노기 사령관은 대본영의 공격 독촉을 받고 있었다. 발트함대가 출항을 준비하고 있다는 소식을 들은 대본영은 조속히 뤼순을 점령할 것을 촉구하였고, 결국 노기는 8월 31일에 2차 공격을 결정했다.

러시아군 또한 가만히 있지는 않았다. 1차 공격에서 파괴된 방어시설들을 복구하였고 추가적인 철조망, 참호, 개인용 엄폐호를 구축하였다. 전투 과정에서 나타난 각 보루의 사각지대에는 지뢰를 매설하였고 일본군의 공격용 참호에 대응한 참호 건설이 진행되었다. 또한 해군 병기들을 육상 방어에 돌렸다.

일본군의 2차 공격은 9월 19일 밤에 시작되었다. 20일 새벽에 일본은 해서산을 점령했다. 그러나 해발 203m 이령산에 대한 공세는 신속하게 예비대를 투입한 러시아군에 의해 저지되었다. 이후 이령산은 가장 중요한 방어거점이 되었고, '203 고지'로 알려졌다.

10월 14일에 발트함대가 발틱의 리바우에서 출항했다는 소식을 들은 일본 대본영은 더욱 조급해졌다. 대본영은 노기에게 발트함대 도착 전에 뤼순을 반드시 함락하도록 명령했다. 보병의 육탄 공격으로는 이길 수 없다고 판단한 대본영은 일본 도쿄만과 아키 요새에 해상 방어용으로 배치된 28cm 유탄포 18문을 뤼순 요새 공격에 투입하였고, 10월 26일에 유탄포를 앞세워 3차 총공격을 개시했다. 4일간 이루어진 포격은 러시아군의 방어 진지 상당수를 파괴하였으며, 러시아군에도 적지 않은 타격을 입혔다.

10월 30일에도 일본군은 총공격을 하였다. 그러나 대규모 돌격은 딱 3시간 만에 처참한 실패로 끝났다. 러시아군은 4일간의 포격으로 심각한 타격을 입었음에도 불구하고 전력을 다해 고지를 방어한 것이다. 일본군은 전사 1,092명, 부상 2,782명의 피해를 낸 끝에 'p보루'로 명명된 작은 보루 하나를 점령하는 데 그쳤다.

이후 양측은 공병대를 집중적으로 운용하였다. 일본군은 공격용 갱도 작업에 들어갔고, 러시아군은 수비용 갱도 작업을 하면서 일본군의 참호를 파괴하였다.

1904년 11월 초에 일본 대본영은 발트함대가 인도양에 도착했다는 첩보를 입수했다. 오야마 육군 원수는 뤼순을 조속히 함락시키고자 총참모장 고다마 겐타로 대장을 뤼순에 보냈고, 일본 본토에서 대기 중인 최후의 현역병 정예사단인 제7사단 15,000명을 제3군에 투입했다. 이로써 제3군은 10만 명에 육박하는 거대 부대가 되었다.

11월 26일에 일본군은 하루 종일 요새를 맹폭했음에도 불구하고 피해만 늘어났다. 하루 만에 4,500여 명의 사상자가 발생한 것이다. 러시아군 사상자는 1,500명이었다.

일본군은 11월 27일부터 일본군은 203고지를 공격했다. 그런데 투입된 1사단은 하루 만에 1,500여 명의 사상자를 내며 공격에 실패했다. 29일에는 7사단이 투입되어 30일에 일시적으로 203고지를 점령하기도 했으나, 러시아군의 반격에 퇴각했다.

한편 연합함대 사령관의 작전 참모인 아키야마 사네유키는 노기 사령관에게 매일 편지를 보내 뤼순 함락을 부탁했다.

11월 30일에 아키야마가 노기에게 보낸 편지이다.

"대국적 견지에서 볼 때 203고지의 점령 여부에 제국의 존망이 걸려 있습니다. 부디, 부디 결행해 주셨으면 합니다. … 뤼순 공략으로 4~5만 명의 용사를 잃더라도 그리 큰 희생은 아닙니다. 그들도, 우리도 모두 국가 존망과 관계가 있기 때문입니다."(가토 요코 지음 · 윤현명 외 1명 옮김, 그럼에도 일본은 전쟁을 선택했다, pp.154~155)

12월 2일부터 4일까지 일본군은 다시 공격에 나섰다. 12월 5일 공격에서는 4차례에 걸쳐 203고지를 뺏고 빼앗기는 일을 반복하다가 마침내 두 개의 산봉우리를 점령하였다. 일본군의 승리였다.

203고지 전투는 정말 치열했다. 전투를 지휘한 노기가 "산의 형태를 몇 번이나 바꾸었고, 철혈(鐵血)이 산을 덮었다."고 말할 정도였다.

203고지에서 러시아군의 손실은 사망자, 부상자를 합쳐 6천여 명에 달했다. 일본군은 사망자만 8천 명에 육박했으며 부상자를 합치면 1만 6천명 에 이르렀다. 특히 공격의 핵심이었던 7사단은 15,000명 병력이 불과 며칠 사이에 1,000명만 남을 정도였다. 노기의 차남도 203 고지 전투에서 전사했다.

그런데 러시아군은 203고지가 함락된 이후에도 참호전과 갱도전을 전개하며 끈질기게 저항했다. 12월 15일에 일본군은 지하에 파 놓은 참호에서 가죽 벨트를 태워 유독가스를 발생시켜 참호의 러시아군을 밀어냈다. 안타깝게도 이 날 '영웅'적으로 전투를 이끈 러시아 로만 콘트라첸코 공병소장이 전사했다. 그는 참호로 직접 가서 정황을 확인하는 중에 일본군의 포격에 의해 전사한 것이다.

한편 일본군은 203고지 위에서 뤼순항에 정박해 있던 러시아 함대에 포격을 가해 군함들을 궤멸시켰다.

12월 28일에 일본군은 러시아 요새를 2톤의 다이너마이트로 파괴했다. 그러나 매몰되지 않은 러시아군은 영웅적으로 방어했다. 그런데 러시아군은 설상가상으로 괴혈병, 장티푸스 등 전염병이 돌았다. 일본군의 포격은 맹렬했다. 심지어 야전 병원도 포격을 가했다.

12월 29일에 스테셀 장군은 니콜라이 2세에게 절망적인 보고를 했다.

"요새의 상황이 긴박한 상황입니다. 우리의 주적은 괴혈병으로 병사들을 처참하게 만들고 있습니다. 일본의 11인치 포탄은 장해물도 없고 우리는 실탄 부족으로 응사도 할 수 없습니다. … 11인치 포탄은 적십자사 깃발을 게양한 배와 병원에 대하여도 사격을 가해 왔습니다. 병원에는 1만 5천명의 부상자가 있습니다."

1905년 1월 1일에 스테셀 장군은 니콜라이 2세에게 항복 보고를 했다.

"어제 아침에 일본군은 전 방어선에 포격을 가해 왔습니다. … 하느님께서 구해 주시지 않으니, 서둘러 모두를 전멸시킬 것이기 때문에 항복 외에 다른 방법이 없습니다. … 위대하신 황제 폐하, 저희를 용서하십시오. 저희는 인간이 할 수 있는 일은 다 했습니다. 저희를 심판하시되 자비를 베푸소서. 저희는 거의 11개월 동안 계속해서 전쟁을 했으며, 저희의 힘은 이미 소진되었습니다. 요새를 지키고 있는 병사들은 모두 환자들이며, 이미 인간이라 하기보다는 인간의 그림자일 뿐입니다."(쿠로파킨 지음 · 심국웅 옮김, 러일전쟁, 한국외국어대학교출판부, 2007, pp.311~315)

1월 1일 오후 5시에 스테셀은 일본군에 항복했고, 1월 2일 오후 7시 항복문서에 서명하였다. 그런데 항복 당시 요새에는 32,400명(부상자 5,809명 포함)의 병사와 말 3천 마리, 대포 610문, 기관총 9정, 식량 2개월분이 남아 있었다. 저항 여력이 남아 있었던 것이다.

항복 소식에 러시아 국민들은 분노했다. 러시아 정부는 조기 항복의 책임을 물어 1908년 2월에 스테셀에게 사형을 선고했다. 스테셀은 1909년 4월에 10년 금고형으로 감형되었다.(이성환, 러일전쟁, 2021, p.118)

뤼순 전투는 1904년 8월 19일에 시작하여 1905년 1월 1일에 끝난 155일간의 전투였다. 영국의 전쟁사 연구가 찰스 풀러는 저서 『서양전사』에서 일본군의 뤼순 함락을 1453년 이슬람의 콘스탄티노플 함락과 비견되는 역사적 사건으로 꼽았다.(김용삼 지음, 지금 천천히 고종을 읽는

이유, 2020, p.367)

(3) 봉천 전투

1905년 1월 1일에 일본군은 뤼순을 함락시켰지만 봉천(전쟁 당시는 묵덴, 일본의 만주 점령시 봉천, 지금은 선양)에는 쿠로파트킨 만주군 총사령관의 러시아군이 버티고 있었다. 일본 대본영은 오야마 총사령관에게 봉천을 조기 함락토록 지시했다. 오야마는 노기 마레스케의 제3군도 전투에 참가시켜 일본군을 보강했다.

1월 25일에 그리펜베르크 사령관이 지휘하는 러시아군은 일본군의 왼쪽 측면이 러시아군에게 노출된 것을 확인했다. 이에 그리펜베르크는 쿠로파트킨 총사령관의 반대를 물리치고 총공격을 개시해 흑구대 부근에서 일본군을 공격하여 승기를 잡았다.

그런데 쿠로파트킨 총사령관은 1월 29일에 그리펜베르크에게 공격중지 명령을 내렸다. 이러자 그리펜베르크는 사임하고 모스크바로 돌아가 쿠로파트킨 사령관이 자신의 전공을 질투해 작전 중지 명령을 내렸다고 주장했다.

한편 일본군의 봉천 포위 작전은 거의 곡예에 가까운 것이었다. 먼저 제1군이 적의 왼쪽을 공격한다. 적이 왼쪽을 방어하는 사이에 제3군이 오른쪽을 친다. 적이 오른쪽으로 이동하는 사이에 주력부대가 중앙을 돌파하여 적을 포위한다.

그런데 이 작전은 멋지게 성공했다. 2월 20일에 일본군이 러시아군의 왼쪽 측면을 공격하면서 전투가 시작되었다. 2월 24일에 일본군은 봉천 근처의 청하성을 함락했다. 2월 27일에는 제3군이 러시아군의 오른쪽 측면을 공격했고, 3월 1일부터 8일까지 양군의 치열한 공방이 전개되었다.

그런데 3월 9일 중앙을 돌파한 일본군에 의해 퇴로가 차단당할 것을 우려한 크로파트킨은 갑자기 저녁에 하얼빈으로 후퇴 명령을 내렸다. 이는 100년 전 나폴레옹 전쟁 때 사용한 바 있는 러시아군의 전형적 후퇴 전략이었다.

3월 10일 오전 10시에 일본군은 무인지경이 된 봉천을 무혈 입성했다. 일본 육군은 다음 해부터 이 날을 '육군의 날'로 지정했다.

봉천 전투는 1813년 나폴레옹 전쟁의 라이프치히 전투 이후 제1차 세계대전 발발까지 세계에서 가장 큰 규모의 전투였다. 전투는 길이 155km, 종심 90km의 광대한 전선에서 1905년 2월21일부터 3월10일까지 21일간 계속되었다. 전투에 투입된 병력은 러시아군 34만 명, 일본군 28만 명이었고, 대포는 러시아 1,200문, 일본 900문이었다. 봉천 전투에서 일본군은 사상자 7만, 러시아군은 포로를 포함하여 9만에 달했다. 러일전쟁 사망자의 80%가 이 전투에서 발생했다.(김용삼, 지금 천천히 고종을 읽는 이유, pp.370~372)

한편 봉천에서의 퇴각을 굴욕으로 받아들인 니콜라이 2세는 화가 나서 쿠로파트킨을 1군 사령관으로 좌천시켰다. 그런데 니콜라이 2세의 조치가 일어나자, 처음에는 러시아군의 퇴각을 작전상 후퇴로 보도한 유럽의 언론이 러시아의 패배로 공식 보도하였다.(이성한, 러일전쟁, p.122)

이후 일본은 더 이상 북진하지 않았다. 군인들이 지치고 보급도 끊겼으며 총알도 떨어져 투석전을 해야할 경우까지 있었던 것이다.

쓰시마 해전

1904년 10월 15일에 로제스트벤스키 제독이 이끄는 발트함대는 라트비아의 리바우 군항을 출발, 사상 최장의 원정길에 올랐다. 함대는 전함 7척, 순양함 7척, 경순양함 5척, 구축함 9척 및 함선 수리용 공작선 · 병원선 · 수송함 등이었다.

그런데 발트함대는 출발 1주일 만인 10월 22일에 영국 북해의 도거뱅크 연안에서 영국의 저인망 어선을 일본의 어뢰정으로 오인하여 침몰시켜 버렸다. 러시아 함대의 어이없는 실수였다.

10월 24일에 영국 신문은 발트함대를 '광견(狂犬) 함대'라고 비난하며 영국 정부에 함대 억류를 촉구했다. 영국은 해군에 동원령을 내리고 전쟁도 불사하겠다는 태도를 보이며 강력 항의하자, 러시아 측은 신속하게 사과하고 완전한 보상과 책임자 처벌을 약속함으로써 사태를 무마했다.

11월 3일에 모로코 탕헤르 항에 도착한 로제스트벤스키 사령관은 함대를 둘로 나누어 항해하기로 한다. 과적으로 인해 스에즈 운하의 높이를 초과한 대형 주력함은 아프리카 남단 희망봉을 돌아야 했고, 나머지 함선은 수에즈 운하를 통과했다.(영국의 반대로 발틱함대가 수에즈 운하를 통과 못했다는 기록은 거짓이다.) 주력 함대가 희망봉을 돌자 발트함대는 전력이 크게 약화되었다.

12월 29일에 발트 함대는 프랑스 식민지 마다가스카르섬의 작은 항구

노시베에서 합류하였다. 원래는 마다가스카르섬의 디에고수아레스항에 기항할 예정이었으나 동맹국인 프랑스가 거부하여 갑자기 변경한 것이다.

노시베에서 로제스트벤스키 제독은 일본군이 뤼순항을 함락했다는 소식을 접했다. 제독은 뤼순의 태평양 함대와 합류하기로 한 당초의 계획을 바꾸어 블라디보스토크항으로 가서 전열을 재정비하기로 한다.

발트함대는 약 2개월 반 동안 노시베에서 머물렀다. 이렇게 출항이 늦어진 이유는 석탄 때문이었다. 당시 발트함대는 독일 함부르크-아메리카 석탄선과의 전세 계약을 통해 석탄을 공급받고 있었다. 공교롭게도 발트함대가 노시베에 머무는 동안 석탄공급계약이 만료되었다.

그런데 독일이 연장 계약에 비협조적이어서 발트함대는 2개월 이상 시간을 허비했고, 1만 명의 병사들은 열대의 더위와 풍토병에 시달려야 했다. 게다가 좁은 섬이라서 민가도 형성되지 않아 병사들은 좁은 배 안에서 술을 마시며 지친 심신을 달래거나, 몰려든 현지 여성과 어울려 지내는 등 규율이 매우 문란했다. 이러자 탈주병이 생기고 자살하는 병사가 80명이나 발생했다.

3월 16일에 발트함대는 노시베에서 출항하여 4월 8일에 말라카 해협에 도착했다.

이즈음 일본 연합함대는 발트함대의 항해를 주시하면서 해전에 대비했다. 2월 21일에 도고 헤이하치로 제독을 태운 미카사 함이 경상도 진해만에 들어왔다. 진해만은 지형과 수심, 넓은 해면 등 군항으로서의 요소를 잘 갖추고 있었다. 또 사세보와 구레(吳) 등 함선 수리를 위한 일본 군항과도 멀지 않았다.

2월 하순에 진해만에 집결한 일본 함선들은 사격훈련을 거듭했다. 도고는 수병들에게 기진맥진할 정도로 맹훈련을 시켰다.

도고는 '내당포 사격(소총을 대포 속에 장치하고, 포수는 대포를 조종하여 목표를 겨냥하여 소총탄을 발사하는 방법)'을 통해 명중률을 높였다. 사격훈련은 1년 사용할 포탄을 10일 동안의 연습 사격에 쏠 정도였다. 맹훈련은 5월 초까지 계속되었다. 이러자 명중률이 매우 높아졌다.

한편 일본 해군 군령부는 발트 함대의 항해를 추적하는 데 총력을 기울였다. 4월 초에 군령부는 말레이시아 페낭의 영국 총독부를 통해 발트 함대가 말라카 해협을 통과해 남중국해로 접근하고 있다는 정보를 입수했다. 이어서 군령부는 외무성의 협조를 얻어 해외공관과 민간회사의 각 지사를 통해 정보를 입수하고, 홍콩과 통킹만을 왕복하는 일본 상선에게도 정보비를 지급하면서 정보수집에 열을 올렸다.

연합함대의 전략은 발트함대의 예상 항로에 잠복하고 있다가 기습공격하는 것이었다. 일본은 발트함대가 블라디보스토크로 가는 데에는 4가지 항로를 생각했다. ① 한반도와 쓰시마 사이의 대한해협, ② 쓰시마와 규슈 사이의 쓰시마 해협, ③ 일본 본토와 홋카이도 사이의 쓰가루 해협, ④ 홋카이도와 사할린 사이의 소야 해협이었다.

군령부와 연합함대는 쓰시마 해협과 소야 해협으로 의견이 나뉘었다. 연합 함대사령관 도고는 쓰시마 해협을 통과할 것으로 확신했다.

4월 중순에 해군 군령부는 발트함대 발견을 위한 경계선을 설정했다.

남쪽은 제주도-도리시마선(제6 경계선)을, 북쪽은 죽변-울릉도-독도-오키섬-시마네현 선(제5 경계선)을 범위로 하여 6개 경계선을 설정했다. 제1경계선은 쓰시마와 부산 가덕도를 연결하는 선, 제2경계선은 쓰시마)와 이키도를 연결하는 선, 제3경계선은 울산과 후쿠오카현의 아이노도를 연결하는 선, 제4 경계선은 거문도와 나카사키 현의 시라세시마를 연결하는 선이었다.

전체적으로 보면 한반도가 경계선의 한 축이 되었고, 제 5경계선에 포함된 울릉도와 독도의 전략적 가치를 알 수 있다. 따라서 일본은 쓰시마 해전

직전인 1905년 2월 25일에 대한제국 몰래 독도를 죽도라 칭하고 시마네현의 섬으로 편입했다.

다시 러시아 함대로 돌아가자. 1905년 1월에 뤼순 함대의 궤멸 소식을 접한 러시아는 남아있는 노후 함선을 모아 제3 태평양 함대를 편성했다. 제3함대는 2월 3일 리바우 항을 출발하여 3월 24일 수에즈 운하에 도착했으며 인도양을 거쳐 싱가포르를 통과했다.

5월 9일에 제3함대는 프랑스령 베트남 캄란 항에서 본대인 2함대와 합류했다. 발트함대는 38척으로 늘어났다. 5월 14일에 발트함대는 캄란 항을 출발하여 캄란항에서 96km 북쪽에 있는 반퐁항에 기항하였다. 5월 17일에 발트함대는 베트남 반퐁항을 출발했다. 장거리 항해에 지친 병사들의 상태와 연료 부족을 우려한 로제스트벤스키 제독은 최단 거리인 쓰시마 해협을 통과하기로 했다. 일본함대와 전투를 하더라도 함선의 손실이 크지 않고 대부분 함선이 블라디보스토크에 도착할 수 있으리라 판단한 것이다.

5월 25일에 발트함대는 일본함대의 무선을 감청한 결과 일본함대가 자신들을 발견하지 못했음을 알았다. 발트함대는 속력을 늦추고 적에게 노출되지 않도록 무선전신 사용을 금지했다. 그리고 2척의 병원선에게만 최소한의 조명을 허락하고 탐조등을 끈 채로 항해를 계속했다. 가능하면 5월 27일(러시아 달력으로 13일의 금요일)을 피하여 쓰시마 해협을 통과하려고 아주 느린 속도로 나아갔다.(이성환, 러일전쟁, p.137)

한편 일본함대는 5월 19일부터 발트함대의 행방을 놓쳐버렸다. 통상적으로 8노트의 속도라면 5월 22일에는 쓰시마 해협에 모습을 드러내야 했지만 23일까지도 행방이 묘연했다. 해군 군령부와 연합함대 사령부는 초조해졌고 온갖 억측에 휩싸였다.

5월 24일에 도고는 쓰시마 해협을 포기하고 쓰가루 해협으로 이동한다는 전보를 군령부에 보냈다. 군령부에서는 일단 기다리라고 지시했다. 이러자 도고는 26일 정오까지만 기다리다가 홋카이도로 이동하겠다고 군령부에 전보를 쳤다.

이런 초조함 속에 26일 오전에 상해로부터 전보 한 통이 왔다. 발트 함대 석탄 운반선 6척이 5월 25일 저녁에 상해에 입항했다는 정보였다. 수송선이 발트 함대에서 떨어져 나왔다는 것은 항속거리가 긴 태평양 루트로는 가지 않는다는 것을 의미했고, 발트함대는 쓰시마 해협을 통과할 것이 확실했다. 도고는 진해만에서 긴장하며 만반의 준비를 했다. 만약 러시아 수송선이 하루라도 늦게 상해에 입항했다면 도고는 홋카이도로 향했을 것이다.

5월 27일 오전 2시 45분경, 파도도 높고 안개도 짙은 시각 규슈 서쪽 해역 203호 지점에서 연합함대의 가장(假裝)순양함(기선에 포를 얹었을 뿐인 함선) 시나노마루가 발트함대의 병원선 오룔호에서 새어나오는 불빛을 발견했다. 오룔호가 등화관제 수칙을 어긴 것이다. 확인을 위해 접근한 시나노마루는 오전 4시 45분에 "적함 203지점에서 나타남 04시 45분"을 타전했다. 5분 후에 다시 "적의 2함대 발견"이란 암호문을 타전했다.

오전 6시 5분에 시나노마루는 다시 무전을 쳤다.

"적의 침로 북동, 쓰시마 동수도를 향함"

이윽고 시나노마루는 3등 순양함 이즈미와 교대했다. 이즈미는 오전 6시 45분에 발트함대를 발견하고 함대의 세력, 진형, 침로 등을 세밀히 전보했다. 이후 이즈미는 발트함대를 계속 따라다니면서 "굴뚝은 모두 노란색"이라는 무선까지 쳤다.

5월 27일 오전 5시 5분, 쓰시마에 대기 중인 제3함대 이쓰쿠시마는 진해만에 있는 미카사로 발트 함대 발견을 타전했다. 도고는 즉시 출항 명령을 내렸고, 도고는 대본영 무선실에서 보낸 27일의 일기 예보 "날씨는 맑으나 파도 높음"을 생각하면서 전투를 구상했다.

이윽고 제1함대와 제2함대가 쓰시마 해협으로 향했고, 쓰시마에 대기하고 있던 제3함대는 오전 5시 34분에 출항했다.*

27일 오전 5시 34분에 일본 3함대는 쓰시마에서 출발하여 10시경에 발트함대를 발견했다. 발트함대도 9시경에 병원선으로부터 일본함대가 나타났다는 보고를 받았다. 로제스트벤스키 사령관은 전투태세를 명했다. 하지만 일본함대의 규모도 제대로 파악하지 못했고 뚜렷한 전투 계획도 세우시 않았다. 적절히 대응하면서 블라디보스토크로 간다는 판단이었다.

11시경 일본 3함대가 나타나자 발트함대에서 포격을 가했다. 일본함대도 응사했지만 전투 상태로까지 번지지 않았고 로제스트벤스키도 사격 중지를 명령했다.

이윽고 일본함대는 사라졌다. 그런데 얼마 지나서 일본함대가 다시 나타났다. 이번에는 일본함대 일부가 발트함대를 앞지르자, 발트함대는 일본함대를 쫓다가 대열이 흩어졌다.

오후 1시 40분에 일본함대와 발트함대가 마주쳤다. 일본해군은 전함 4척과 장갑 순양함 8척, 구축함 21척이었고 러시아 해군은 전함 8척과

---

* 여담이지만, 시바 료타로는 저서 『언덕 위의 구름』에서 "일본 연합함대가 진해만을 떠나갈 때 수뢰정의 한 군인이 이순신 장군의 영령(英靈)에 빌었다."고 적었다. 시바 료타로의 글은 이어진다.
"영국의 넬슨 이진에 비디의 명장은 세계 사상 이순신을 제외하고는 없었으며, 이 인물의 존재는 조선에서는 그 후 오랫동안 잊혀졌으나 오히려 일본인에게 그에 대한 존경심이 계승되어 메이지 시대에 해군이 창설되자 그 업적과 전술이 연구되었다."(시바 료타로 지음 · 박재희 옮김, 대망 36 언덕 위 구름, 1979, pp.455~456)

장갑 순양함 8척 구축함 9척이었다. 주변에는 안개가 끼어 있었고 파도는 출렁거렸다.

오후 1시 55분 도고 제독은 전투 개시를 알리며 Z기를 올리라고 지시했다.

"황국의 흥망이 이 일전(一戰)에 달려있다. 각 대원은 더욱 분투 노력하라."

함대마다 신호문이 즉각 육성으로 바뀌어 대원들에게 전해졌다.

남향의 일본함대와 북향의 발트함대는 다른 항로에서 11,000m까지 접근했다. 거리가 8,000m가 되자 도고는 오른손을 높이 들어 왼쪽으로 반원을 그리는 모습을 보였고, 선두에 있던 기함 미카사는 145도쯤 좌회전했다. 'T자 전법'이었다.

러시아 함대는 이 기묘한 거동을 보고 미소를 지었다. 심지어 일본전함 아사히에 타고 있던 영국의 관전 무관 패케넘 대령도 불길함을 느꼈다.

오후 2시 8분에 러시아 함대가 포문을 열었다. 미카사는 일방적으로 두들겨 맞았다. 포탄의 파편이 함내에 튀어 많은 일본 병사들이 쓰러졌다.

하지만 발트함대는 거리 문제로 명중탄을 얼마 내지 못했다. 함대 진형이 3열 종대로 바뀌면서 충분한 화력집중을 하지 못한 것도 문제였다.

게다가 일본함대는 15노트의 전투 속도를 낼 수 있었던 반면에, 러시아 함대는 단지 9노트의 속도밖에 낼 수 없었다.

15분 만에 도고 함대는 발트함대 앞에 횡대로 늘어섰다. 오후 2시 10분 도고는 사격명령을 내렸고 일본함대는 일제히 포격했다. 목표는 앞에선 기함 수바로프였다.

"해전의 시초에 전력을 다하여 적의 선봉을 치고 당장 2,3척을 무찌른다."

이게 일본 해군 전술이었다.

쌍방의 거리가 5,000미터로 좁아지자 일본의 포탄 명중률은 더 높아졌다. 진해만에서 집중 훈련한 덕분이었다. 일본함대는 수바로프에 처절할 정도로 집중포화를 했다. 더구나 일본해군은 흑색화약 대신 성능이 우수한 새로운 화약(시모세 화약)을 사용하였고 폭발력은 러시아 포탄보다 7-8배나 되었다.

한편 러시아 함대는 일본의 T자 전술에서 벗어나려고 애썼다. 오후 2시 45분 도고의 함대는 다시 반원 형태로 늘어서 발트함대에 십자포화를 퍼부었다.

오후 3시경 기함 수바로프는 거의 파손상태였다. 사령관 로제스트벤스키가 중상을 입고 의식을 잃었으며 옆에 있던 어뢰정 부이누이로 옮겨졌다. 지휘권의 공백 속에 함선들은 개별대응을 하면서 탈출만 생각했다.

오후 6시에 전투가 재개되었다. 다시금 일본함대의 포격이 작렬했고, 7시20분에 보로디노호와 알렉산더 3세, 수바로프호가 침몰했다.

마침내 도고는 포격 중지 명령을 내렸다. 전투는 끝났다. 잔존한 발트함대들은 어둠을 타고 도망치고 있었다.

다음 날인 5월 28일 아침에 지휘권을 이양받은 네보가토프 제독은 무조건 항복했다.

전체적으로 러시아는 총 37척 가운데 19척이 격침되고, 7척이 나포되었다. 블라디보스토크에 간신히 도착한 함정은 순양함 1척과 어뢰정 2척뿐이었다. 인명 피해도 커서 전사자가 4,886명에 달하고 로제스트벤스키 제독을 포함하여 6,106명이 포로로 잡혔다. 반면 일본은 어뢰정 3척을 잃고 전사 117명, 부상 583명이란 경미한 피해를 입었다.

그야말로 압승이었다. 일본은 5월 27일을 '해군 기념일'로 정했다.

가쓰라 - 태프트 밀약과 제2차 영 · 일동맹

러일전쟁은 영국을 대리한 일본이 러시아와 벌인 '0차 세계대전'이었다. 1905년 5월 27일 도고 헤이하치로가 이끈 일본연합 함대가 쓰시마 해전에서 러시아 발틱 함대를 궤멸시키자 전 세계는 경악했다. '동양의 기적'이라고도 평가했다. 레닌은 "이렇게 무참하게 패배하리라고는 아무도 생각하지 못했다."고 술회했다.

하지만 일본은 전쟁을 계속하기 힘들었다. 자원과 재정이 고갈된 것이다. 러시아도 반정부 시위가 확산되어 짜르 체제가 위기에 빠졌다.

강화를 먼저 요청한 쪽은 일본이었다. 5월 31일에 주미일본공사는 시어도어 루스벨트(1858~1919)대통령에게 중재를 요청했다. 이러자 루스벨트 대통령은 자기가 제안한 것처럼 중재에 나섰다. 일본은 6월 10일에, 러시아는 6월 12일에 강화회담에 응하겠다고 회답했다. 이후 루스벨트 대통령은 미국 뉴햄프셔주에 있는 군항 도시 포츠머스에서 회담을 주선했다. 8월 9일에 포츠머스 강화회담이 시작되었다. 일본은 회담의 협상력을 높이기 위하여 7월 9일에 사할린 상륙작전을 개시하여 8월 1일에 사할린을 점령했다.

한편 루스벨트 대통령은 대규모 아시아 순방 외교 사절단을 파견했다. 7월 5일에 육군장관 태프트를 비롯하여 상 · 하원 의원, 대통령 딸 앨리스등이 샌프란시스코를 출발했다. 순방지는 하와이, 일본, 필리핀, 중국, 그리고 대한제국이었다.

7월 27일에 태프트는 도쿄에서 가쓰라 수상과 밀약을 맺었다. 가쓰라-태프트 밀약의 요지는 미국은 필리핀의 지배를 보장받고 일본은 대한제국의 지배권을 확보한다는 것이었다. 미국과 일본은 서로 이익을 확보했다.(밀약은 1924년에야 공개되었으니 고종이 알 리 없었다.)

'가쓰라-태프트' 밀약 체결 7일 후인 8월 4일에 목사 윤병구와 이승만은 미국 사가모어 힐 별장에서 루스벨트 대통령을 만났다. 독립협회 활동을 한 이승만은 1898년 12월에 반역죄로 한성 감옥에 투옥되어 종신형을 선고받았다. 그는 1904년 러일전쟁 발발 후 석방되어 11월에 미국으로 건너갔다. 윤병구와 이승만은 하와이 교민 8천 명을 대표하여 한국의 주권과 독립보전에 대한 희망을 담은 청원서를 제출했다.

이 자리에서 루스벨트는 공식적 창구를 거치기 전에는 검토할 수가 없다고 대답했다. 일본이 한국 외교의 공식적 창구를 지배하고 있음을 알고도 교묘하게 답변한 것이다. 순진한 이승만 일행은 워싱턴의 한국 공사관을 찾아갔다. 하지만 대리공사 김윤정은 본국 정부의 훈령이 없이는 청원서를 미국 정부에 제출할 수 없다고 말했다. 이승만은 하소연도 하고 을박지르기도 하였지만 아무 소용없었다.

한편 8월 12일에 일본은 영국과 '제2차 영 · 일 동맹'을 체결했다. 1905년 3월 24일에 영국은 일본에 1902년 1월에 체결된 제1차 영일동맹 개정 필요성을 제기했다. 3월 27일에 일본도 찬성했다. 영국은 5월 17일 "현재의 방어동맹을 공수동맹으로 강화하고 동맹의 범위를 인도까지 확장하자."고 제안했다. 당시는 발트함대가 아시아로 오는 중이어서 영국은 러시아가 인도를 침공할지도 모른다고 우려했다.

5월 26일에 일본 측 안이 영국에 전달되었다. 여기에는 제1차 동맹의 "청국과 함께 한국의 독립과 영토 보전" 조항이 삭제되고 "영국은 일본의 한국에서의 정치상 · 군사상 · 경제상 특별한 이익의 옹호 · 증진을 위하여 필요하다고 인정하는 지도 · 감독 · 보호 조치를 취할 권리를 승인한다."

는 조항이 신설되었다. 그런데 당시는 포츠머스 회담이 시작된 직후여서 이 동맹이 회담에 지장을 줄까 두려워 9월 27일에야 발표되었다.(최문형 지음, 러일전쟁과 일본의 한국 병합, pp.309~313)

10월 4일 자 일본 『고쿠민(國民)신문』은 "영일동맹은 사실상 영-미-일 동맹"이라고 보도했다.

"영국이 우리 동맹이 됐을 때 미국은 그 동맹의 일부가 됐다. 국가적 상황으로 인해 공개적으로 연합을 주장하지 못할 뿐 일본은 공식적인 조약이 없더라도 미국이 우리와 동맹임을 상기해야 한다."

그런데 줄곧 러시아에 의존했던 고종은 러시아가 일본에게 패하자 미국이 1882년 5월에 체결한 조미수호통상조약 제1조의 '거중조정(good offices)' 조항에 의거 대한제국을 도와줄 것으로 믿었다.

조미조약 제1조는 이렇다.

"미합중국 대통령과 조선 국왕은 그들의 신민과 더불어 영원한 평화와 우호가 계속될 것을 기약한다. 만약 제3국이 조미 한쪽 정부에 대하여 부당하게 또는 억압적으로 행동할 때에는 다른 정부는 그 사건의 통지를 받는대로 원만한 타결을 가져오도록 주선을 다함으로써 우의를 보여야 한다."

그런데 '거중조정' 조항은 통상수호조약에서 상투적으로 쓰는 조항이었다. 1883년 11월에 체결된 한영수호통상조약 제1조에도 명시되어 있다.

"제1조 (2) 체약국의 일방국과 제3국 간에 분쟁이 발생되는 경우에 청을 받은 타방은 이의 원만한 타결을 보기 위해 조정에 노력한다."

그런데 고종은 일본과 동맹을 맺은 영국에겐 못 매달리고, 미국의 아시아 순방 외교사절단을 맞을 준비에 분주했다.

포츠머스 조약

1905년 8월 9일부터 미국 동부의 항구도시 포츠머스에서 러일 회담이 시작되었다. 일본 대표는 고무라 주타로 외상, 러시아 대표는 전 재무장관 비테였다. 회담은 15회 진행되었는데 일본이 반드시 관철해야 할 사항은 영토 할양과 전쟁배상금 그리고 대한제국에 대한 지배권을 확보하는 것이었다.

대한제국에 대한 일본의 지배권은 러시아가 거의 승낙하였다. 하지만 전쟁배상금 문제는 처음부터 난항에 빠졌다.

일본이 전쟁배상금을 요구하자 러시아의 비테는 "러시아는 지금까지 다른 나라에 전쟁 배상금을 준 적이 없으며, 이번에도 마찬가지"라고 버티며 "일본군이 모스크바까지 밀고 들어 왔으면 몰라도 지금의 전선은 만주"라면서 "이곳에는 승자가 없다."고 맞섰다.

8월 12일에 니콜라이 황제는 일본의 요구에 굴하지 말고 교섭을 중단하라고까지 지시했다. 다시 전쟁을 하겠다는 뜻이었다.

협상이 난항에 빠지자 루스벨트 대통령이 중재에 나섰다. 루스벨트는 일본에게 "전쟁배상금 요구는 무리이며, 만일 전쟁이 재발한다면 일본은 지금보다 엄청난 전비(戰費)를 써야 할 것"이라고 충고했고, 러시아에게는 "전쟁이 계속된다면 시베리아 전체가 일본군 수중에 떨어질 것"이라고 압력을 가했다.

이러자 일본은 점령하고 있는 사할린의 북부 지역을 돌려주는 대신 배상금 12억 엔을 요구하는 타협안을 제시했다.

비테는 AP 통신을 통해 성명을 발표하였다.

"일본은 사할린 북부를 반환하는 댓가로 12억 엔을 요구하고 있다. 러시아는 이미 최대한 양보했다. 일본이 배상 요구를 철회하지 않으면 강화는 이루어지지 않을 것이다."

이를 계기로 국제 여론은 일본에게 불리하게 돌아갔다.

결국 고무라는 8월 29일에 열린 최종 회담에서 전쟁배상금 없이 사할린 남부를 요구했다. 비테는 일본의 제안을 고심에 찬 표정으로 수용하면서 사할린섬의 분계선은 북위 50도가 될 것이라고 선언했다.

비테는 회담장 밖으로 나오면서 "평화다! 일본이 양보했다."고 큰 소리로 외쳤다. 그랬다. 러시아는 전쟁에선 일본에 패했지만 외교에선 이겼다.

「뉴욕타임스」는 "포츠머스는 러시아의 외교적 승리이다. 외교사에서 전례가 없다."고 평가했다.

9월 5일에 체결된 포츠머스 강화조약의 주요 내용은 다음과 같다.

1. 러시아는 일본이 대한제국에서 정치상 · 군사상 및 경제상의 탁월한 이익을 갖는다는 것을 인정하고 일본이 대한제국에서 필요하다고 인정하는 지도 · 보호 및 감리의 조치를 취하는 데 이를 저지하거나 간섭하지 않을 것을 약정한다.(제2조)

그런데 러시아는 "대한제국 황제의 주권을 침해할 수 없다."는 조항을 넣는 문제로 일본과 논란을 벌이다가 "일본이 장래 대한제국에서 취할 필요가 있다고 인정되는 조치가 그 주권을 침해하게 될 경우에는 대한제국 정부와 합의한 후 집행할 것을 성명한다."는 내용을 회의록에 기입하는 것으로 타결지었다. 러시아는 아직 대한제국을 완전히 포기하지는 않았고 재론의 여지를 남겨둔 것이다.

2. 러일 양군은 요동반도 이외의 만주 지역에서 철수하며 만주에서 청나라의 주권과 기회균등 원칙을 준수한다.
3. 러시아는 청국의 동의를 조건으로 러시아의 요동반도 조차권과 장춘-여순 간 철도를 일본에 양도한다.
4. 러시아는 북위 50도 이남의 사할린섬 남쪽을 일본에 양도한다.
5. 동해, 오호츠크 해, 베링해의 러시아 연안 어업권을 일본에 허용한다.

이로써 아시아의 변방이었던 일본은 세계열강 대열에 우뚝 섰다. 일본은 청일전쟁으로 중화질서에서 벗어났고, 러일전쟁으로 서구의 지배에서 벗어난 것이다.

더욱이 일본은 '포츠머스 조약'에서 한반도의 지배권을 인정받았다.

인도의 독립운동가 네루는 이렇게 적었다. "쓴 결과를 가장 먼저 맛본 것은 조선이었다. 일본의 발흥은 조선의 몰락을 의미하였다."

대한제국은 러일전쟁의 희생물이었고, 일본에 의한 한반도 강점은 시간문제였다. 덧붙일 것은 루스벨트 대통령이 러 · 일 중재 덕분에 1906년에 노벨 평화상을 받았다는 사실이다. 참 아이러니하다.

루스벨트 대통령 외동딸에 매달린 고종

1905년 9월 5일, 미국 사절단 80여 명은 상하이에서 두 그룹으로 나뉘었다. 단장인 육군장관 태프트 일행은 미국으로 돌아갔고, 루스벨트 대통령의 외동딸 앨리스 일행은 북경, 대한제국을 거쳐 일본으로 가는 일정을 계속했다.

1905년 9월 17일 자 「대한매일신보」는 21세의 앨리스 루스벨트에 대해 소개했다.

"그녀는 세계 최고국 귀한 공주다. … 황제 폐하께서는 옥과 비단으로 예우를 베풀고 최고의 집에서 음식을 내고 음악을 베풀어 양국 우호를 달성하고 귀빈을 즐겁게 하여 예의가 굳건하게 된 연후에 너그러움을 베풀지니라."

9월 19일 오후 7시에 앨리스 일행은 제물포에 도착했다. 모건 주한 미국공사와 부영사 윌라드 스트레이트 그리고 궁내부대신 이재극의 영접을 받은 앨리스 일행은 황제 특별열차를 타고 서울로 들어왔다.

앨리스 양은 황실 가마로, 일행들은 관청의 가마로 숙소인 미국공사관까지 모셨고, 가는 길의 집들에는 미국과 대한제국 국기가 내걸렸다. 도로 좌우에는 사람들이 운집하여 환영의 뜻을 표시했다.

하지만 앨리스는 훗날 그리 깊은 감명을 받지 못했다고 회고했다.

“여하튼 좀 슬프고 애처로웠다. … 나라가 일본의 손에 넘어가기 시작했고, 내가 본 일본군 장교들은 대단히 민첩하고 유능해 보였다.”

다음은 주한미국공사관 부영사 스트레이트가 기록한 앨리스의 서울 체류 11박 12일 일정이다.

“19일 도착, 20일 황제 알현 및 연회, 21일 궁중 연회 및 공사관 연회, 22일 창덕궁 파티 및 미국 선교사 접견, 이후 승마, 홍릉 구경, 28일 환송 만찬, 30일 부산행 출발”

엘리스 일행의 일정은 연회와 파티 그리고 여행이 전부였다. 한편 고종 황제는 루스벨트 대통령을 힘을 가진 존재로 인식했다. 실제로 ‘큰 형님’인 루스벨트가 포츠머스로 부르자 러시아와 일본이 달려왔고 러일 전쟁이 종식되지 않았던가. 고종은 루스벨트를 마지막 동아줄로 생각하고 외동딸 앨리스를 극진히 접대했다.

20일에 고종은 중명전에서 성대한 오찬을 베풀었다. 고종은 외국인과 공개적으로 식사 한 적이 한 번도 없었지만 이번에는 선례를 깼다. 그만큼 그는 절박했다. 훗날 앨리스는 1934년에 출간한 자서전『혼잡의 시간들』에서 고종의 모습을 이렇게 회고했다.

“우리는 고종과 함께 식사를 하러 갔다. 전반적으로 다소 연민을 자아내는 분위기였다. … 식사를 하러 갈 때 키 작은 황제는 다정하게 내 팔을 붙잡았다. 나는 그의 팔을 잡지 않았다. … 서둘러 비틀거리며 매우 좁은 계단을 내려가 평범하고 냄새나는 식당으로 들어갔다”

오찬은 고종이 주관했지만 일본인이 고종을 통제했다. 필사적인 고종은 네바다주 출신 상원의원 뉴렌즈를 옆으로 불러 “루스벨트 대통령에게 대한세국을 구해달라는 말을 해주라.”고 간절히 부탁했다. 그러자 뉴랜즈는 공식적인 창구를 통해 적법하게 요청하라며 비웃는 투로 답했다.(제임스 블래들리 지음 · 송정애 옮김, 임페리얼 크루즈, 2010, p.314).

고종의 밀사였던 미국인 헐버트도 이렇게 적었다.

"한국인들은 이번 방문이 정치적으로 무슨 뜻이 있어서 미국 정부가 한국을 도와 위태로운 상황에서 꺼내 주리라고 생각한다. 하지만 그런 바람은 사실과 거리가 아주 멀었다."

그런데 앨리스가 한 가장 무례한 일은 청량리에 있는 명성황후 능인 홍릉에 가서 수호석상 위에 승마복 차림으로 걸터앉아 사진을 찍은 사실이다. 이 사실은 1909년에 고종 의전 담당인 독일 여자 엠마 크뢰벨이 자서전『내가 어떻게 조선의 궁궐에 들어가게 되었는가』에서 앨리스의 무례를 기록하여 세상에 알려졌다.

한편 앨리스는 부산으로 떠나면서 환송 회견을 이렇게 회고했다.

"환송 회견장에서 황제와 황세자는 각각 사진을 나에게 주었다. 그들은 황제다운 존재감은 거의 없었고 애처로운 모습이었다."

앨리스 일행을 줄곧 수행한 미국 부영사 스트레이트는 10월 3일에 친구 파머에게 보낸 편지에서 이렇게 적었다.

"이 사람들은 지푸라기라도 잡으려 하고 있었고 그들은 앨리스 루스벨트 일행을 마치 생명줄이나 되는 것처럼 붙잡고 매달렸다. … 루스벨트 일행은 왔노라, 보았노라 그리고 정복했노라."(박종인 지음, 매국노 고종, p.302)

포츠머스 조약 체결 이후 일본과 러시아

배상금 한 푼도 받지 못하고 포츠머스 조약이 체결되었다는 소식이 일본에 전해지자 일본 국민들은 경악과 실망 그리고 분노했다. 18억엔의 전비(당시 일본의 1년 예산이 약 2.5억엔)를 쏟고 8만 명이 넘은 인명을 희생시킨 대가가 고작 이거냐는 것이었다. 「마이니치 신문」은 "우리가 전투해서 얻은 결실이 나약한 외교력 때문에 소실되었다. 일본은 전장에서 승리하고 회담장에서 패했다."고 비판했다. '굴욕적인' 강화조약을 체결한 고무라 외상은 「만세보」가 "조기(弔旗)를 들고 맞이하자."는 사설을 쓸 정도로 매국노로 지탄받았다.

1905년 9월 5일 도쿄 히비야 공원에서 흑룡회와 강화문제동지회 등 극우집단이 주도한 강화조약 반대 국민대회가 열렸다. 경시청은 집회를 금지했고 공원 앞에 방책을 세워 진입을 통제했다. 그러나 대회에는 3만 명이나 참가했고 오후 1시경에 대회가 끝났지만 군중들은 움직이려고 하지 않았다.

군중들은 폭동을 일으켜 집회를 막은 내무대신의 관저와 「고쿠민신문(국민신문)」 사옥을 습격했다. 친정부의 「고쿠민 신문」은 포츠머스 강화조약 체결을 축하했고, 운영자 도쿠도미 소호는 이토 히로부미를 비롯한 정계 인사들과 폭 넓은 인맥을 가지고 있었고 일제의 침략을 미화하고 정당하다고 주장한 국수주의자였다.

한편 시위 군중들은 밤이 되자 파출소와 전차에 방화하고, 강화를 알선한 미국대사관과 기독교 교회도 공격했으며, 지나가는 미국인들에게 돌을 던졌다. 기독교 교회 13개소가 불탔고, 경찰서 2개, 파출소 364개, 전차 30대가 파괴되었다. 미국 공사관은 군중의 습격에 대비하여 미 해병대가 야영할 정도로 반미분위기는 험악했다.

이러자 일본 정부는 6일에 도쿄와 주변 지역에 계엄령을 선포하여 난동을 진압했는데 17명이 사망하고 2천 명 이상이 검거되었다. 하지만 소동은 약 1개월간 지속되었고 요코하마 · 고베 등으로 확산되었다.

1906년 1월에 가쓰라 내각은 러시아로부터 배상을 한 푼도 받지 못한 책임을 지고 총사퇴했다.

포츠머스 강화조약 반대 운동은 일본 국민이 사회운동의 주체로 나타난 최초의 사건이다. 이 운동은 1910년대 다이쇼 민주주의 시대의 단초를 제공했으며 정당정치의 지평을 열었다고 평가된다.

한편 태프트 미국 육군 장관은 미국으로 귀국하기 위해 9월 하순에 중국에서 요코하마에 도착했다. 소요사태는 진정되었지만 반미분위기는 여전했다. 7월 27일에 도쿄에서 가쓰라 수상과 밀약을 맺었을 때와는 딴판이었다.

태프트는 베이징 주재 공사 로크힐에게 연거푸 전보를 보냈다.

“일본 내 상황으로 볼 때 루스벨트 양이 일본에서 장시간 머무는 것은 현명치 못한 것으로 생각됨.”

“자세히 알아본 결과 루스벨트 양 신분을 감추고 철저한 계획을 세워 여행하면 안전하게 움직일 수 있을 것임”

9월 19일에 한국에 도착하여 성대한 환영을 받은 루스벨트 대통령의 딸 엘리스는 9월 30일에 부산에서 여객선을 타고 시모노세키항에 몰래 들어갔다. '잠행'이었다. 그녀는 일본 경찰의 엄중한 경호를 받으며 외출도 허락을 받아야 허용되었다. 엘리스는 요코하마에서 조용히 미국으로 떠났다.

나중에 엘리스는 이렇게 털어놓았다.

"만일 누가 어느 나라 사람이냐고 물으면 영국인이라고 답하라는 조언을 들었다. … 이보다 더 완벽한 변화는 결코 본적이 없다. 미국인들은 평판이 나빠져 있었다. 어디서도 만세소리는 들리지 않았다."

한편 러시아는 배상금 없는 조약 타결에 만족했다. 하지만 전쟁 패배의 후유증은 컸다. 군 지도부의 불신은 컸고, 지휘관과 장교들은 줄줄이 재판에 회부되고 군복을 벗었다.

1905년 1월 22일 '피의 일요일' 이후 파업이 계속되어 10월에는 모스크바에서 외부로 나가는 모든 철도가 운행이 중지되었다. 결국 1917년 2월 혁명으로 니콜라이 2세는 퇴위했으며 1918년 7월에 가족들과 함께 총살당했다.

고종, 이토 히로부미와 독대하다.

포츠머스 조약이 체결된 지 두 달 정도 된 11월 2일에 추밀원 의장 이토 히로부미(1841~1909)는 메이지 천황의 부름을 받았다. 메이지 천황은 이토를 대한제국 특파대사(特派大使)로 임명했다.

11월 8일 오후 5시에 이토는 부산에 도착했다. 9일 오전에 이토는 황실이 마련한 궁정 열차를 타고 경성으로 향했다. 오후 6시 20분 경성역에 도착한 이토는 정동의 손탁호텔에서 여장을 풀었다.

그런데 11월 5일에 송병준이 주도한 일진회는 "대한제국의 외교권을 일본에 위임하는 것이 독립을 유지하고 영원히 복을 누리는 길"이라는 선언서를 발표했다. 을사오적보다 더 나쁜 '매국노'였다.

이토는 11월 10일 12시 30분에 경운궁 수옥헌(지금의 덕수궁 중명전)에서 고종을 알현하였다. 그는 고종에게 메이지 천황의 친서를 전달했다.

친서의 핵심은 '일본이 러일전쟁에서 이겨 다행히 평화를 회복하게 되었으나, 이를 항구히 유지하여 동아시아 장래의 불안 요소를 없애기 위해서는 두 제국 간의 결합을 한층 공고히 하는 것이 극히 긴요하다.'는 것이었다.

이어서 이토는 3~4일 이내에 다시 알현할 것을 청했다. 이에 고종은 면담 일정을 알려주겠다고 답했다.

그런데 일본은 이토대사 내한(來韓)에 즈음하여 궁중 내탕금이 궁핍 상태라는 것을 탐지했기 때문에 대사 접대 비용에 충당하는 명목으로 11월 11일에 무기명 예금증서로써 2만 원(현시가 환산 25억 원)을 심상훈(황실 재산 담당관인 경리원경)을 거쳐서 황제 수중에 납입시켰다.

11월 15일 수요일 오후 3시에 고종과 이토는 수옥헌 내실에서 비공식적인 단독회담을 하였다. 배석자는 통역을 담당할 박종화와 고쿠분 뿐이었다.

간단한 인사가 끝난 후 고종이 먼저 운을 떼었다.

"경이 이번에 사명을 띠고 다시 왔음은 충심으로 다행으로 여기는 바이다. 짐은 신료는 물론 친족에게 한 번도 입 밖에 내지 않았던 것들을 감히 경에게 기탄없이 털어놓으려 한다. 청컨대 양해 바란다."

이러자 이토는 "폐하께서 기탄없이 말씀하신다니 깊이 감사드립니다. 외신(外臣) 역시 정성을 다해 응답하고자 합니다."라고 답했다.

이어서 고종은 말문을 열어 을미사변을 거론했다.

"이노우에 백작이 임무를 마치고 떠난 지 열흘도 되지 않아 우리나라에 애통하고 또 대한제국과 일본의 교의에 장애를 주는 불행한 사건이 일어났다. … 생각이 이에 미치면 문득 개탄스럽지 않을 수 없다. 그렇지만 이는 이미 지난 일에 속하고 지금 이를 반복해야 아무런 이익이 없다. 그러므로 지난 일은 잠시 잊고자 한다."

이토는 민왕후(1897년에 명성황후로 추존)를 시해한 을미사변과 직간접적으로 연루된 인물이었다. 을미사변 당시에 이토는 총리대신으로 미우라 고로를 주한일본공사로 보낸 장본인이었다. 이를 잘 알고 있는 고종은 을미사변을 들먹여 기선을 제압하려고 한 것이었다.

이어서 고종은 제1차 한일협약의 문제점과 그로 말미암아 파생되는 문제점을 장황하게 이야기했다. 재정과 국방의 문제점에 대하여 말한 다음 외교관계를 일본이 인수한다는 풍문에 대하여 언급하면서 민심이 한층 의구심을 가지고 있다고 말했다. 이는 고종과 대한제국 신민들의 인내가 한계에 이르렀음을 은근히 알리는 표현이었다.

이렇게 고종이 상당히 길게 말하는 동안 이토는 잠자코 듣고만 있었다.

드디어 고종의 말이 끝나자 이토가 첫 말을 했다.

"여러 가지 폐하의 불만스러운 실정에 관한 말씀의 취지는 자세히 알았습니다. 그런데 폐하께 시험 삼아 묻겠습니다. 한국은 어떻게 해서 오늘에 생존할 수 있었는지, 또한 한국의 독립은 누구 덕택이었는지, 가장 중요한 일은 이것입니다. 폐하는 이것을 아시고도 그렇게 불만의 말씀을 흘리시는 것인지요?"

이토는 단도직입적으로 고종에게 따지듯이 물으면서 말을 이어갔다. 그는 을미사변이나 제1차 한일협약에 대하여는 아예 언급하지 않고 고종의 허점을 깊숙이 찌른 것이다.(신명호 지음, 고종과 메이지의 시대, 2014, pp.21~35)

이때 고종이 갑자기 끼어들면서 "그 점에 대하여는 짐도 잘 알고 있다. 1885년의 천진조약, 1895년 시모노세키조약과 함께 우리나라의 독립을 명확히 한 것은 완전히 일본의 힘에 의한 것으로서 실로 경(이토)의 다대한 노력에 힘입은 바 적지 않았다."고 말했다.

고종은 '조선이 독립국가가 된 것은 완전히 일본의 힘에 의한 것'이라고 한 발언은 치명적 실수였다. 이는 1904년 8월의 제1차 한일협약의 문제점을 거론하면서 일본이 대한제국의 주권을 침해한다고 했던 종전의 주장을 완전히 뒤집는 발언이었다.

아차! 실수였다고 생각한 고종은 1896년 2월에 있었던 러시아 공사관으로 피신했던 아관파천이 부득이한 조처였음을 장황하게 변명하기 시작했다.

이처럼 스스로 모순에 빠지고 만 고종의 말실수를 외교협상의 달인 이토가 놓칠 리 없었다. 이토는 갑자기 고종의 말을 끊고 재빠르게 반격했다.

"지난 1885년에 천진에 가서 청나라와 한국의 지위를 결정하는데 이홍장은 한국을 형식적 속국으로부터 명실상부한 속국으로 만들려 하였습니다. 실제로 그 증거는 당시 원세개가 군대를 이끌고 경성에 와 있었다는 한 가지 일에 비추어 보아도 남음이 있습니다. 그런데 우리는 이를 거절하여 귀국의 독립을 견지해서 이를 관철했습니다."

1882년 임오군란 때 충주에서 피신 중인 민왕후는 청나라를 끌어들였다. 이러자 대원군은 청나라에 유폐되고 조선에는 청나라 군대가 상주하였다. 그런데 1884년에 갑신정변이 일어나자 청나라 원세개는 일본군을 제압하여 갑신정변은 3일천하로 막을 내렸다. 이후 청나라는 조선을 속국 취급하였는데 이토가 1885년에 천진조약을 맺으면서 이홍장의 주장을 거절했다는 것이다.

이토의 발언은 이어진다.

"또한 1894년에 이르러 동학당의 소란을 이용하여 청국이 군사를 귀국에 파견하자 청일전쟁이 일어났는데, 청나라의 패전으로 시모노세키 조약이 성립되었습니다. 우리는 한국 백년의 미래를 궁리하여 요동의 땅을 청나라로부터 할양시켰지만 러시아가 삼국간섭을 하여 우리로 하여금 요동의 점유를 철수시켰습니다. 이후 러시아는 시베리아 철도를 연장하여 여순에 도달하였고, 군항을 여순에 축조하여 블라디보스토크까지 호응해서 제해권을 장악하며, 육상에서도 역시 철도를 연결하는 등 그 하는 바가 분명 한반도를 바다와 육지로 포위하여 병탄에 필요한 준비를 완벽하게 하자는 것이었습니다. 이 때문에 우리 일본은 인명을 걸고 거액의 재물을 내던지는 것도 돌보지 않고 무기를 들고 일어났습니다. 이제 전승의 결과 귀국의 영토를 보전했음은 사실이 보이는 바이요, 천하의 공론이 모두 인정하는 바입니다. 그간 귀국에서 이따금 우리의 조치에 대해 다소의 고통과 불만이 있다고 하지만 그것은 피할 수 없는 바이며, 우리나라의 고충을 살펴 참는 것은 조금도 과하다고 할 수 없습니다."

이토는 마치 일본이 조선의 영토보전을 위해 러시아와 싸운 것처럼 말하고 있다. 한반도 침탈 야욕은 아예 숨기고 괘변을 늘어놓았다.

이윽고 이토는 면담의 본론을 꺼냈다.

"동양 평화가 이제 회복되었다고는 하지만 평화를 항구히 유지하고, 또 동아시아 장래의 사단을 두절하기 위해서는 두 제국 간의 결합을 한층 공고히 하는 것이 극히 긴요하다고 생각하신 우리 황제께서는 특히 저를 파견하셔서 그 요건을 폐하께 직접 전하게 하셨습니다.

그 요건은 귀국의 외교를 귀국 정부의 위임을 받아 우리 정부 스스로 대신 수행하는 것입니다. 하지만 내정은 폐하의 정부가 행하여 종전과 다를 바 없습니다. 이는 첫째 동양의 화란을 근절하고, 둘째 귀 황실의 안녕과 존엄을 견실히 유지하고, 셋째 국민의 행복을 증진시키려는 선의적인 대의에 기초했습니다. 그러므로 폐하는 세계의 추세를 살피고 국가 인민의 이해를 돌아보셔서 즉시 동의하시기 바랍니다."

이제 외교권을 박탈하겠다는 이토의 본색이 드러났다. 외교권 박탈 또한 대한제국의 독립을 위한 것이니 불만 가지지 말고 수용하라는 것이다.

치명적 말실수를 한 고종은 뭐라고 반박하지도 못한 채 잠자코 듣기만 했다. 이토의 말을 다 듣고 난 고종은 갑자기 사정 조로 말하기 시작했다.

고종 : 사명의 취지는 짐이 양해한다. 대외관계 위임에 관한 일은 결코 그것을 거부하려는 게 아니다. 다만 바라는 것은, 귀국은 그 내용의 실질을 취하고, 우리에게는 그 형식의 명분을 보존해주었으면 하는 것이다.

이토 : 형식이란 무슨 뜻인가요?

고종 : 서신 왕래의 일과 같은 것이다.

이토 : 무릇 외교에는 형식과 내용의 구별이 없습니다. 이제 이 책안(策案)은 확고하여 움직일 수 없습니다. 제가 지금 사본을 휴대하였습니다. 먼저 이것을 폐하께 바칩니다. 그리고 그 체결에 관한 필요한 조건은 우리 대표자로 하여금 공식 절차를 밟아서 귀국 당국에 교섭시키겠습니다. 이들의 일은 저의 권능이 아니며 오로지 외교관의 권능에 속합니다. 이미 하야시 공사가 필요한 훈령을 받아 가지고 왔습니다.

4개 조문으로 된 조약문 사본은 10월 27일에 일본 각료회의에서 결정한 것이었다. 이를 읽어보자.

일본국 정부 및 한국 정부는 두 제국을 결합하는 이해 공통의 주의를 공고케 하는 것을 원하여 이 목적으로 아래의 조관을 약정한다.

제1조 일본국 정부는 도쿄 소재 외무성으로 하여금 이후 한국의 외국에 대한 관계 및 사무를 완전히 자행(自行), 감리·지휘하며 일본국의 외교대표자와 영사는 외국에 있어서의 한국의 신민과 이익을 보호한다.

제2조 일본국 정부는 한국과 타국과의 사이에 현존하는 조약의 실행을 완수하는 임무를 맡는다. 한국 정부는 이후 일본국 정부의 중개에 의하지 않고서 국제적 성질을 갖는 어떠한 조약이나 약속을 할 수 없다.

제3조 일본국 정부는 그 대표자로 하여금 한국 황제폐하의 궐하에 한 명의 통감(統監)을 둔다. 통감은 경성에 주재하고 친히 한국 황제폐하에게 내알(內謁)할 권리를 갖는다. 일본국 정부는 또 한국의 각 개항장

및 기타 일본국 정부가 필요로 인정하는 곳에 이사관(理事官)을 둘 권리를 갖는다. 이사관은 통감의 지휘아래 종래 한국 주재 일본 영사에 속한 일체의 직권을 집행하고 아울러 본 협약의 조관(條款)을 완전히 실행하기 위해 필요로 하는 일체의 사무를 처리할 수 있다.

제4조 일본국과 한국과의 사이에 현존하는 조약과 약속은 본 협약의 조관에 저촉하지 않는 한 모두 그 효력을 계속한다.

일본의 조약 초안에는 대한제국의 외교권 박탈뿐만 아니라 경성에 통감부를 둔다는 내용까지 있었다.

고종은 이토가 건네준 조약 초안을 몇 번이나 반복해서 읽었다. 마침내 고종은 이토에게 외교 형식이라도 보존해 달라고 매달렸다.

고종 : 일본 정부의 충언은 결코 이해 못하는 바는 아니다. 다만 그 형식을 어느 정도 갖추는 데 경의 알선, 진력을 기대한다. 경이 짐의 절실한 희망을 귀 황실과 정부에 전하면 다소 변통을 볼 수 있지 않을까?

그러나 이토는 냉혹하게 거절했다.

이토 : 본안은 더 이상 추호도 변통의 여지가 없는 확정안입니다. 단연코 움직일 수 없는 일본 제국 정부안입니다. 오늘의 요점은 다만 폐하의 결심 여하에 있습니다. 승낙하시거나 거부하시거나 하는 것은 폐하의 마음이지만, 만약 거부하시면 제국 정부는 결심한 바가 있어 그 결과는 과연 어느 곳에 이를지 … 생각건대 귀국의 지위는 이 조약을 체결하는 것보다 더 심한 곤란한 경우에 처하여 그 이상의 불이익을 각오해야 할 것입니다.

고종 : 짐이라 할지라도 어찌 그 이치를 모르겠는가? 그렇다고 할지

라도 일이 중대함에 속한다. 짐은 지금 스스로 이를 재결할 수 없다. 짐의 전 · 현직 정부 신료와 상의하여 자문을 구하고 또 일반 인민의 의향도 살필 필요가 있다.

이토의 의중을 확실히 파악한 고종은 이제는 거절을 선택할 수밖에 없었다. 하지만 약자의 처지인지라 강력하게 거절하기도 어려웠다.

고종은 전 · 현직 정부 신료와 상의하여 자문을 받고 일반 인민의 의향을 살필 필요가 있다고 언급함으로써 우회적으로 거절 의사를 표명했다.

하지만 이를 모를 이토가 절대 아니었다.

이토 : 폐하께서 정부 신료와 상의하심은 당연하시오며 외신(外臣)도 역시 결코 오늘로 결재하심을 청하려는 뜻은 아닙니다. 그러나 일반 인민의 의향을 살핀다는 운운의 말씀에 이르러서는 기괴하기 짝이 없다고 생각합니다. 왜냐하면 귀국은 헌법 정치도 아니며 만기 모두 다 폐하의 친재(親裁)로 결정하는 소위 전제군주국이 아닙니까? 그리고 인민의 의향 운운이라 했지만 필시 이는 인민을 선동하여 일본의 제안에 반항을 시도하려는 생각이시라 추측됩니다.

그랬다. 대한제국은 전제 군주국이었다. 1898년 말에 독립협회를 강제 해산시킨 고종은 1899년 8월 17일에 「대한국 국제(大韓國 國制)」를 제정 반포했다. 대한국 국제는 왕권의 전제화를 꾀하는 것이었다.

대한제국(大韓帝國)의 정치는 만세토록 불변할 전제정치(專制政治)이고, 대황제(大皇帝)는 무한한 군권(君權)을 지니고 있었다. 이처럼 대한제국은 고종 1인의 나라였다. 고종이 만기친람(萬機親覽 임금이 모든 정사를 친히 보살핌)하는 절대주의 전제국가였다. 고종은 러시아의 차르와 유사한 길을 걸었다. 대한제국은 영국, 프랑스나 미국의 근대 민주국가와는 정반대의 길을 걸었다.

고종은 외교권 이양은 매우 중대한 일인만큼 대신들의 의견을 묻고 백성들의 뜻도 살펴야겠다고 하면서 우회적으로 거절하였다.

이에 이토는 정부 대신들의 의견을 묻는다는 것은 이해할 수 있지만 전제 군주국가의 국왕이 백성들의 뜻을 살피겠다는 것은 인민을 선동하여 일본에 저항하려는 저의로 볼 수밖에 없다고 항의했다.

이토의 항의에 고종은 민의를 듣는 것이 아닌 중추원의 의견을 듣는 것이라고 꼬리를 내린다.(그런데 고종은 15일에 이토와 면담한 후 외교권 이양 문제를 중추원의 의견을 듣지 않았다. 중추원과 상의한 기록이 없다.)

이렇게 고종와 이토는 우회적인 거절과 노골적인 강압이 몇 번이나 반복되었다.

면담은 어느덧 4시간째로 접어들었다. 마침내 고종은 외부대신끼리 실무 협의 후에 그 결과를 정부에 제의하고, 정부가 의견을 결정한 후에 짐이 재가하겠다고 이토에게 말했다.

이토가 협상을 신속히 끝내주라고 독촉하자, 고종은 속히 그 조치를 취하겠다고 답하고 장장 4시간에 걸친 단독회담이 끝났다. 결국 고종은 이토로부터 어느 하나도 양보를 얻어내지 못했다.

11월 16일 오후 3시에 일본 공사관은 고종과 이토의 단독회담을 '이토 대사의 한국 외교권 일본 위임 필요성 진주(陳奏) 건'이라는 제목으로 일본 외무성에 전보(電報)했다.

"(전략) 이에 고종 폐하는 이미 대세가 그러한 터에 감히 이를 절대로 거절하는 것이 다만 형식을 두고 몇번이고 형식보존설(形式保存說)을 애소(哀訴)하여 그 곤란한 상황을 변명하자, 대사는 외교에는 형식, 내용의 구별이 있는 것이 없다. 따라서 형식을 남기고 내용을 규정하는 것 같은 일은 불가능에 속하고 또 일본 정부는 이것을 확정안으로 제출한 이상 이미 촌호(寸毫)도 변개(變改)의 여지가 없음을 말해 이를 거부하고 조약안을 황제께 보였다.
또 이로써 당국 대신으로 하여금 우리 대표 간에 빨리 협정시키시는 것이 한국을 위하여 오히려 기회를 얻는 것이라고 진언(奏言)하자, 황제는 마침내 대사의 뜻을 번복할 수 없다는 것을 알고 여하튼 외부대신에 명하여 협의의 길을 강구하겠다는 뜻을 승낙하셨다.(후략)"

이토 히로부미, 손탁호텔에서 대신들을 설득하다.

1905년 11월 16일 오후 4시에 이토 히로부미는 정부 대신과 원로 대신들을 숙소인 손탁호텔로 불렀다. 어제 고종이 내각과 상의하라고 했으므로 정부 대신들을 직접 설득하기 위해서였다.

손탁호텔은 독일 출신 여성 손탁(孫澤, 1854~1925)이 운영한 호텔이다. 그녀는 1885년 10월 주한 러시아 공사 베베르를 따라 내한하여 25년간(1885~1909) 한국에서 생활했다.

손탁은 베베르 공사의 추천으로 궁내부(宮內府)에서 외국인 접대업무를 담당하면서 고종 및 민왕후와 친하였고, 고종은 1895년에 정동에 있는 한옥 한 채(현 이화여자고등학교)를 하사했다.

손탁호텔은 1894년에 발족한 사교친목단체 정동구락부(貞洞俱樂部)가 활동한 장소로 유명하다. 정동구락부 회원은 국내인은 민영환 · 윤치호 · 이상재 · 이완용 등이었고, 외국인은 미국 공사 실(Sill)과 프랑스 영사 플랑시, 미국인 선교사 언더우드와 아펜젤러 등이었다.

이들은 1895년 10월에 민왕후가 시해되자 반일 활동을 주도하여 1896년 2월에 고종을 러시아 공사관으로 피신시켰다.

이후 손탁호텔은 1902년에 2층 양옥으로 신축하여 2층은 귀빈실, 아래층은 보통실과 커피숍을 겸한 식당을 두었다. 바로 이 커피숍이

한말 외국인들이 결집한 사교장이었다.

한편 이토의 초대를 받아 참가한 각료는 참정대신(총리) 한규설, 내부대신 이지용, 법부대신 이하영, 학부대신 이완용, 농상공부대신 권중현, 군부대신 이근택, 탁지부 대신 민영기 등 7명이며, 참정대신을 지낸 심상훈이 원로대신 자격으로 참석했다. 외부대신 박제순은 일본공사 하야시와 조약 문제를 협의하고 있어 불참하였다.

이 자리에서 이토는 자신의 사명이 외교권 문제임을 밝히고, 어제 고종으로부터 각료들과 협의하여 결정토록 하겠다는 약속이 있었음을 설명했다. 그러면서 대신들에게 고종의 명령을 직접 받은 적이 있었는지를 물었다.

이에 한규설은 "대사의 사명은 황제에게 들었으나 외교의 형식이나마 남겨주기 바란다."고 간청했다.

이토는 "한국은 본래 청국의 속국이었던 것을 일본이 청일전쟁 후에 독립시켜주었다. 이번에 러시아와 전쟁을 한 것도 한국의 독립과 영토를 보전하기 위함이었다고 하면서 한국은 임금과 신하간에 음모가 많은 데다 나라를 지킬 만한 힘이 없어 항상 동양평화의 화근이 되고 있다."고 윽박질렀다.

이어서 이토는 대한제국이 보호조약을 거부한다고 해서 일본이 가만히 있지는 않을 것임을 분명히 했다.

이토의 말이 끝나자 법부대신 이하영이 말했다.

"한국이 오늘 이만큼 독립국이 된 것은 모두 일본의 원조와 보호 덕택이다. 그런데도 한국은 이용익을 프랑스와 러시아로 보내 내통하게 하면서 일본의 의심을 살 행동을 했으니 오늘과 같은 결과가 초래된 것도 우리의 책임이다."

이하영은 고종의 최측근이자 친러파 이용익이 1905년 6월에 비밀리에 출국하여 프랑스와 러시아에 원조를 요청한 사실을 이토 앞에서 비난하고 나선 것이다. 참으로 황당하다.

이어서 학부대신 이완용이 이하영의 발언을 거들고 나왔다.

"일본은 한국 문제로 두 번이나 전쟁을 치러 이제는 러시아까지 격파했으니 한국에 대해 무엇인들 못하겠습니까? 그런데도 일본은 타협적으로 일을 처리하려고 하니 우리 정부도 일본의 요구에 응하는 것이 마땅합니다."

발언이 끝나자 이토는 이완용을 주시하였다. 이하영이나 이완용이나 초대 주미한국 공사관(미국 워싱턴 DC 소재)에서 근무한 친미파였다. 그런데 이들은 이제 친일파로 변신한 것이다.

이완용의 발언이 끝나자 이토는 "이번 조약안은 절대로 내용을 변경할 수가 없다. 그러나 자구나 사소한 표현 수정은 쌍방이 서로 협의할 여지는 있다."라고 말했다.

이러자 참정 한규설이 외교의 형식만이라도 남겨 달라고 또 다시 간청했으나, 이토는 동양평화론을 들먹이며 '절대 불가'라고 못 박았다.

을사늑약 체결

일본 공사관 회의

1905년 11월 17일에 을사늑약이 체결되었다. 정확히 말하면 11월 18일 오전 1시에 대한제국은 일본에게 외교권을 강제 박탈당했다.

11월 17일의 상황을 시간대별로 살펴보자. 이날은 세 번 회의를 할 정도로 상황이 급박하게 돌아갔다. 오전 11시 일본 공사 주재 회의, 오후 3시 고종황제 주재 회의, 오후 8시 이토 히로부미 주재 회의였다.

11월 17일 오전 11시에 참정대신 한규설 등 대신 8명은 이토가 16일의 손탁호텔 모임에서 말한 대로 일본 공사관에 모였다. 그런데 이토는 나타나지 않고 일본 공사 하야시가 좌장을 하였다.

하야시는 대신들에게 외부대신 박제순에게 전달한 조약안을 본격적으로 검토하자고 제안했다. 그러나 정부 대신들은 어느 누구도 선뜻 의견을 내놓지 않았다. 침묵만 흘렀다.

비로소 농상공부대신 권중현이 말문을 열었다. "이 문제는 비록 이토 대사가 폐하께 아뢰었고 공사가 외부(外部)에다 공문을 보냈지만 우리들은 아직 외부에서 의정부에 제의한 것을 접수하지 못하였으니 지금 당장 토의하여 의결할 수 없습니다. 더구나 중추원에서도 여론을 널리 수렴해야만 비로소 결정할 수 있는 것입니다."

이러자 하야시 공사는 언성을 높이며 반박했다.

"귀국(貴國)은 전제국가인데 어찌하여 입헌정치 흉내를 내어 대중의 의견을 수렴하려 합니까? 황제가 응당 한마디 말로써 직접 결정하는 것인데 의견 수렴 운운으로 모면하려고 합니까?"

회의장은 다시 분위기가 무거워졌다. 하야시는 공사관에서 결론을 내릴 수 없다고 생각했던지 궁내부대신 이재극에게 전화를 걸어 고종을 알현하게 해달라고 청했다.

점심을 마친 후 하야시는 오후 3시쯤에 대신들을 이끌고 대궐로 향했다. 수옥헌(지금의 중명전)에서 하야시는 고종의 알현을 요청했지만 고종은 몸이 불편하다는 핑계로 거절하였다.

고종 황제 주재 회의

조금 있다가 고종은 대신들과 어전회의를 열었다. 하야시는 옆에 붙은 휴게실에서 기다리고 있었다.

어전회의에서 대신들은 하야시 공사와의 회담 내용을 고종에게 보고하였다. 고종은 몹시 괴로워하면서 대책을 여러 번 물었다. 대신들은 조약은 절대로 허락할 수 없다고 대답하였다. 그러자 고종은 일단 결정을 미루자고 했다.

이때 이완용이 절박하게 아뢰었다.

"이 안건의 가부가 눈앞에 닥쳤는데도 '안 된다'는 한마디 말로 밀어붙이는 것이 과연 쉬운 일이겠습니까? 우리 여덟 대신들이 막아내는 것이 과연 가능하겠습니까? 지금 하야시 공사가 폐하를 만날 것을 청하는데, 폐하의 마음이 오직 한 가지로 흔들리지 않는다면 천만다행이겠지만, 만일 너그러운 도량으로 할 수 없이 허락하게 된다면 어떻게 하겠습니까? 이런 부분에 대하여 미리 대책을 강구해야 할 것입니다."

이완용은 결국 피할 수 없는 상황에 대비하자는 뜻이었지만, 고종과 대신들 모두 입을 다물고 아무런 말이 없었다.

그러자 이완용이 또 아뢰었다. "신이 미리 대책을 강구하자는 것은 다른 것이 아닙니다. 하는 수 없이 허락하게 된다면 조약의 내용 중에 첨삭하거나 개정할만한 중대한 사항이 있을 것이니, 이에 대하여 상의하자는 것입니다."

이완용의 이 말은 조약 체결 거절은 불가능하니 현실적인 대안을 찾자는 것이었다. 여기에 현실주의자의 함정이 드러난다. 할복자살이라도 하면서 거절해야지 조약안을 놓고 첨삭 · 수정을 하자니 이게 매국의 징조였다.

이완용의 말에 고종도 "이토 대사도 말하기를 이번 조약에 대해서 만일 문구를 첨삭하거나 고치려고 하면 응당 협상하는 길이 있겠지만, 완전히 거절하려고 하면 이웃 나라 간의 좋은 관계를 보존할 수 없을 것이라고 하였다. 이를 미루어 보면 조약의 문구 조정은 가능할 것 같다. 학부대신의 말이 타당하다."고 동의하였다.

이후 조약안의 첨삭, 수정과 관련하여 회의가 진행되었다. 고종이 말하였다.

"그렇다면 이 조약 초고는 어디 있으며 어느 것을 고치겠는가?"

이때 이하영이 품속에서 이토가 준 조약문을 찾아내어 고종에게 바쳤다.

이완용이 또 나서서 의견을 말하였다.

"신의 어리석은 소견으로는 이 조약 제3조 통감의 아래에 외교라는 두 글자를 명백히 명시하지 않았는데, 이것이 훗날 우환거리가 될 것이라고 봅니다."

이어 권중현이 아뢰었다.

"신이 외부에서 얻어 본 일본 천황의 친서 부본에는 우리 황실의 안녕과 존엄에 조금도 손상을 주지 말라는 말이 있었는데 이번 조약 조문에는 여기에 대하여 언급이 없습니다. 이것도 응당 따로 한 조목을 만들어야 하리라고 봅니다."

고종은 "그건 과연 옳다. 농상공부 대신의 말이 참으로 좋다."고 크게 만족을 표시하였다.

회의가 거의 끝날 무렵에 대신들은 모두 똑같이 아뢰었다.

"이상 아뢴 것은 실로 미리 대책을 강구하는 준비에 불과할 뿐입니다. 신들이 이토 대사를 만나서는 한 마디로 체결을 거부하겠습니다."

오후 4시경 시작된 어전회의는 7시가 넘어서 끝났다. 고종은 참정대신 한규설과 외부대신 박제순을 다시 불러 특별지시를 하였다.

잠시 후 대신들이 모두 휴게소에 모였다. 이때 하야시 일본 공사가 한규설에게 어전회의 결과를 물었다. 한규설이 대답하기를, '폐하께서는 협상하여 잘 처리하라는 뜻으로 지시하셨으나, 우리 8인은 모두 반대하는 뜻으로 거듭 말하였습니다.'라고 태연히 대답하였다.

중대한 협상을 앞두고 스스로 협상전략을 상대방에게 완전히 노출시킨 것이었다.

한규설의 말이 떨어지자마자 하야시 공사가 그를 질책하고 나섰다.

"귀국(貴國)은 전제국가이니 폐하가 협상하여 잘 처리하라는 하교가 있었다면 조약을 순조롭게 진행하여야지, 여러 대신이 모두 폐하의 명을 어기니 어찌된 일입니까? 이러한 대신들은 결코 조정에 두어서는 안 되며 특히 참정대신과 외부대신은 그만두게 해야 하겠습니다."

그러자 한규설이 몸을 일으키면서, "공사가 이렇게 말하니 나는 이 자리에 참석할 수 없습니다." 하였다.

이에 여러 대신들이 만류하면서 "공사의 한마디 말을 가지고 자리를 피한다면 그것은 사리와 체면에 매우 온당치 못합니다." 하였다. 그러자 한규설은 다시 제자리에 가서 앉았다.

그런데 대신들이 협상 체결 반대 의사를 분명히 하자, 하야시는 매우 다급하였다. 그는 이토 히로부미에게 긴급 연락하였다.

이토 히로부미 주재 회의

오후 8시쯤에 이토 히로부미가 조선 주둔군 사령관 하세가와 요시미치와 일본군 헌병 사령관 그리고 군사령부 부관들을 거느리고 황급히 수옥헌으로 들어왔다. 수옥헌 안팎은 중무장한 일본군이 이중 삼중으로 겹겹이 포위하여 공포 분위기가 연출되고 있었다.

이토는 하야시로부터 사태의 경과를 자세히 들은 다음 궁내부대신 이재극을 통해 고종에게 알현을 여러 번 요청하였다. 고종과 직접 담판하려는 것이었다. 이윽고 궁내부대신 이재극이 돌아와서 "짐(朕)이 이미 각 대신에게 협상하여 잘 처리할 것을 허락하였고, 또 짐이 지금 목구멍에 탈이 생겨 접견할 수 없으니 모쪼록 잘 협상하라."는 성지(聖旨)를 전하였다. 이재극은 또 참정대신 이하 각 대신에게 고종의 지시를 알렸다.

그런데 "짐이 이미 각 대신에게 협상하여 잘 처리하도록 허락하였다."는 어명은 고종이 조약 체결 권한을 대신들에게 위임한 것으로 해석될 수 있는 매우 위험한 발언이었다.

고종의 말이 전해지자 이토는 곧 참정대신 한규설에게 토의를 시작하자고 요청하고 회의를 주재했다.

이토는 먼저 참정대신에게 말했다.

“각 대신들은 어전회의의 경과만 말하는 것이 좋겠습니다. 참정대신은 무엇이라고 아뢰었습니까.”

한규설 : 나는 다만 반대한다고만 상주(上奏)하였습니다.
이토 : 무엇 때문에 반대한다고 말하였는지 설명하여야 하겠습니다.
한규설 : 설명할 것도 없이 반대일 뿐입니다.

다음으로 이토는 외부 대신에게 물으니 박제순이 대답하였다.

“이것은 명령이 아니라 바로 교섭이니 찬성과 반대가 없을 수 없습니다. 내가 현재 외부대신의 직임을 맡고 있으면서 외교권이 넘어가는 것을 어찌 감히 찬성한다고 말할 수 있겠습니까?”

이토 : 이미 협상하여 잘 처리하라는 폐하의 명령이 있었으니 어찌 칙령이 아니겠습니까? 외부대신은 찬성하는 편입니다.

다음으로 이토는 민영기에게 물었다.

민영기 : 나는 반대입니다.
이토 : 절대 반대입니까?
민영기 : 그렇습니다.
이토 : 그렇다면 탁지부 대신은 반대입니다.

다음으로 법무대신 이하영에게 물었다.

이하영 : 지금의 세계 대세와 동양의 형편 그리고 대사가 이번에 온 의도를 모르는 바가 아닙니다. 우리나라가 외교를 잘하지 못하였기 때문에 귀국이 이처럼 요구하는 것이니 이는 바로 우리나라가 받아들여야 할 문제입니다. 그러나 이미 지난해에 이루어진 의정서(議定書)와 협정서(協定書)가 있는데 이제 또 외교권을 넘기라고

합니까? 우리나라의 체통에 관계되는 중대한 문제이니 승낙할 수 없습니다.

이토 : 그렇지만 이미 대세와 형편을 안다고 하니, 이 또한 찬성입니다.

이어서 이토 히로부미는 학부대신 이완용에게 물었다. 이완용은 어전회의에서 자신이 한 발언을 대강 설명하고나서 말을 이어갔다.

"이번 일본의 요구는 대세 상 부득이한 것이다. 종전에 우리 외교의 변화가 심했던 탓으로 일본은 두 차례나 큰 전쟁을 치렀다. 일본은 더 이상 동양 평화를 위태롭게 할 수 없어 이번 요구를 제기한 것이다. 일본은 이번에는 반드시 목적을 관철하려고 할 것이다. 국력이 약한 우리가 일본의 요구를 거절할 수 없을진대 원만히 타협하여 일본의 제의를 수용하고 우리의 요구도 제기하여 관철하는 것이 좋다. 자구(字句) 등은 다소 수정할 여지가 있는 것 같다."

이완용은 대신들이 반대하자고 어전회의에서 결의한 사항을 한순간에 뒤집어 버렸다. 기회주의자 이완용은 대세, 국력 운운하며 찬성으로 돌아선 것이다.

이완용의 말이 끝나자 이토는 벌떡 일어나면서 "조약 중에 고칠 만한 곳은 고치면 되니, 과연 당신은 완전 찬성이요."라고 크게 만족했다.

이어서 권중현, 이근택, 이지용이 차례로 대체로 학부대신과 같은 뜻이었다고 답변했다. 이토는 이들에게 모두 찬성 판정을 내렸다.(윤덕한 지음, 이완용 평전, 도서출판 길, 2012, p.219)

한편 정교는『대한계년사』에서 이렇게 적었다.

"이완용은 '만약 위 조항의 자구(字句)를 조금만 고친다면 인준하겠다.' 했다. 이토 히로부미가 벌떡 일어나 앉으며 붓을 쥐고 소리쳐 말하기를 '학부대신의 말이 대단히 옳고 타당합니다. 그러므로 당연히 고치겠습니다'

하고, 제 뜻대로 두세 곳을 약간의 문자로 지워 고치고 이어서 가부를 물었다. 이완용과 박제순 · 이근택 · 이지용 · 권중현은 일제히 모두 가(可)자를 썼다."

이렇게 조약은 이완용을 기점으로 3명의 대신이 모두 찬성으로 돌아서 대세가 확 바뀌었다.

그러면 여기에서 '만고의 매국노' 이완용(1858~1926)에 대하여 자세히 알아보자.

이완용은 1858년에 경기도 광주군에서 출생하여 1867년에 당시 예방승지였던 이호준의 양자로 들어갔다. 그는 1882년 10월에 증광 별시문과에 급제하여 1886년 3월 규장각 대교를 거쳐 9월에 정부가 세운 관립 영어 교육기관 '육영공원'에 입학했다. 영어 교사는 '파란 눈의 애국자' 호머 헐버트였다.

1887년 7월 20일에 이완용은 초대 미국주재 공사관 참찬관에 임명되었다. 그는 초대 주미공사 박정양, 서기관 이하영과 이상재 그리고 번역관 이채연, 민영익을 살린 미국인 의료선교사 알렌과 함께 1888년 양력 1월 9일에 미국 워싱턴에 도착했다.

그런데 이완용은 1898년 5월에 병으로 잠시 귀국했다가 10월에 다시 미국에 가서 1890년 10월까지 주미 대리공사로 2년간 근무하였다. 이후 그는 1892년 9월에 이조참판, 1893년 8월에 공조참판을 하다가 8월에 모친상을 당해 관직에서 물러났다. 1894년 11월에 그는 외부협판을 하고 1895년 5월에 학부대신을 하였다.

1895년 8월 20일에 민왕후가 일본인에게 시해되었다. 친미파인 이완용은 이날 학부대신에서 면직당하고 미국 공사관에 피신하였다. 알렌의 도움을 받은 것이다.

1896년 2월 11일에 아관파천이 일어났다. 고종은 러시아 공사관으로 피신한 것이다. 이 날 이완용은 외부대신 겸 학부대신 서리, 농상공부대신 서리에 임명되었다. 그는 친러파인 이범진과 함께 고종의 실세였다.

외부대신 이완용은 1896년 7월 2일 독립협회 창립총회에서 초대 위원장으로 선출되었고, 1897년 12월에 비서원경에 임명되었다. 그는 1898년 2월 27일에는 독립협회 회장으로 선출되었으며 3월 10일에 만민공동회를 서재필과 함께 기획했다. 이러자 고종은 만민공동회 개최 다음날인 3월 11일에 이완용을 전라북도 관찰사로 임명하였고, 7월 17일에 그는 독립협회에서 제명당했다. 한편 그는 1900년 7월에 공금 유용 혐의로 전라북도 관찰사에서 면직 당했다가 1901년 2월에 궁내부 특진관에 임명되었다.

1901년 4월 14일에 양아버지 이호준의 상을 당하여 이완용은 3년 7개월 동안 벼슬에서 물러났다가 1904년 11월 9일에 궁내부 특진관에 임명되었고, 1905년 9월 18일에 학부대신에 임명되었다.

을사늑약 조인

11월 17일 늦은 밤, 이토는 대신들과의 찬반 문답이 끝나자, 궁내부대신 이재극을 불러 말했다.

"협상하여 잘 처리하라는 폐하의 지시를 받아 각 대신에게 의견을 물었더니 반대한다고 확실히 말한 사람은 오직 참정대신과 탁지부 대신뿐이다. 찬성 6인, 반대 2인으로 가결이 되었으니 주무 대신에게 지시를 내리시어 속히 조인(調印)하도록 주청해 달라."

이토가 가결을 선언하자, 참정대신 한규설은 의자에 앉아서 두 손으로 얼굴을 가리고 우는 모양을 지었다. 이러자 이토가 제지하며 짜증스럽게 "어찌 울려고 합니까?"라고 말하였다.

이후 한규설과 박제순은 입을 다물고 자리에 앉아 있었고, 민영기, 이지용, 권중현, 이완용, 이근택, 이하영은 조약 문안을 수정하는 문제로 설왕설래하는 바람에 회의장은 다소 어수선해졌다.

이때 한규설이 밖으로 나갔다. 그는 예식관 고희경을 시켜 고종의 알현을 청하고, 대청 뒤 작은 방으로 들어가 다시 이재극에게 알현을 요청했다. 이 때 고희경이 한규설에게 일본공사관 통역 시오가와가 만나고 싶다는 말을 전했다. 한규설이 앞뜰로 나가자 시오가와가 달려들면서 한규설의 왼팔을 잡고 일본 헌병 5명이 위협하며 휴게실 서쪽의 작은 방으로 끌고가 감금시켜 버렸다.

한참 있다가 한규설이 회의실로 다시 들어왔다. 한규설은 갑자기 소리를 지르며 슬프게 통곡하자 회의는 잠시 중단되었다.

이때 이토는 "너무 떼를 쓰는 모양을 하면 죽이겠다."며 모두 들으라는 듯이 엄포를 놓았다. 대신들은 겁에 질렸고 이후 조약체결은 일사천리로 진행되었다. 문안 수정이 끝나자 이토는 각 대신들에게 말하기를 "참정대신 한 사람이 반대할지라도 다른 대신들은 수정안건에 모두 찬성하였으니 이 안건은 결정된 것이다."라고 말했다.

이어서 이토는 일본 공사관의 통역 마에마 교사쿠와 외부 보좌원 누마노 등과 일본군인 수십 명으로 하여금 외부(外部)로 달려가서 외부대신의 직인을 탈취하도록 한 다음, 박제순과 하야시가 나란히 조약에 날인했다. 조인된 시간은 11월 18일 오전 1시경이었다.

그런데 11월 18일의 「윤치호 일기」에는 외부의 직인은 일본에 의해 탈취당한 것이 아니라 외부대신 박제순의 명령에 의해 외부(外部) 직원이 수옥헌(지금의 덕수궁 중명전)에 가져간 것으로 기록되어 있다.

"18일 토요일

제대로 잠들 수 없는 밤을 보낸 뒤 조선 독립의 운명이 어떻게 되었는지 알아보러 일찍 외부(外部)로 나갔다.

외부에서 숙직했던 신주사라는 사람이 다음과 같은 이야기를 해주었다.

'어(魚) 씨와 내가 어젯밤 10시쯤 물러가서 잠잘 준비를 했습니다. … 10시가 조금 지나 전화가 울렸습니다. 전화를 받자 외부대신 박제순이 '인궤(印櫃)를 들여보내시오' 하고 말하는 것을 똑똑히 들었습니다.

인궤는 보좌부에서 관리하고 있기 때문에 나는 즉시 외부대신의 전갈을 김 주사에게 보냈는데, 김 주사는 오지 않았습니다. 밤이 깊어졌고, 계속해서 김 주사에게 전령을 보냈습니다.

일본 공사의 통역관 마에마 씨가 궁에서 와서 인궤를 달라고 재촉했습니다. 사람들은 모두 조바심을 냈습니다.

외부 교섭국장 이시영 씨가 왔습니다. 우리, 즉 어 씨와 이 씨, 그리고 나는 상의한 뒤 인궤를 보내지 않겠다고 결정했습니다.

이시영이 궁내의 분투한 결과를 알기 위해 박제순 대신에게 전화를 걸었습니다. 박 대신이 대답했습니다. '다 잘 되었으니 인궤를 들여보내시오.' 이 말을 듣고 우리는 인궤를 보낼 수밖에 없었습니다. 그래서 내가 궁으로 인궤를 가져다 줬습니다.

… 박제순 대신과 하야시가 작은 탁자를 사이에 두고 서로 마주 앉아 있는 모습만 알아볼 수 있었습니다. 조약서가 그 탁자 위에 있었고, 인궤를 박 대신에게 건네주자마자 즉시 서명이 이루어지고 날인이 되었습니다. 그 뒤 다시 일본군 횡렬을 뚫고 외부로 돌아왔습니다.'

오늘 새벽 1시에서 2시쯤 서명을 통해 조용히 조선의 독립은 포기되었다."

✚ 을사늑약 내용

외부대신 박제순과 하야시 공사가 조인한 늑약은 명칭도 붙이지 못했고, 조인 날짜는 11월 17일로 하였다.

1905년 11월 17일의 「고종실록」에는 을사늑약이 실려 있다.

한일협상 조약(韓日協商條約)이 체결되었다.

〈한일협상 조약〉

일본국 정부와 한국 정부는 두 제국을 결합하는 이해공통주의(利害共通主義)를 공고히 하기 위하여 한국이 실지로 부강해졌다고 인정할 때까지 이 목적으로 아래에 열거한 조관(條款)을 약정한다.

제1조 일본국 정부는 동경에 있는 외무성을 통하여 금후 한국의 외국과의 관계 및 사무를 감리 지휘(監理指揮)할 수 있고 일본국의 외교대표자와 영사(領事)는 외국에 있는 한국의 신민 및 이익을 보호할 수 있다.

제2조 일본국 정부는 한국과 타국 사이에 현존하는 조약의 실행을 완전히 하는 책임을 지며 한국 정부는 이후부터 일본국 정부의 중개를 거치지 않고 국제적 성질을 가진 어떠한 조약이나 약속을 하지 않을 것을 기약한다.

제3조 일본국 정부는 그 대표자로서 한국 황제 폐하의 궐하(闕下)에 1명의 통감을 두되 통감은 오로지 외교에 관한 사항을 관리하기 위하여 경성에 주재하면서 직접 한국 황제 폐하를 궁중에 알현하는 권리를 가진다. 일본국 정부는 또 한국의 각 개항장과 기타 일본국 정부가 필요하다고 인정하는 곳에 이사관을 두는 권리를 가지되 이사관은 통감의 지휘 밑에 종래의 재한국일본영사에게 속하던 일체 직권(職權)을 집행하고 아울러 본 협약의 조관을 완전히 실행하기 위하여 필요한 일체 사무를 장리(掌理)할 수 있다.

제4조 일본국과 한국 사이에 현존하는 조약 및 약속은 본 협약의 조관에 저촉하는 것을 제외하고는 다 그 효력이 계속되는 것으로 한다.

제5조 일본 정부는 한국 황실의 안녕과 존엄을 유지함을 보증한다.

이상의 증거로써 아래의 사람들은 각기 자기 나라 정부에서 상당(相當)한 위임을 받아 본 협약에 기명(記名) 조인(調印)한다.

광무(光武) 9년 11월 17일
외부 대신 박제순
명치(明治) 38년 11월 17일
특명전권공사 하야시 곤노스께(林權助)

그런데 일본의 조약안은 당초에 4개 조항이었는데 '한국 황실의 안녕과 존엄 유지를 보증한다'는 조항이 추가되어 '을사 5조약'이 된 것이다. 하지만 이 조항이 무슨 의미가 있으랴? 나라는 망해도 황실만 온전하면 된단 말인가?

미국 부영사 스트레이트가 본 을사늑약

주한미국공사관 부영사 윌러드 스트레이트는 11월 17일 을사늑약이 체결된 밤의 광경을 미국공사관 담 너머로 모두 보았다. 수옥헌(漱玉軒)은 미국공사관과 맞붙어 있었다.

윌러드는 러일전쟁 취재차 일본에 온 AP 기자였다. 그런데 그는 1905년 6월에 주한미국 공사관 부영사로 임명되었다.

6월 26일에 윌러드는 고종을 수옥헌에서 알현하였다. 당시에 고종은 1904년 4월에 경운궁이 불타서 이곳 2층에서 지내고 있었다.

7월 2일에 윌러드는 친구에게 이런 편지를 썼다.

"이봐, 황제의 궁전이 바로 옆이야. 우리가 공사관 뜰로 들어왔더니 황제가 침대 의자에 앉아서 우릴 쳐다보더라고. 도대체 이런 나라를 상상할 수 있겠어!"

한편 윌러드는 11월 17일 밤 을사늑약의 장면을 생생하게 기록했다.

"나는 공사관 창문을 통해 궁궐 안으로 일본 군대및 경찰이 몰래 잠입하는 것과 매우 불안한 표정을 하여 안으로 들어가는 조선 대신들을 목격할 수 있었다. 이 순간 창백한 얼굴을 한 고종과 왕자가 창문 커튼을 옆으로 밀고 살짝 밖의 동정을 살폈다. 이것이 바로 몇 시간 후면 조인될 보호조약의 긴장된 장면이었다.

그날 밤 10시 소란한 소리와 함께 일본군은 떠나고 있었으나 아직도 궁궐 내에는 일본 경찰들로 꽉 차 있었으며 관복을 입은 한국 관리들은 나라를 잃고 안절부절하는 모습이었다. 불과 100여 미터 앞에서 한 나라의 운명이 맥없이 절단되어 버렸다는 사실에 나는 그저 망연할 뿐이었다. 특히 1천 2백만 명의 독립왕국이 제대로 저항 한 번 못한 채 이렇게 무기력하게 강점당하는 모습에 침통함을 느낀다."(백성현 · 이한우 지음, 파란 눈에 비친 하얀 조선, 2006, pp.372~373)

윌러드는 친구 블랜드에게 보내는 11월 29일의 편지에도 이렇게 적었다.

"새벽 두 시에 잔디밭에서 수옥헌을 보니 건물 주변은 물론 베란다까지 일본인들이 가득했다. 뒤편 프랑스 공사관 통로에도 가득했다. 황제가 여차하면 거기로 도망갈까 예상하는 듯 했다.

이곳 상황은 참 놀랍다. 왕관을 쓴 자들 가운데 최악으로 비겁한 황제는 궁전 속에 움츠리고 자기가 저지른 잘못으로 타인들을 고통스럽게 만들고 있다. 황제는 외부대신에게 조약에 서명하라고 지시하고서는 자기가 지시하지 않았다고 말하라고 또 지시했다. 그래서 외부대신이 모든 책임을 뒤집어썼다.

참정대신 한규설은 회담장에서 쫒겨났다. 황제명령을 어기고 반대해서가 아니었다. 한규설은 그 파란만장한 밤에 엄비 방으로 뛰어드는 바람에 엉겁결에 황제에게 대신들로 하여금 나라를 배신하지 말게 하라고 간청해버린 것이다. 이 행동으로 한규설은 3년 형을 받았다. …

가장 어이없는 일은, 저들은 무슨 일이 닥칠지 벌써 경고가 돼 있었고 그래서 늦기 전에 이 사태가 오지 않도록 충고를 받았다는 사실이다. 하지만 저들은 마치 타조처럼 머리를 모래에 처박고 사태를 똑바로 보려 하지 않았다."(박종인 지음, 매국노 고종, 2020, pp.325~326, 355, 원전: The Wilard Straight Papers 코넬 대학 소장, 1905. 11.29 편지

Straight to Bland)

그랬다. 을사늑약이 체결되고 나서 고종이 맨 먼저 한 일은 참정대신 한규설을 파면한 일이다.

"조령(詔令)을 내렸다. 의정부 참정대신 한규설은 황제의 지척에서 행동이 온당치 못하였으니, 우선 본직을 면직시키라."(고종실록, 1905년 11월 17일 2번째 기사)

그나마 한규설은 윌러드 스트레이트의 편지 내용과 달리 3년 유배는 면했다.

이근명, 이상설의 상소

11월 19일은 일요일이었다. 이날 궁내부 특진관 이근명이 상소를 올렸다.

"신은 어제 정부가 조약을 체결한 일에 대해 너무나 놀랍고 의심스러워 줄곧 근심을 금할 수 없습니다. 이 일이 얼마나 중대한 문제입니까? 조정에 물어서 협의하여 타당하게 처리하여야 할 것이었으나, 바로 한밤중에 대궐에서 그 누가 알까 두려워하면서 부랴부랴 회의를 열어 이렇듯 체결하여 일을 크게 그르쳤습니다. 이것은 지금 모든 사람들의 울분을 터뜨렸을 뿐 아니라 실로 천하의 영원한 죄인으로 되었으며 또 국법으로 볼 때 도저히 용납할 수 없는 것입니다.

황상(皇上)께서는 빨리 처분을 내려 그날 회의한 모든 대신(大臣)들을 모두 법에 따라 처벌하심으로써 온 나라의 한결같은 울분을 풀어 주소서."

이에 고종은 널리 양해하라고 비답하였다.(고종실록, 1905년 11월 19일)

이것이 바로 고종의 이중성이었다. 고종은 조약 체결에 반대한 총리대신 한규설을 면직시키고서, 11월 18일에 사직상소를 올린 법부대신 이하영과 농상공부대신 권중현의 사직상소는 반려한 상태였다.

한편 1905년 11월 1일에 의정부 회의 실무를 총괄하는 의정부 참찬에 임명된 이상설(1870~1917)은 11월 18일 오전 2시에 참정대신 한규설이 풀려나자 참정대신과 손을 맞잡고 통곡하면서 망국을 슬퍼했다. 즉시 그는 사직 상소를 올렸다.

11월 19일에 이상설은 고종의 비준 절차가 끝나지 않았음을 알고 다시 상소를 올렸다.

"엎드려 아뢰옵나이다. 신이 어제 새벽 정부에서 일본과 약관을 체결하여 마침 조인까지 했다는 소식을 듣고 이르기를 천하 대사를 다시 어찌할 수 없구나 하고 사저로 돌아와 다만 슬피 울고 힘써 자정(自靖)하기를 도모하고자 상소 진정하여 면직을 바랐습니다.

이제 듣자오니 그 약관이 아직 주준(奏准)을 거치지 아니하였다 하니 신의 마음에 위행(慰幸)이 가득하고, 국가를 위해 계책을 아직 세워볼 만하다고 기뻐하였습니다.

대제 약관이란 인준해도 나라는 망하고 인준을 하지 않아도 나라는 또한 망합니다. 이래도 망하고 저래도 망할 바에야 차라리 '사직을 위해 죽는다.'는 뜻을 결정하여 단연코 거부하여 역대 조종이 폐하에게 맡기신 무거운 임무를 저버리지 않는 것이 낫지 않겠습니까?

… 폐하께서 만약 신의 말이 그르다고 여기시거든 곧 신을 베어서 여러 도적에게 사과하시고, 신의 말이 옳다고 여기시거든 곧 여러 도적을 베어서 국민에게 사과하소서. 신의 말은 이뿐이오니 다시 더 말할 바를 모르겠나이다."(박민영 지음, 이상설 평전, 2020, pp.78~79)

이상설은 고종에게 노골적으로 분사(憤死)하라고 상소하였다. 조약을 인준해도 나라는 망하고 인준을 아니하여도 나라는 또한 망하니, 이럴 바에는 황제가 차라리 죽음을 택하여 저항하라고 주청했다. 이처럼 신하가 임금에게 사직을 위해 죽으라는 상소는 우리 역사상 전무후무한 일이었다.

이러자 11월 24일에 「대한매일신보」는 '이상설의 상소문'을 신문에 게재하고 '자고로 난세를 당하여 직신(直臣)의 간언은 있었지만 막중한 군부의 죽음을 끊는 순사직(殉社稷)을 간한 신하는 이상설에게만 있었던 충언'이라고 극찬하였다.

나중에 이상설은 1907년 헤이그 특사 대표로 부대표인 이준, 이위종과 함께 네델란드 헤이그에서 을사늑약 무효를 전 세계에 알렸다.

장지연의 '시일야방성대곡'

11월 20일 월요일 새벽에 「황성신문」이 경성 곳곳에 배포되었다. 신문에는 주필이자 사장인 장지연(1864~1921)이 쓴 사설 '오늘이 목 놓아 통곡할 날이요!(시일야방성대곡 是日也放聲大哭)'와 '5조약 체결 전말'이 함께 실렸다.

먼저 '시일야방성대곡' 사설을 읽어보자.

> "지난번 이토 히로부미 후작이 내한 했을 때 어리석은 우리 인민들은 서로 말하기를, '후작은 평소 동양 삼국의 정족(鼎足) 안녕을 자임하여 주선하던 사람인지라. 오늘 내한함이 필경은 우리나라의 독립을공고히 할 방책을 권고키 위한 것이리라.'하여 인천항에서 서울에 이르기까지 관민상하가 환영하여 마지않았다.
>
> 그러나 천하 일은 헤아릴 수 없는 것이 많도다. 천만 뜻밖에 5조약이 어찌하여 제출되었는가. 이 조약은 비단 우리 한국뿐만 아니라 동양 삼국이 분열을 빚어낼 조짐인즉, 그렇다면 이등 후작의 본뜻이 어디에 있었던가?
>
> 그러나 우리 황제 폐하께서는 강경하신 뜻으로 거절하였으니, 이 조약이 불성립함은 이토 후작 스스로 잘 알고 있었을 것이다.
>
> 오호라, 슬프도다! 저 개돼지만도 못한 소위 정부 대신이란 자들은 자기 일신의 영달과 이익이나 바라면서, 거짓 위협에 겁먹고 머뭇대거나 벌벌 떨면서

나라를 팔아먹는 도적이 되기를 감수하였다.

아, 4천 년의 강토와 5백 년의 종묘사직을 남의 나라에게 바치고, 2천만 생령을 남의 노예로 만들었으니, 저 개돼지보다 못한 외부대신 박제순과 각 대신들이야 심하게 꾸짖을 것도 없지만, 명색이 참정(參政) 대신이란 자는 정부의 우두머리임에도 단지 '부(否)'자로 책임을 면하여 명예를 구하는 밑천으로 삼으려 했더란 말이냐.

김상헌처럼 통곡하며 문서를 찢지도 못했고, 정온처럼 할복하지도 못해 그저 살아남고자 했으니 그 무슨 면목으로 강경하신 황제 폐하를 뵈올 것이며 그 무슨 면목으로 2천만 동포와 얼굴을 맞댈 것인가.

아! 원통한지고, 아! 분한지고. 우리 2천만 동포여, 노예 된 동포여! 살았는가, 죽었는가. 단군, 기자 이래 4천년 국민정신이 하룻밤 사이에 홀연 망하여 멸어 버렸는가. 아! 원통하고 원통하도다. 동포여! 동포여!"

당초에 「황성신문」은 일본의 사전 검열로 발행될 수 없는 상황이었다. 1904년에 러일전쟁이 일어나자 일본군 사령부는 군사와 관계가 있다는 핑계로 검열을 시작했다. 그 후 마루야마가 경무고문이 되자 일본 경찰 한 명을 전속 검열관으로 배치했으며, 조금이라도 일본인의 비위를 거스리면 금지시켰다. 을사조약은 보도 자체를 금지시켰다.

그런데 「황성신문」 사장 장지연은 나라의 존망에 관계되는 중대한 조약이 체결되었음에도 사실을 보도하지 않으면 교활한 일본인이 조약을 만장일치로 동의한 것으로 천하를 기만할 것이라면서, 죽을지언정 묵인할 수 없다면서 직접 사설을 썼다. 신문은 평소의 발행 부수 3,000부를 1만부로 늘려 인쇄했고, 배달부로 하여금 각 가정과 기관에 빠짐없이 배달시키고 자신들은 밤새 술을 마시며 경찰의 체포를 기다렸다.(박은식 지음 · 김승일 옮김, 한국통사, 범우사, pp.329~331)

20일 아침에 일본 경찰은 신문사를 급습해 곧바로 신문 회수 작업에 나섰다. 발행된 1만부 중 서울에서 800부를 회수하고, 지방으로 보낼 2,288부를 압수했다.

또 일본 경찰은 「황성신문」이 경무청 검열도 받지 않고 신문을 발행한 것을 문제 삼아 장지연 등 10여 명을 체포하고 「황성신문」을 무기 정간하였다. 장지연은 3개월간 투옥되었다가 풀려났고, 신문은 1906년 2월에야 속간될 수 있었다.

한편 해가 뜨자마자 「황성신문」을 본 시민들은 울분과 허탈에 쌓였다. 대한제국이 하루아침에 외교권을 빼앗긴 일본의 보호국 신세가 되었기 때문이다.

이날 경성의 번화가 종로의 풍경은 을씨년스러웠다.

“맵게 몰아치는 11월 하순의 음산한 찬바람이 옷자락을 마구 흔드는데, 여러 사람들에게 둘러싸여 큰 소리로 신문을 읽던 중년 선비가 방금 읽은 「황성신문」을 손아귀에 움켜쥐고 외쳤다. ‘그렇소! 오늘이야말로 목을 놓아 울 때요! 참으로 목 놓아 크게 울어야 할 때요! 그러나 운다고 무엇이 달라지겠소! 나는 결코 울지않으리다!’ … 무리 속에 있는 장년의 사내가 크게 대꾸했다. ‘그렇지요! 울어서 국사(國事)가 바로 잡힌다면야 오늘 우리 국민 그 누가 방성대곡을 아끼겠소.’ 그런데 말은 그리하고 있지만 그들의 눈에서는 뜨거운 눈물이 줄줄 흘러내렸다.”(송우혜, 스스로 운명 개척 못 한 대한제국, 조선일보, 2004. 10. 20 : 강준만 지음, 한국 근대사 산책 4, p.172에서 재인용)

우군 하나 없는 대한제국

11월 21일에 「대한매일신보(大韓每日申報)」는 1면에 '황성의무(皇城義務)'란 논설을 실었다.

"어제 황성신문 기자가 일한신조약(日韓新條約)에 대하여 한황 폐하께서 이토 대사의 강청(强請)을 정대하고 명확하게 배척하고 거절하신 칙어와 다수의 일본 병사가 궁궐에 난입하여 용탑(龍榻 임금이 앉고 눕는 침상)에 지척까지 다가와서 위협과 협박을 보인 행동과 이토대사가 참정대신(한규설)에게 공갈도 하고, 유세도 하는 등의 여러 가지 강압수단과 한참정이 그 조약에 날인을 하지 않은 일과 각 대신이 군부(君父)를 속이고 저버리면서 국권을 상실한 죄를 사실에 입각하여 곧게 썼다.

또 해당 조약이 황상 폐하께서 윤허하지 않으신 일이고, 참정대신이 날인하지 않은 것이니 반드시 무효하다는 설도 게재하고 해당 신문사 기자는 이 신문을 발포하면, 반드시 닥칠 상황을 미리 예측하고서 일본의 검사도 받지 않고, 아침 일찍 전파하고는 앉아서 변을 기다렸다. 과연 일본 순사들이 와서 사장 장지연을 잡아가고 해당 신문을 정간시켰다. 오호라! 황성 기자는 단지 해당 신문사의 의무를 잃지 않았을 뿐만 아니라, 실로 대한 전국 사회 신민(臣民)의 대표가 되어 광명 정직한 의리를 세계에 발현(發顯)하리로다. 방성대곡(放聲大哭)이라는 논설 한편에 이르러서는 모든 대한 신민이 된자가 통곡하지 않을 수 없거니와, 세계 각국의 모든 공평한 마음과 정의를 가진 자는 모두 마땅히 그를 위해 분개하고 애통해하리니 오호라, 황성 기자의 붓은 가히 일월(日月) 그 빛을 다툴 것이로다."(기획 김홍식 · 해설 김성희 · 편집 김영선, 1면으로 보는 근현대사, 서해문집, 2009, pp.30~31)

이어서 「대한매일신보」는 11월 27일에는 호외를 발행해서 1면에는 '한일신조약청체전말(韓日新條約請締顚末)'이라는 제목의 기사로 을사늑약의 강제 체결과정을 상세히 보도했고, 2면에는 '시일야방성대곡'을 영문으로 옮겨 실었다.

「대한매일신보」는 1904년 2월에 일어난 러일전쟁을 취재하기 위해 영국 런던 데일리뉴스의 특파원으로 한국에 왔던 영국인 배설(裵說, Ernest Thomas Bethell)이 양기탁 등 민족진영 인사들의 도움을 받아 7월 18일에 창간하였는데 주필에는 박은식이 활약하였다.

그리하여 영국인이 발행인인 「대한매일신보」는 일본 헌병사령부의 검열을 받지 않고 이런 기사를 과감히 실었다.

당시에 경성에는 장지연이 '시일야방성대곡' 사설에서 언급한 '개돼지만도 못한 놈'이란 욕이 널리 유행했다.

한편 일본인이 경영하던 「대한일보」는 이를 경거망동이라 했고, 「제국신문」은 '한 때의 분함을 참으면 백년 화근을 면하리라.'는 논설을 실었다. 언론도 언론 나름이라는 말은 옛날부터 그랬던 모양이다.

여기에서 을사늑약과 관련한 해외 언론 기사를 살펴보자.

11월 20자 영국의 「더 타임즈」는 '일본과 한국, 협약에 이르다.' 제하로 한국의 일본의 협약과정을 보도하면서, '한국은 앞으로 극동 지역의 태풍의 눈에서 벗어나 발전의 시대로 진입할 것'이라고 전망했다. 영국은 1902년과 1905년에 일본과 2차에 걸친 영일 동맹을 체결한 동맹국으로서 러시아를 물리쳐준 일본에 매우 우호적이었다.

반면에 11월 22일 자 미국의 「뉴욕타임즈」는 '사라지는 한국' 제하의 기사에서 '장차 대한제국의 황제는 영국 통치 아래의 인도 국왕의 지위로 전락할 것'이라고 보았다. 이와 함께 '일본이 한국을 지배하는데 걸림돌은 청나라나 러시아가 아니라 한국 내부'라고 보았다.

전반적으로 영국, 미국 등 열강들이 일본의 한국에서의 권리를 인정하는 입장이어서, 외국 신문들도 일본에 동조하거나 방관적인 입장이었다. 한마디로 대한제국은 우군 하나 없는 사면초가였다.

민영환의 자결

11월 28일에 시종부 무관장(侍從府 武官長) 민영환 등이 을사늑약을 맺은 대신들을 처벌하라고 상소하였다.

“신들이 두 재상의 뒤를 따라 속히 역적들을 처단하고 강제 조약을 돌려보내는 일로 여러 번 호소하였지만 아직 유음(兪音)을 받지 못하였습니다. … 삼가 폐하께서는 빨리 처분을 내려 매국 역적들을 처단하고, 강직하고 충성스런 신하를 외부대신으로 임명하여 성명을 내고 회동하여 담판하게 하소서. 그래야 강제 체결된 조약이 폐지되고 나라가 보존될 것입니다.”

이러자 고종이 비답하였다.

“이미 여러 번 칙유하였으니 이해해야 할 것인데 왜 이렇게까지 번거롭게 구는가? 속히 물러가라.”(고종실록, 1905년 11월 28일 3번째 기사)

하지만 민영환 등은 다시 상소하였다.

“ … 이 소청은 우리 조정에서 우리 법을 시행하여 처단해야 할 자를 처단하고, 사무를 주관할 대신을 골라 임명해서 조약을 폐지하기 위한 방도를 도모하는 것입니다. 그런데도 허락하지 않으신다면 나라는 존재해도 망한 것과 같습니다. 삼가 바라건대 살펴 시행하소서.”

그런데 고종은 “이미 거듭 타일렀는데도 이렇게구니, 이는 서로 믿는

마음이 없는 것이다."라고 비답했다.(고종실록, 1905년 11월 28일 4번째 기사)

이틀 후인 11월 30일 아침 6시에 민영환(1861~1905)이 자결했다. 45세였다. 11월 29일에 평리원에서 처벌을 기다리다가 석방된 민영환은 다시 소를 올리기 위해 장소를 종로 백포점으로 옮기고 판서 민영규, 김종한, 남인철 등과 내일 다시 만날 것을 약속하고 헤어졌다.

이 날 오후에 민영환은 서대문 밖에 있는 본가에 가서 생모 서씨와 아내 박씨를 찾아 작별하였다. 그리고 전동 회화 나뭇골에 사는 옛 청지기인 의관(醫官) 이완식의 집(현재 인사동 공평빌딩 앞)을 찾았다.

이튿날 아침 6시경에 민영환은 평소 가지고 있던 작은 칼로 자신의 배와 목을 찔러 순절하였다. 처음에는 복부를 찔렀는데 칼이 작아 깊이 들어가지 않자, 손에 묻은 피를 벽과 의복에 여러 번 문질러 씻고 난 뒤에 다시 찔렀다. 이마저도 여의치 않자 목을 찔러 두 치 넓이의 구멍을 내어 유혈이 방안에 가득한 채 절명했다.

민영환의 소매 속에서는 명함 앞뒤로 쓴 유서 2통이 나왔는데 '국민에게 보내는 유서'와 '각국 공사에게 보내는 유서'였다. 이 유서는 1905년 12월 1일 자 「대한매일신보」에 실렸다.(이 명함은 고려대학교 박물관에 소장되어 있는데 대한민국 역사박물관에도 복사본이 전시되어 있다.)

그러면 민영환의 유서를 읽어보자.

먼저 '국민에게 보내는 유서'이다.

"오호라! 나라와 백성이 치욕이 이 지경에 이르렀으니, 우리 인민들은 곧 생존경쟁 속에서 진멸(殄滅)되어 갈 것입니다. 무릇 살기를 구하는 자는 반드시 죽고, 죽기를 기약하는 자는 사는 법이니, 제공(諸公)들이 어찌 이것을 모르겠습니까? 영환은 마침내 한 번 죽어 황상의 은혜에 우러러

보답하고, 또 우리 2천만 동포 형제들에게 사죄하고자 합니다. 이 영환은 죽어도 죽지 않습니다. 구천 아래에서 제군(諸君)들을 도울 것입니다.

다행히 우리 형제 동포들이 천만 배나 더 분발하여 지기(志氣)를 굳건히 하고 학문에 힘쓰며, 서로 죽을 힘을 다하기로 결심하여 우리의 자유와 독립을 회복한다면, 이렇게 죽는 사람도 마땅히 저승에서 기쁘게 웃을 수 있을 것입니다. 오호라! 조금도 실망하지 말기 바랍니다. 그럼 이것으로 우리 대한제국 2천만 동포에게 고별인사를 올립니다."

이어서 '각국 공사에게 보내는 유서'이다.

"영환은 직분을 다하지 못하여 나라가 이 지경이 되었으므로 죽음으로써 황은(皇恩)에 보답하고 또 2천만 동포에게 사죄하옵니다. 죽은 사람은 그만입니다만 지금 우리 2천만 인민들은 곧 생존경쟁 속에서 진멸되어 갈 것입니다. 귀 공사들이 어찌 일본의 행위를 모를 리 있겠습니까?

바라건대 귀 공사 각하는 다행히 천하의 공의(公議)를 중하게 여기시고, 이 사실을 귀 정부와 인민들에게 보고하여 우리 인민의 자유와 독립을 도와주신다면, 이렇게 죽는 사람도 마땅히 지하에서 기쁘게 웃으며 은혜에 감격할 것입니다. 아! 각하는 부디 우리 대한을 경시하거나 우리 인민의 뜨거운 마음을 오해하지 말기 바랍니다."

한편 고종은 민영환의 자결 소식을 듣고 조령을 내렸다.

"이 중신은 타고난 성품이 온후하고 의지와 기개가 바르며, 왕실의 근친으로서 곁에 가까이 있으면서 보좌한 것이 많았고 공적도 컸다. 짐이 일찍부터 곁에 두고 의지하며 도움받던 사람인데, 이 어려운 때에 강개하고 격렬해져 마침내 자결하였으니, 충성스럽고 의로운 넋은 해와 별을 꿰뚫을 만하다. 짐의 마음의 비통함이 어찌 다함이 있겠는가? … 예식원에서 정문(旌門)을 세우고 시호를 주는 은전을 시행하라.(후략)" (고종실록, 1905년 11월 30일)

게일 목사는 『전환기의 조선』에서 민영환의 자결을 이렇게 적었다.

“1905년 11월 17일 한밤중에 조선의 외교권이 일본에 이양된다는 내용의 을사조약이 체결되었다. 이 소식을 접하자 민영환은 대한제국은 이제 멸망했으며, 자신은 자결하겠노라고 결심했다. 그는 몇 통의 유서를 남긴 뒤 무디고 짤막한 은장도로 스스로 목숨을 끊었다. 그의 이름 주위에 크게 쓰인 ‘자기의 조국을 위해 죽는다는 것이 얼마나 기쁘고 훌륭한 일인가’라는 문장을 조선은 되새겨야 할 것이다.”

조병세, 이상철과 김봉학 · 홍만식의 자결

민영환이 자결한 다음 날인 12월 1일에 특진관 조병세가 약을 먹고 순국했다. 향년 79세였다.

조병세는 가평 시골집에 추방되었으나 11월 30일 다시 상경하여 12월 1일에 심순택, 이근명과 함께 을사늑약을 맺은 대신들을 처벌하라고 상소하였다.

"삼가 비지(批旨)를 받아보니, '이렇게 번거롭게 반복하는 것은 서로 면려하고 수성(修省)하는 것만 못하니 힘쓸 것은 자강에 있다.'고 하시고, 집으로 돌아가라고 명하셨습니다. … 신들이 집에 물러가 있다 해도 근심에 휩싸여 통탄의 눈물을 흘릴 따름이며 문을 닫고 자결할 따름입니다. 삼가 바라건대 오늘 즉시 칙지를 내려 역적을 치소서. 삼가 서둘러 시행하소서."

이러자 고종이 비답하였다.

"공연히 번거롭게 할 필요는 없다. 경들은 그리 알고 집으로 돌아가라."

조병세는 가마에 태워 강제 추방되자 가마 안에서 음독하여 조카 조민희의 집에 당도하자 죽었다.

조병세가 순절했다는 소식을 듣고 고종이 조령을 내렸다.

"짐은 큰집을 버텨주는 기둥과 대들보처럼 의지했었고 이 어려운 때에

직면하여서는 더욱 마음을 의탁했었는데 갑자기 이처럼 부고가 이르렀다. 굳은 충성심을 가지고 나라를 위해 목숨을 바친 충정은 후세에 빛날 것이지만 짐의 슬픈 심정을 어찌 다 말할 수 있겠는가?

궁내부에서 1등급의 예장(禮葬)을 기준으로 지급하여 겸장례(兼掌禮)를 보내 호상(護喪)하게 하라. 정문을 세우고 시호를 의논하도록 하라.(후략)"(고종실록, 1905년 12월 1일 3번째 기사)

이어서 고종은 조병세에게 충정(忠正)이라는 시호를 내렸다.

12월 4일에는 학부 주사 이상철과 상등병 김봉학이 자결했다.

서울 계동(桂洞)에서 인력거를 끄는 인부도 목을 매어 자결하였다. 그는 옛날에 민영환의 사랑채에서 살다가 계동으로 이사하여 인력거를 끌며 생활하고 있었는데, 이때 민영환이 순절하였다는 말을 듣고 통곡을 하며 집으로 돌아갔다. 그는 하루 종일 울고 있다가 인력거를 차주(車主)인 김삼령의 집에 가져다주고 다시는 돌아오지 않았다. 이에 가족들은 아침 일찍 일어나서 그가 간 종적을 추적하였는데, 이미 그는 경우궁 뒷산의 소나무 가지에 목을 매어 자결하였다. 그의 시신은 이미 얼어 있었다.(국사편찬위원회, 한국사 데이터베이스, 국역 매천야록 제4권(1905년), 6. 인력거 인부의 순사)

이어서 12월 14일에 전 찬정 홍만식이 을사늑약이 체결된 데 분개하여 약을 먹고 죽었다.

주한 외국 공사관과 재외공관 철수

11월 17일에 을사늑약이 체결되자 서울에 주재하던 외국 공사관은 하나 둘 철수하기 시작했다. 가장 먼저 철수한 곳은 미국공사관이었다.

11월 24일 미국 국무부로부터 철수 통고를 받는 주한미국공사관은 11월 28일에 한국을 떠났다. 알렌 후임으로 1905년 3월 말에 임명된 미국 공사 모건은 을사늑약이 체결되자 일본 공사 하야시와 축배를 들었는데 철수 시 고별인사 한마디 없이 떠났다.

주한미국공사관은 1882년에서 개관하여 23년 6개월 만에 철수했다. 미국 부영사 스트레이트는 이 모습을 '난파선에서 뛰어내리는 쥐 떼들'이라고 표현했다.

이후 영국 · 독일 · 프랑스 · 청나라 등 다른 공사관들도 줄지어 서울을 떠났다. 외교권을 잃은 대한제국은 이렇게 무너졌다.

한편 12월 14일에 의정부 의정대신 임시서리 외부대신 임시서리 학부대신 이완용이 아뢰었다.(학부대신 이완용은 12월 8일에 의정부 의정 대신 임시 서리로 임명되었고, 12월 13일에는 외부대신 임시서리로 임명되어 벼슬이 3개나 되었다.)

"11월 17일에 한일협상조약이 이미 성립되었으니, 각국에 주재하고 있는 우리나라 공사(公使)들을 모두 즉시 소환한다는 내용으로 신칙(申飭)하는 것이 어떻겠습니까?"

이러자 고종이 윤허하였다.(고종실록, 1905년 12월 14일 4번째 기사)

을사늑약이 무효라고 생각한 고종이 재외공관의 철수를 윤허한 것이다. 참으로 고종은 이중적이었다.

당시 한국과 국교를 맺고 있던 나라는 모두 11개국이었고, 이중 공사를 파견한 나라는 일본, 미국, 영국, 독일, 러시아, 프랑스, 청나라등 7개국이었다. 그런데 러시아 공사관은 이미 폐쇄되었고, 일본도 철수했다.

이 날 주한일본공사관은 '한국의 재외공관(在外公館) 철수에 따른 한국 외부(外部)의 현지 대책 요구에 대한 훈령 건'을 일본 외무성에 보고했다.

문서번호 : 왕전(往電) 제514호
발신일 : 1905년 12월 14일 오후 8시 30분
발신자 : 하야시 공사
수신자 : 계(桂) 외무대신

한국 정부는 오늘 외부대신 대리 이완용의 이름으로써 재독일, 프랑스, 미국, 청나라의 각 주차공사에게 일한협약(日韓協約)의 결과로서 철수를 명하여 그 기록과 관유재산을 일본공사의 보관으로 옮기고 그리고 봉급과 여비 등은 일본공사를 거쳐서 신청할 것을 훈령했음.

또 뉴욕, 런던 및 중국 치푸의 각 총영사에게도 동시에 기록 및 관유재산을 일본 영사의 보관으로 옮길 것과 경비의 지불을 요하는 것이 있으면 일본 영사를 거쳐서 신청할 것을 훈령했음.

[별지 7]

문서 제목 : 베를린주재 한국공사관에 발신한 전문

일본과 맺은 조약 조항에 따라 독일 정부에 베를린주재 제국정부 공사관의 철수를 공식적으로 통보했으므로 귀하는 즉시 제국정부

공사관의 공문서와 재산을 일본 공사관의 관리로 이관하고 정식으로 떠날 것을 훈령함. 귀하가 곧 귀하 자신과 직원들의 여행경비에 필요한 금액을 일본 공사관을 통해 제국정부에 알려주면 그 금액은 이미 당연히 지출될 봉급 및 각종 수당과 함께 동일 경로를 통해 귀하에게 전신환으로 송금될 것임.(국사편찬위원회, 한국사 데이터베이스, 주한일본공사관기록 통감부 문서, 주한일본공사관 기록 24권, 보호조약 1-3, (200) [한국의 재외공관 철수에 따른 한국 외부(外部)의 현지 대책 요구에 대한 훈령 건])

이렇게 대한제국은 식물 국가가 되고 말았다. 그런데 해외 주재 외교관들은 곧바로 귀국하지 않고 해외 망명객이 되어 고종의 밀사로 나서기도 했다. 주프랑스 공사 민영찬은 고종의 밀명으로 도미하여 1905년 12월 11일에 미 국무장관 루트를 면담했지만 미국의 협조를 끌어내지 못했다. 이후 민영찬은 상하이로 망명했다. 주독일 공사 민철훈도 상하이로 망명하여 민영찬과 함께 프랑스 조계지에 머물렀다.

미국에 간 고종의 밀사 헐버트

1905년 10월 2일에 앨리스 일행이 부산에서 일본으로 떠난 후 고종은 민영환을 비롯한 몇몇 대신들과 비공식 모임을 열었다. 이 모임에선 1882년 5월 22일에 체결된 한미수호통상조약 제1관의 '거중조정' 조항 즉 "만약 조약국의 어느 한쪽이 제3국으로부터 침략을 받을 경우 다른 한 국가는 원만한 타결을 가져오도록 주선을 다함으로써 우의를 표시하여야 한다."는 조항이 집중적으로 논의되었다. 아울러 대한제국이 일본의 압박에서 벗어날 유일한 길은 미국 루스벨트 대통령의 협력을 얻는 것뿐이라는 결론을 내리고, 고종 황제의 친서를 미국 대통령에게 전달하기로 했다.

고종은 루스벨트 대통령에게 한국의 현실을 직시하여 도와달라는 간절한 친서를 썼다. 밀사는 선교사 헐버트를 선임했다. 헐버트는 고종의 친서가 도중에 일본인들에게 탈취당할 것을 우려하여 주한미국공사관의 파우치 편으로 워싱턴에 보냈다.

11월 12일에 고종은 주한미국 공사 모건에게 루스벨트 대통령 앞으로 친서를 전달해주도록 부탁했으나 모건은 거절했다.

한편 고종의 밀사 헐버트가 하와이, 샌프란시스코, 시카고를 거쳐 워싱턴에 도착한 날은 을사늑약이 체결된 직후인 11월 18일이었다.

루스벨트 대통령은 헐버트에게 외교 사항이므로 국무부에 가라면서 접견을 거부하였다. 국무장관 루트는 바쁘다는 핑계로 하루하루 면담을 미루다가, 주한미국공사관 철수를 훈령하고 난 다음 날인 11월 25일에 헐버트를 만났다. 루트는 헐버트에게 매우 냉랭했다.

상원의원들도 마찬가지였다. 헐버트가 한국의 사태를 설명하자, 그들은 "당신은 우리가 어떻게 하기를 기대하는가? 미국이 대한제국 문제로 일본과 전쟁을 일으키는 것을 옳다고 생각하느냐?"고 오히려 반문했다.

11월 26일에 헐버트는 고종 황제로부터 전문을 받았다.

"짐은 총검의 위협과 강요 아래 최근에 한·일 양국 간에 체결된 이른바 보호조약이 무효임을 선언함. 짐은 이 조약에 동의하지 않았으며 앞으로도 결코 동의하지 아니할 것임. 이 뜻을 미국 정부에 전달하기 바람. 대한제국 황제"

며칠 후 헐버트는 고종의 전문을 가지고 국무장관 루트를 만나 설득했다. 하지만 루트는 '미국으로선 할 일이 없다'고 잘라 말했다. 하기야 서울의 미국공사관은 이미 11월 28일에 철수한 뒤였다.

미국 부영사 스트레이트는 미국공사관 철수를 "난파선에서 뛰어내리는 쥐 떼들처럼 뛰쳐나갔다."고 AP 기자 출신답게 적었다.

한편 고종은 헐버트를 파견한 직후에 또 다시 민영환의 친동생인 주프랑스 공사 민영찬을 미국에 급파했다. 민영찬은 12월 11일에 루트를 만나 고종의 뜻을 전했다. 그러나 12월 16일에 주미한국 공사관 대리공사 김윤정은 외부대신 임시서리 이완용으로부터 주미한국공사관의 문서 및 재산을 일본공사관으로 넘기라는 훈령을 받았다는 사실을 루트에게 통보함으로써 대미 밀사의 모든 교섭은 끝나고 말았다.

루트는 12월 19일에야 민영찬에게 회답했는데 '주한미국공사관이 일본공사관에 이양되었다'고 통보했다.

나중에 헐버트는 저서 『대한제국 멸망사(1906년)』에서 을사늑약의 풍경을 이렇게 적었다.

“심지어 전 국민들이 일본의 강압적인 태도에 치를 떨고, 민영환 같은 조선의 몇몇 관리들은 자살로써 망국의 설움을 맞으려 하는 동안에 조선 주차 미국공사 모건은 서울에서 한민족의 멸망을 초래한 일본인들과 함께 축배를 들고 있었다. …

민영환은 한국의 독립을 찬탈하는 강제 행위를 저지시키려고 갖은 애를 다 쓰다가 결국 스스로 목숨을 끊었다. … 그는 역사의 증언으로 오래도록 남을 것이다. ‘조국을 위해 죽는 일보다 더 기꺼운 일은 없다.’라는 말이 진리라는 것은 한국이나 어느 나라를 막론하고 다 마찬가지이다.”

이완용 등 을사오적의 변명 상소

1905년 12월 16일에 을사오적 즉 학부대신 이완용, 참정대신 박제순, 내부대신 이지용, 농상공부 대신 권중현, 군부 대신 이근택이 장문의 변명 상소를 올렸다.

상소문을 읽어보자.

"신들이 성조(聖朝)에 죄를 짓고 공손히 천토(天討)를 기다린 날도 여러 날이 되었는데, 신들이 버젓이 의정부에 있는 것은 염치가 없기 때문이 아닙니다. 시국(時局)을 보건대 어찌할 수 없어서입니다."

이들은 조약 체결에 반대 한 번 제대로 안 했으면서, 시국을 보건대 어쩔 수 없었다고 변명하다니 참으로 파렴치하다.

이어서 을사오적은 상소를 올린 민영환, 조병세, 이상설등이 조약의 주지(主旨)를 전혀 이해하지 못하는 어리석은 사람이라고 하면서, 그들이 올린 상소는 흐리멍덩하게 하는 말이라고 싸잡아 비판한다. 그렇다면 민영환, 조병세 등의 순국은 개죽음이었단 말인가?

"새 조약의 주지(主旨)로 말하면, 독립(獨立)이라는 칭호가 바뀌지 않았고 제국이라는 명칭도 그대로이며 종사(宗社)는 안전하고 황실은 존엄한데,

> 다만 외교에 대한 한 가지 문제만 잠깐 이웃 나라에 맡겼으니 우리나라가 부강해지면 도로 찾을 날이 있을 것입니다."

외교권은 잠시 일본에 맡겼으니, 나라가 부강해지면 도로 찾을 날이 있을 것이라는 상소는 궤변중 궤변이다. 외교권이 전당포에 잠깐 잡혔다가 돈 생기면 도로 찾는 물건이란 말인가? 1905년에 외교권을 빼앗긴 대한제국은 1907년에 군대 해산, 1909년 사법권 상실, 1910년에는 일제에 강점되었다.

상소는 이어진다.

> "더구나 이것은 오늘 처음으로 이루어진 조약이 아닙니다. 그 원인은 지난해(1904년)에 이루어진 의정서와 협정서에 있고 이번 것은 다만 성취된 결과일 뿐입니다.
> 가령 국내에 진실로 저 무리들처럼 충성스럽고 정의로운 마음을 가진 자들이 있다면 마땅히 그때에 쟁집(爭執)했어야 했고 쟁집해도 안 되면 들고 일어났어야 했으며, 들고 일어나도 안 되면 죽어버렸어야 했을 것인데 일찍이 이런 의거를 한 자를 한 사람도 보지 못하였습니다.
> 어찌하여 중대한 문제가 이미 결판난 오늘날에 와서 어떻게 갑자기 후회하면서 스스로 새 조약을 파기하고 옛날의 권리를 만회하겠다고 할 수 있단 말입니까?"

을사오적은 또 궤변을 늘어놓는다. 을사늑약은 1904년 2월 23일의 한일의정서와 8월의 한일신협약의 연장선일 뿐이라는 것이다. 그러면서 그때 쟁집한 사람, 의거한 사람 한 사람도 보지 못했다고 강변한다.

하지만 1904년 2월 23일 한일의정서 체결과정을 살펴보면 을사오적의 주장은 최악의 궤변이고, 가짜 뉴스의 극치이다.

이지용 등은 이용익 등 황제 측근 세력의 반대를 무마하기 위해 로비 자금 1만 원(지금으로 환산하면 13억 원 정도)이 필요하다고 일본 측에 요구하여 돈까지 받았다.

그런데 이용익은 2월 22일에도 외부대신 이지용을 찾아가 만일 일본과 조약을 체결하면 대역죄인으로 처분받을 것이라고 엄포를 놓았다. 이지용은 후환이 두려워 조인을 거부하고 싶었지만, 그럴 경우 일본 측으로부터 받은 로비 자금이 문제가 될 판이었다.

이러자 일본은 2월 22일에 이용익을 전격 납치하여 일본으로 압송했고 육군참장 이학균 그리고 육군참령 현상건 등을 연금했다.

그럼에도 이지용은 2월 23일에 아침 서울 밖으로 도주하려는 계획을 세웠다. 이를 미리 안 하야시 공사는 이를 막고 12시에 전문 6조의 '한일의정서' 조인에 성공했다.(서영희 지음, 일제침략과 대한제국의 종말, 역사비평사, 2012, pp.29~36)

이어서 이완용 등은 '조약 체결의 전말'에 대하여 자세히 상소한다.

16일 손탁호텔에서의 이토와 대화, 17일 오전 일본 대사관에서 일본 대사와 연석회의, 그리고 오후 수옥헌에서의 고종과 대신들의 회의를 자세히 적었다. 여기에서 고종과 대신들의 회의 내용을 살펴보자.

이어서 을사오적은 이토 주관 회의를 상세히 아뢴다.

"조금 뒤에 이토 히로부미 대사가 군사령관 하세가와와 함께 급히 도착하였고, 헌병 사령관과 군사령부 부관(副官)이 뒤따라왔습니다. 일본 공사가 대사에게 전후 사연을 자세히 이야기하니 대사가 궁내부 대신 이재극에게 폐하의

접견을 주청한다는 것을 전해 주도록 여러 번이나 계속 요구하였습니다.
이재극이 돌아와서 '짐이 이미 각 대신에게 협상하여 잘 처리할 것을 허락하였고, 또 짐이 지금 목구멍에 탈이 생겨 접견할 수 없으니 모쪼록 잘 협상하라.'는 성지(聖旨)를 전하였습니다. 이재극은 참정대신 이하 각 대신에게도 성지를 널리 퍼뜨렸습니다."

고종이 대신들에게 협상하여 잘 처리하라는 성지는 무엇을 의미하는가? 조약 협상 권한을 완전히 위임한 것인가? 이 부분은 나중에 을사늑약 무효 논쟁과 관련하여 두고두고 문제가 되었다.

상소는 이어진다. 이토가 사회를 보면서 찬반을 묻는 진풍경을 자세히 설명한다. 이토는 참정대신 한규설은 반대, 외부대신은 찬성, 탁지부대신 민영기는 반대라고 정리하였다. 그런데 이완용이 찬성발언을 한 뒤에 대신들은 찬성으로 돌아섰다.

이완용의 발언을 읽어보자.

"이번 일본의 요구는 대세 상 부득이한 것이다. 종전에 우리 외교의 변화가 심했던 탓으로 일본은 두 차례나 큰 전쟁을 치렀다. 일본은 더 이상 동양 평화를 위태롭게 할 수 없어 이번 요구를 제기한 것이다. 일본은 이번에는 반드시 목적을 관철하려고 할 것이다.
국력이 약한 우리가 일본의 요구를 거절할 수 없을진대 원만히 타협하여 일본의 제의를 수용하고 우리의 요구도 제기하여 관철하는 것이 좋다. 자구(字句) 등은 다소 수정할 여지가 있는 것 같다."

이토는 벌떡 일어나면서 "조약 중에 고칠 만한 곳은 고치면 되니, 과연 당신은 완전 찬성이요."라고 크게 만족했다.

이어서 권중현 · 이근택 · 이지용은 대체로 학부대신과 같은 뜻이라고 말하여 이토는 찬성으로 정리했다.(윤덕한 지음, 이완용 평전, 2012, pp.218~219)

이윽고 이토는 궁내부 대신 이재극에게 대신 8명 중 반대한다고 확실히 말한 사람은 오직 참정대신과 탁지부 대신 뿐이라면서, 주무대신에게 성지를 내리시어 속히 조인(調印)하기 바란다고 말했다.

을사오적은 상소를 이어갔다.

> "한참있다가 이재극이 돌아와서 고종의 칙령을 전하였습니다.
> '협상 문제에 관계된다면 지리하고 번거롭게 할 필요가 없다. 또 법부대신 이하영은 약관 중에 첨삭할 곳은 일본 대사, 공사와 교섭해서 바르게 되도록 하는 것이 좋겠다'
>
> 이러자 각 대신 중 오직 한규설과 박제순이 가만히 있었고 나머지 대신들은 모두 자구(字句)를 첨삭하는 자리에 있었습니다. … 이토 대사가 직접 붓을 들고 신들이 말하는 대로 조약 초고를 개정하고 곧 폐하께 바쳐서 보고하도록 하여 모두 통촉을 받아 결국 조인에 이르렀던 것입니다. 이 자리에서의 사실은 단지 이것뿐입니다."

이렇게 이완용 등은 조약 체결과정을 상세하게 밝혔다. 자기변명이었다.

> 그런즉 신들이 때 어찌 감히 스스로 변명할 바가 있겠습니까? 그러나 탄핵하는 사람들이 이 조약의 이면을 따지지 않고 그날 밤의 사정도 모르면서 대뜸 신 등 5인(人)을 '나라를 팔아먹은 역적'이요, '나라를 그르친 역적'이라고 하는데 이는 크게 잘못된 것입니다. 만일 이 조약에 대한 죄를 정부에

> 돌린다면 8인 모두 책임이 있는 것이지 어찌 꼭 5인만이 그 죄를 져야 한단 말입니까?
>
> 한규설로 말하면 수석 대신이었습니다. … 그의 본심을 따져보면 다만 죄를 면하기 위해 스스로 도모한 것에 불과합니다. … 또 반대한다고 말한 대신들도 처음에는 반대한다고 말하였지만 끝내는 개정하는 일에 진력(盡力)하였으니, 신들과 별로 경중의 구별이 없습니다.
>
> 그런데 무슨 연유로 걸핏하면 5인만을 들어 실제가 없는 죄명을 씌어 신들로 하여금 천지간에 몸 둘 곳이 없게 하는 것입니까?

이완용 등 5인은 자신들만 역적이 된 것이 억울하다고 주장한다. 사실 날조라는 것이다.

상소는 마무리 단계이다.

> "무릇 위 일들은 폐하께서 환히 알기 때문에 관대히 용서하고 신들에게 죄를 더 주지 않았고, 파면시켜 줄 것을 아뢸 때에는 사임하지 말라고 권했고, 스스로 인책할 때에는 인책하지 말라고 칙유하셨습니다."

그랬다. 고종은 참정대신 한규설을 면직시켰지만, 법부대신 이하영과 농상공부대신 권중현의 사직 상소는 반려했다. 11월 22일에 고종은 외부대신 박제순에게 임시로 의정부 의정대신의 사무 서리(署理)러 임명하였고, 11월 28일에는 의정부 참정대신으로 승진시켰다. 12월 8일에 고종은 학부대신 이완용에게 의정부 의정 대신 서리를 명하였고, 12월 13일에는 외부대신 사무 서리로 임명했다. 이게 고종의 이중성이다. 문책해야 할 을사조약 책임자를 중용하다니.

상소는 이렇게 끝난다.

"이는 진실로 신들의 몸이 진토가 되어도 기어이 보답하여야 할 기회이건만 저 무리들은 폐하께서 어떤 뜻을 지니고 있는지도 모르고 날로 더욱 떠들어대면서 치안에 해를 주고, 정령(政令)이 지체된다는 것도 아랑곳하지 않으니 이것은 진실로 무슨 심보입니까?
삼가 바라건대, 폐하께서는 나라의 체통을 깊이 진념하시고 속히 법사(法司)의 신하에게 엄한 명을 내리시어 이런 혼란스런 무리들이 무리지어 일어나 터무니 없는 말로 죄에 빠지게 되는 경우를 만나게 되면 모두 형률을 적용하여 징계함으로써 신들이 실제로 범한 것이 없음을 밝혀 주신다면 얼마나 다행한 것이겠습니까?"

을사오적은 적반하장이다. 자신들을 탄핵한 이들을 처벌하라니.

이에 고종이 비답하였다.

"나라를 위해서 정성을 다하고 국사에 마음을 다하는 것은 신하라면 누군들 그렇게 하지 않겠는가마는, 혹 부득이한 상황으로 해서 그렇게 하지 못할 수도 있는데 여론이 당사자에게 책임을 돌리고 또한 해명을 하는 것을 용납하지 않는다. 지금처럼 위태로운 때에는 오직 다같이 힘을 합쳐서 해나가야 될 것이니 그렇게 한다면 위태로움을 안정으로 돌려놓을 수도 있을 것이다. 경들은 각기 한층 더 노력함으로써 속히 타개할 계책을 도모하라."

고종은 참으로 어이가 없다. 을사오적을 비호하다니. 이게 고종의 이중성이었다.

일제에게 뇌물을 받은 황실과 대신들

을사늑약 체결 전후하여 황실과 대신들은 일제로부터 뇌물을 받았다. 이 사실은 국사편찬위원회의 사료 주한일본공사관기록의 '(195) 임시 기밀비(機密費) 지불 잔액 반납의 건(1905년 12월 11일)' 문서에 나와 있다.

이 문서를 그대로 읽어보자.

"문서번호 : 기밀 제253호
발신일 : 1905년 12월 11일
발신자 : 임 공사(林 公使)
수신자 : 계 외무대신(桂 外務大臣)

제목 : 임시 기밀비(機密費) 지불 잔액 반납의 건

지난달 4일 자 기밀 제119호로써 보호권 확립에 관한 조약체결 등을 위하여 무엇인가 비용을 필요로 하겠기에 기밀비 10만원을 송부하여 위의 목적에 지출하라는 것을 훈시(訓示)한 내객은 경승(敬承)하였습니다.

따라서 신협약 체결 전에 있어서는 당장 대사(大使) 내한(來韓)에 즈음하여 궁중 내탕금이 궁핍 상태라는 것을 탐지했기 때문에 대사 접대용 비용에 충당하는 명의 아래 금 2만 원을 심상훈을 거쳐서 황제 수중에 납입시키고, 금 3,000원은 오로지 폐하의 좌우에 있는 시종들을 회유하기 위하여 구완희에게, 또 금 3,000원은 이하영(법부대신)에게 급여한 외에, 나머지 2만 원은 모두 조인 후 이완용, 이근택, 이지용 등으로 하여금 선후책으로서 그 부하를 위무시킬 필요상 지급할 것을 조치했습니다.

또한 이후 참정 박제순 기타 한 두 대신에게 앞과 같은 목적으로서 지급할 필요가 있다고 인정되었기에 그 견적 15,000원을 공제하고 잔액 금 39,000원은 이에 반납 조치하였사오니 사수(査收)하시기 바랍니다. 이에 별지 첨부하여 말씀 올립니다.

[별지]

문서 제목 : 동건(同件) 기밀비 지출 내역

기(記)

금 10만 원 기밀금

내지출(內支出)

금 2만 원 11월 11일 무기명 예금증서로써 심상훈을 거쳐 궁중에.
금 3,000원 11월 12일 구완희에게
금 3,000원 11월 16일 이하영에게
금 5,000원 11월 22일 이지용에게
금 5,000원 11월 22일 이근택에게
금 1만 원 11월 22일 이완용에게
금 1만 5,000원 박제순 외 두 대신에게 지급해야 할 것

계 금 6만 1,000원

차액 금 3만 9,000원(圓) 반납액"
(국사편찬위원회, 한국사 데이터베이스, 주한일본공사관기록 통감부

문서, 주한일본공사관기록 24권, 11 보호조약 1-3, (195) 임시 기밀비(機密費) 지불 잔액 반납의 건)

기밀비 10만 원은 현 시가로 환산하면 250억 원이다. 이 중에 일제는 11월 11일에 무기명 예금증서로써 2만 원(25억 원)을 심상훈(황실 재산 담당관인 경리원경)을 거쳐 황실에 납입시켰다.

이에 대하여 박종인은 저서『매국노 고종(2020년)』에서 고종이 2만 원의 뇌물을 받았다고 주장했다. 하지만 이태진 전 국사편찬위원회 위원장은 "기밀비 10만 원 중 2만 원을 황제 쪽에 보냈다고 하지만, 황제가 직접 받았다는 말은 없다. 고종이 뇌물을 받았다면 어찌 헤이그 평화회의 특사 파견이며, 강제 퇴위의 역사가 있었겠는가."며 고종을 비호했다.(이태진, '매국노 고종'은 일제의 역사 왜곡이다, 서울신문, 2021.3.9.)

하지만 고종이 뇌물을 직접 받았는지 여부와 관계없이 황실이 무기명 예금 증서로 2만 원을 받은 것은 엄연한 사실이다.

그리고 구완희는 조약체결 전인 11월 12일에, 법무대신 이하영은 11월16일에 각각 3천 원을 받았다. 구완희는 1904년 3월 28일에 북진하는 일본 군대 접대관이었고, 뇌물을 받을 당시는 육군참령이었다. 법부대신 이하영은 전임 외부대신이었고 주일공사를 한 친일파였다.

한편 을사늑약 체결 이후인 11월 22일에 5천원(6억 2천 5백만원)을 받은 이지용은 1904년 2월 23일 한일의정서 체결 당시에도 일본으로부터 1만 원을 받은 친일파이고, 군부대신 이근택 역시 친일파였다. 그런데 이완용은 이지용과 이근택이 받은 5천 원의 두배인 1만 원(12억 5천만원)을 받았다. 일제가 이완용의 공로를 그만큼 높이 평가한 것이다.

아울러 일본은 12월 11일에 외부대신 박제순 외 두 대신에게 주기 위해

1만 5천 원을 남겼다. 이 두 대신이 누구일까? 을사오적인 권중현은 포함될 것 같고 나머지 한 사람은 누구일까? 탁지부 대신 민영기일까, 궁내부 대신 이재극일까?

아무튼 황실과 이완용 등은 일제로부터 뇌물을 받고 나라를 팔아 넘겼으니 매국노(賣國奴)임이 틀림없다.

✚ 을사오적과 고종 책임론 논쟁

을사 오적 논쟁

을사늑약은 을사오적(박제순 · 이완용 · 이지용 · 이근택 · 권중현) 때문에 체결되었다고 알려져 있다. 그렇다면 을사늑약은 '을사5적'에게만 전적인 책임이 있는가?

이완용 등 5명은 1905년 12월 16일에 이렇게 상소했다.

"조약의 이면을 따지지 않고 그날 밤의 사정도 모르면서 대뜸 신등 5인(人)을 '나라를 팔아먹은 역적'이요, '나라를 그르친 역적'이라고 하는데 이것은 크게 잘못된 것입니다. 만일 죄를 정부에 돌린다면 8인에게 모두 책임이 있는 것이지 어찌 꼭 5인만이 그 죄를 져야 한단 말입니까?"

윤덕한도 저서 『이완용 평전』에서 을사늑약의 책임을 5명에게만 묻는 것은 이성적인 역사 인식의 결과로 볼 수 없다고 주장한다.

"탁지부 대신 민영기는 반대 의사를 분명히 한 것은 사실이나 다른 대신들과 함께 문안 수정에 참여하여 사실상 조약에 동의했다. 법무대신 이하영은 이토에게 '찬성' 판정을 받았고, 친일 주구 노릇을 하였다. 또 궁내부 대신 이재극은 고종과 이토 사이를 오가며 어느 대신 못지않게 조약 체결에 중요한 역할을 했다. 그런데 이런 사정을 도외시 한 채 오로지 5적에게만 묻는다는 것은 비합리적이고 비이성적인 역사 인식이다"(윤덕한 지음, 이완용 평전, 2012, pp.222~226)

강동진도 '을사 5적'이 아니라 법부대신 이하영과 궁내부대신 이재극을 포함시켜 '을사 7적'으로 불러야 한다고 주장한다.(강준만, 한국 근대사 산책 4, p.158)

여기에서 꼭 밝혀야 할 것이 있다. 1910년에 대한제국이 망했을 때 일제는

76인에게 귀족 작위를 수여했다. 당연히 이완용 · 박제순 · 이지용 · 이근택 · 권중현 · 이하영 · 이재극 소위 '을사 7적'이 포함되었다. 아울러 민영기와 한규설도 포함되었는데, 한규설은 작위를 반납했다.

 # 고종 책임론 논쟁

을사오적 논쟁과 함께 꼭 짚고 넘어가야 할 것은 고종 책임론이다. 고종은 11월 18일 오전 1시 궁내부 대신 이재극으로부터 조약이 체결되었다는 보고를 받고 정부 대신들의 무능과 무기력함을 한탄하면서, 배일주의자 박용화 · 이근상마저 입궐하지 않는 사실을 개탄했다고 한다.(서영희 지음, 일제침략과 대한제국의 종말, 2012, p.87)

또한 「대한매일신보」등 여러 신문들도 '고종은 끝까지 반대했는데 '을사 5적'이 일본에 굴복해 멋대로 조약을 체결했다.'고 일제히 보도했다.

이리하여 '고종은 을사조약에 반대했다.'는 신화가 창조되어 그것이 오늘 날까지도 마치 역사적 진실인 양 굳어져 전해 내려오고 있다.(윤덕한 지음, 이완용 평전, pp.222~223)

그렇다면 고종은 을사늑약 체결에 전혀 책임이 없는가?

윤덕한은 다음과 같이 논평했다.

"을사조약의 최고 책임자가 고종이며 이 조약과 관련해 가장 비난받아 할 당사자가 고종이라는 것은 역사의 기록이 증언하는 부인할 수 없는 사실이다. 고종이 이토의 요구를 단호히 거부하지 못하고 내각에 책임을 떠넘긴 데 이어 나중에는 '협의하여 처리하라.'고 지시함으로써 내각 대신들로 하여금 선택의 여지를 없게 만들어 버린 것이다.

사실 전제군주 국가에서 황제의 명령은 최종적인 것이며, 따라서 황제가 협의해서 처리하라고 지시했는데 대신들이 끝까지 이를 거부할 수는 없는 것이다. 그래서 이토와 하야시는 고종의 이 지시를 최대의 무기로 삼아 대신들을 내리눌렀던 것이다. … 고종이 반대하고 비준을 하지 않았다는 것은 사실이 아니다. 그러한 주장은 '애국적'일지 모르지만 진실은 아니다. 그리고 진실이 아닌 것에서 진정한 애국심이 솟을 수는 없다. 나라의 체면을 생각해 무능한 군주를 감싸는 억지 주장을 펴기보다는 통렬하게 책임을 물음으로써 역사에서 교훈을 얻으

려는 자세가 보다 애국적인 것이 아닐까."(윤덕한, 이완용 평전, pp.223~224)

한편 송우혜는 "결정적인 역할을 한 것은 역설적이게도 고종 황제였다."며 다음과 같이 말했다.

"어전 회의에서 황제를 알현하고 보호조약을 강요하는 이토에게 고종은 '정부 대신들이 의논하여 조치하라'는 말로 정면 대결을 회피하고 뒤로 물러섰다. 그러나 고종은 이토에게 오히려 길을 터준 셈이었다.

국제 여론 상 후유증이 클 '황제 협박'보다는 '대신 협박'이 오히려 마음에 들었던 이토는 고종의 책임 회피를 반기며, 정부 대신들을 온갖 흉악한 술수를 동원하여 협박했다. 협력에는 상당한 보상이 약속되었고, 협력하지 않은 대신에게는 멸문의 협박까지 있었다."(강준만 지음, 한국 근대사 산책 4, 2007, pp.153~154)

신복룡 전 건국대 석좌교수는 『월간 순국』 22년 11월호에 게재한 '을사늑약 117년에 생각나는 사람들'에서 아래와 같이 썼다.

"이토 히로부미가 조선 병합을 도모하고 있을 때 고종의 대응은 어떠했는가? 지금이야 이토 히로부미가 우리의 국적(國賊)이라 하지만, 을사늑약이 체결되었을 때 고종은 그의 노고(?)를 치하하면서 통감으로 부임해줄 것을 부탁하고, 대신들에게 협조하라고 지시했다. 그가 분노하며 통곡했다는 기록은 우리 쪽 이야기일 뿐이다.

고종이 이토 히로부미를 치하했다니 이것이 망국의 군주가 침략의 수괴 앞에서 할 말인가? 이러고도 고종을 '영명하고 고뇌한 개혁 군주'라 말할 수 있는가? 고종은 이토의 속마음을 읽을 만한 명군(明君)이 아니었다. 그러니 그것은 그의 미욱한 탓이지 이토를 탓할 일만은 아니다. 역사적으로 망국의 군주가 영명했던 사례는 없다. 군주가 영명한데 멀쩡한 나라가 멸망한 사례가 역사에 없다."

제 6 장

헤이그 특사와 망국

헤이그의 세 특사

외교권을 박탈당하자 고종은 국제사회에 을사늑약은 무효라고 주장했다. 고종은 헐버트를 통해 미국 정부에 늑약의 부당성을 알렸지만 미국 국무부는 외면했다. 고종은 다시 알렌에게 로비자금을 주면서 미국 정부가 열강과 공동으로 진상조사를 해주도록 부탁했다. 그러나 루스벨트 정부는 전혀 호의적이지 않았고, 알렌도 로비자금을 반납하고 1906년 2월부터 모든 활동을 중단했다.

이러자 고종은 1907년 6월에 네델란드 헤이그에서 열리는 제2차 만국평화회의에 특사단을 파견했다. 만국평화 회의는 1899년에 처음 열려 군비축소와 국제중재재판소 설치 문제를 다루었지만. 당시 서구 열강의 식민지 쟁탈전으로 큰 호응을 받지 못했다.

제2차 만국평화회의는 러일전쟁으로 촉발된 군사적 위험을 막기 위해 미국 루스벨트 대통령이 먼저 제안했으며 1905년 9월 5일 포츠머스 조약직후 러시아가 회의를 주관하는 것으로 합의가 이루어졌다.

이를 알게 된 고종은 한국도 정식 초청되도록 러시아에 비밀리에 로비하였다.

1907년 4월 20일에 평리원 검사 출신 이준(1859~1907)은 고종의 밀서를 휴대하고 서울을 출발했다. 밀서는 전권 위임장과 '한국 대표를 참석시켜 한국이 권리회복을 얻도록 도와달라'는 내용의 러시아 황제 니콜라이 2세에게 보내는 고종의 친서였다.

친서를 읽어보자.

「짐은 오늘의 경우가 간난(艱難 힘들고 고생스러움)하여 회고해도 호소할 곳이 없습니다. … 현하(現下)의 정세는 깊이 분개하지 않을 수 없는 터이니 폐하는 우리나라가 무고히 화(禍)를 당하고 있는 정상을 생각하여 짐의 사절(使節)로 하여금 우리나라의 형세를 해당 회의에서 설명할 수 있게 하여 만국 공연(公然)의 물의를 일으킬 수 있다면 우리나라의 국권이 회수될 수 있을까 기대합니다.(후략)」

이와 별도로 4월 초에 고종의 특사 헐버트는 가족과 함께 스위스로 떠났다.

한편 이준은 5월 20일에 북간도에서 달려온 전 의정부 참찬 이상설(1870~1917)을 블라디보스토크에서 만났다. 두 사람은 시베리아 열차로 러시아 수도 상트페테르부르크로 향했다. 6월 4일에 상트페테르부르크에 도착한 이들은 주러시아 한국공사였던 이범진의 둘째 아들 이위종(1884~?)을 만났다. 23세의 이위종은 영어 · 불어 · 러시아어에 능통한 러시아 한국공사관 참서관 출신 직업외교관이었다.

이로써 세 특사가 구성되었다. 정사는 이상설, 부사는 이준 · 이위종이었다. 상트페테르부르크에서 헤이그 특사는 러시아 황제 니콜라이 2세를 알현하기 위해 15일간 체류하면서 교섭을 벌였지만 허사였다. 러시아와 일본 사이의 만주 · 한국 · 몽고에 관한 비밀협상이 잘 이루어져 러시아의 입장이 바뀐 것이다. 이 사실을 알 리 없는 특사단은 시간만 허비했다.

6월 19일에 특사들은 상트페테르부르크를 떠나 베를린에 도착하여 공고사(控告詞 성명서)를 인쇄한 다음, 제2차 만국평화회의가 개최된 지 열흘이 지난 6월 25일에야 헤이그에 도착하였다. 제2차 만국평화회의는 44개국 대표 225명이 참석한 가운데 1907년 6월 15일에 열려 10월 18일까지 계속되었다.

특사들은 도착 즉시 시내의 융(Jong) 호텔에 숙소를 정해 태극기를 게양하고 활동을 시작하였다. 이들의 도착 사실은 상트페테르부르크 주재 네덜란드 신문사 특파원이 6월 28일에 보도함으로써 유럽 각국에 알려지게 되었다.

만국평화회의 참가 무산

6월 29일에 헤이그 특사들은 러시아 수석대표이며 만국평화회의 의장인 넬리도프 백작을 방문하여 일본의 강압에 의해 을사늑약을 체결 당한 사정을 설명하고 만국평화회의에 참가시켜 줄것을 요청하였다.

하지만 넬리도프는 회의 참가 결정권이 형식상 초청국인 네덜란드 정부에 있다고 책임 회피하였다. 이때 넬리도프는 러시아 정부로부터 한국 특사들의 회의장 입장을 거부하라는 훈령을 받은 상태였다.

이러자 헤이그 특사들은 네덜란드 외무성을 방문해 외무대신 후온데스의 면담을 요청했다. 하지만 후온데스는 '각국 정부가 이미 을사조약을 승인하였고, 을사조약에 의해 외교권이 일본에게 위임되어 2년간이나 외국과 단교되어 한국은 독자적인 외교권 행사를 할 수 없으므로 회의 참가 자격이 없다. 또한 만국평화회의는 그런 정치적 문제를 다루는 장소가 아니다.'라는 이유로 면담을 거절했다.

이후 특사들은 영국 · 프랑스 · 독일 · 청국의 대표들을 개별적으로 방문하여 협력을 요청했지만 모두 문전박대 당했다.

이들이 유일하게 만난 이는 미국 대표였다. 특사들은 미국 대표를 만나 아래와 같이 호소하였다.

"1905년 11월 17일 일본이 체결한 을사조약은 황제의 동의가 없었고, 무력을 행사하였을 뿐만 아니라 국가의 법률과 관습을 무시해서 행동한 사실 등 국제법을 위반한 것이다. 우리 일행은 이처럼 억울한 사정을 호소하기 위해서 황제의 특사로 파견되었는데도 일본에 의해 회의 참석이 어려우니 호의적 배려를 바랍니다."

그런데 미국 대표는 안타까움을 표시했지만 도와주지는 못했다.

만국평화회의에 참가하는 것이 무산되자, 특사들은 만국 평화회의 44개국 대표들이 묵고 있는 숙소를 일일이 찾아다니면서 공고사와 명함을 돌리면서 일본의 불법행위와 한국의 실정을 알리는 데 주력했다.

특사들의 이런 행동에 일본 측은 비상이 걸렸다. 일본 대표는 특사의 활동을 일본 외무성에 보고했고, 7월 2일에 일본 외무대신은 이토 통감에게 전보를 보냈다. 전문을 읽어보자

"(4) 제목 : 헤이그 도착 한국인 3명이 평화회의 각국 위원에게 보낸 문서에 관한 건

내전(來電) 제122호
발신 일본 외무대신
수신 이토 통감

윌리엄 스테트가 이곳에서 발행한『쿠리어 드 라 컨퍼런스』는 오늘 신문지상에 한국 전 부총리외 2명을 6월 27일자로 평화회의 위원에 보냈다는 서면을 실었음. 서면에는 우선 그 한국인을 평화회의 위원으로 한국 황제께서 파견한 자라는 것을 기재함.

이어서 일본이 한국 황제의 뜻을 배반하고, 병력으로 한국의 법규관례를 유린하고 동시에 한국의 외교권을 탈취한 결과 자신들이 한국 황제가 파견한 위원임에도 불구하고 평화회의에 참여할 수 없음은 유감이라는 점, 본 서면에서 일본의 비행(非行) 개략을 기록한 문서를 첨부한 점, 외국 위원들이 더욱 상세한 사항을 알기를 바라거나

한국 황제로부터 부여된 전권을 확인하기를 원한다면 그 요점에 대해 대답하겠다고 말하며, 자신들이 평화회의에 참여하여 일본의 행위를 폭로할 수 있도록 협력해줄 것을 요구하였음.

이상 3명은 전 부총리 이상설, 전 고등법원 예심판사 이준 및 전 러시아 주재 공사관 서기관 이위종이라고 함. 또 그 서면에 첨부된 내용문서는 아직 입수하지 못했음."(출처: 국사편찬위원회, 한국사 데이터베이스, 주한일본공사관 &통감부 문서, 통감부 문서 5권, 1. 해아밀사건 및 한일협약체결)

전보를 받은 통감 이토는 화가 치밀어 즉시 고종에게 달려가 항의하였다.

이토 : 폐하는 어찌하여 헤이그에 밀사를 파견할 수 있습니까?
고종 : 그들은 내가 파견하지 않았소.
이토 : 폐하의 신임장을 가지고 있는데도 말입니까?
고종 : 아마 위조 했을 것이요

이러자 이토는 일본에 전보를 보내 '헤이그 밀사는 황제의 공식 사절이 아니다.'라고 알렸다.(이상각 지음, 이경 고종황제, 2008, p.307)

일본 외무성은 헤이그 일본 대표 츠즈키 케이로쿠에게 특사들이 휴대한 고종 신임장과 친서가 위조임을 알렸고, 츠즈키는 각국 대표와 언론에 이를 선전하였다.

이렇게 일본은 헤이그와 도쿄 그리고 서울 사이의 3각 통신망을 구축하여 헤이그 특사의 동향을 파악하고 활동을 방해하였다.

이위종의 기자회견

7월 5일에 이위종은 헤이그 만국평화회의장 앞에서 영국 언론인 윌리엄 스태드(Stead)와 기자회견을 가졌다. 스태드는 1898년 제1차 만국평화회의 때는 신문기자로서 활약하였고, 제2차 만국 평화회의에서는 헤이그에서 발간되는 일간신문「꾸리에 드 라 꽁페랑스」(Courrier de la Conférence '만국평화회의보') 편집자였다.

그런데 고종의 또 다른 특사 헐버트는 베를린에서 스태드를 미리 만나 한국의 처지를 호소하여 그의 협력을 얻는데 성공했다.

그리하여 스태드는 6월 30일 자「꾸리에 드 라 꽁페랑스」신문에 특사들이 각국 대표들에게 보낸 호소문을 게재하였고, 편집자 주석 기사를 통하여 특사들의 신임장은 의심할 여지 없이 황제로부터 받은 것이며, 한국 대표들은 공식초청을 받지 않았다 하더라도 회의에 참석해야 한다고 주장하였다.

그러면 이위종의 기자회견 내용을 살펴보자.

"스태드 : 당신은 무슨 목적으로 여기에 왔습니까?

이위종 : 우리는 이곳에서 법과 정의 그리고 평화의 신을 만날 수 있으리라는 기대를 가지고 왔습니다. 하지만 그런 신은 만날 수 없었습니다. 도대체 각국 대표들은 무엇을 하고 있습니까?

스태드 : 그들은 전 세계의 평화와 정의를 보호하기 위하여 적절한

조약을 맺게 될 것입니다.

이위종 : 세계의 평화와 정의를 위해서 말입니까? 그렇다면 대한제국을 왜 회의에서 제외했습니까?

스테드 : 그것은 귀국과 일본 사이에 체결된 1905년 조약으로 귀국이 외교권을 일본에 위탁했기 때문 아닌가요?

이위종 : 방금 조약이라고 하셨나요? 선생은 크게 오해하신 것 같습니다. 한 가지 묻겠습니다. 회의에 참가한 각국 대표단은 조약을 체결할 권한이 있습니까?

스테드 : 대표단이 자국 군주의 전권을 위임 받았을 때는 물론 가능합니다.

이위종 : 동의합니다. 조약을 체결하려면 군주의 권한을 위임받아야 합니다. 그런데 1905년 조약은 우리 황제 폐하의 재가도 없이 외부대신이 일본의 협박을 받아 임의로 체결한 것이어서 조약이 될 수 없고 아무런 효력이 없습니다. 그런데도 불법적이고 효력이 없는 조약을 근거로 우리 대표단은 회의 참가를 거절당하고 있습니다.

스테드 : 그렇다면 우리가 어떻게 해야 한다고 생각합니까?

이위종 : 우리가 여기에 온 목적은 1905년의 조약이 만국 공법에 의해 합법적인지 아닌지를 심판받기 위함입니다. 우리는 이 불법적인 조약을 상설중재재판소에서 심판받아 일본의 대한제국 침탈행위를 전 세계에 알리고자 합니다.

스테드 : 하지만 조약이 취소되어 대한제국이 외교권을 찾는다고 한들 강대국 일본으로부터 벗어날 수 있을까요? 불가능한 일입니다.

이위종 : 스테드씨, 저는 그 의견에 전혀 동의할 수 없습니다. 일본이 우리의 외교권을 강탈한 이후 열강들은 모두 우리를 외면했습니다. 일본이 독립 국가인 대한제국과 동아시아의 평화를 끊임없이 위협하고 있는데도 열강들은 왜 침묵을 지키고 있습니까?

단지 힘이 없다는 이유로 희생되어야 하는지요? 그렇다면 이곳에서 법과 정의를 외친들 무슨 소용이 있겠습니까?

대한제국은 평화를 존중한다는 당신들의 말을 믿고 그대로 실천했을 뿐입니다. 우리 민족은 전쟁을 저주하고 평화를 사랑하므로 2천만 동포중에 군대는 불과 몇천 명에 불과합니다. 우리 민족이 평화를 사랑하여 일본의 침략을 초래하였다면 앞으로 어떤 나라가 법의 틀 안에서 정의와 평화를 지키려고 하겠습니까?"

이위종은 부드럽지만 빈틈없는 논리로 기자회견을 마쳤다. 스태드는 1907년 7월 5일 자 「꾸리에 드 라 꽁페랑스」 신문 1면에 특사 세 명의 사진과 함께 이위종의 인터뷰 내용을 실었다.

그런데 신문 기사의 제목이 '해골의 축제'이다. 참 특이하다. 이는 "이집트인은 즐거울 때일수록 죽음이라는 허무함을 잊지 않기 위해 축제의 테이블에 해골을 올려두었다."는 의미심장한 뜻이다.

이 인터뷰 기사가 실리자 한국 특사들은 다시금 주목받았다.(이승우 지음, 시베리아의 별 이위종, pp.150~153)

이위종의 연설, '대한제국을 위한 호소'

7월 8일 밤에 이위종은 이상설과 함께 '국제협회(The Foundation of Internationalism)'에 초대되었다. 국제협회는 스테드가 베르타 폰 주트너 여사(1905년 노벨평화상 수상자)와 공동으로 운영하고 있는 헤이그 시내에 있는 언론인 클럽이었다.

스테드는 세계 각국의 기자들 200명이 모인 가운데 이위종을 '프린스 이(이 왕자)'로 소개하였다. 이위종은 유창한 불어로 일제에게 외교권을 뺏긴 조국의 처지를 '대한제국을 위한 호소(A Plea for Korea)'란 제목으로 연설하였다. 연설은 이렇다.

"러일전쟁 초기에 일본 정부는 전쟁의 두 가지 목적은 첫째 한국의 독립 유지와 영토보전, 둘째 극동아시아 교역을 위한 '문호개방(open door)' 지속이라고 선언하였습니다. 또한 일본의 정치가들은 이번 전쟁은 일본 자신만을 위해 싸우는 것이 아니라 모든 교역 국가의 문명개화와 상업적 이익을 위한 싸움이라고 여러 차례 선전하였습니다. 그래서 미국 · 영국과 같은 상인과 선교사들 그리고 극동의 많은 사람들은 일본이 그 약속을 지키리라 믿었습니다.

대한제국은 국민과 정부 모두가 우리나라의 독립과 영토의 주권을 보장하겠다는 일본의 진지한 약속을 확실히 믿고 일본과 동맹을 맺었습니다.(1904년 2월 23일에 한일간에 체결한 한일의정서 제3조는 '대일본제국 정부는 대한제국의 독립과 영토보전을 확실히 보증한다.'고

규정되어 있다.-필자 주) 이 협약에 의거하여 대한제국은 전쟁 수행에 필요한 군사기지를 일본에 개방하고 또 한국 정부와 국민들은 러시아와 싸우는 일본을 위해 필요한 모든 수단을 동원하여 다방면으로 도왔습니다.

구(舊) 정권(고종 정권을 말함-필자 주)의 부패, 수탈과 학정(虐政)에 지쳐 있던 우리 한국인들은 일본인들을 기대와 희망으로 맞이하였습니다.(We, the people of Korea, who had been tired of the corruption, exaction and cruel administration of the old Government, received the Japanese with sympathy and hope.)

당시에 우리들은 일본이 부패한 관리들에게 엄격한 잣대를 적용하고, 만민에게는 정의를 구현하며, 행정 당국에게는 솔직한 조언을 해주리라 믿었습니다.(We believed, at that time, that Japan, while dealing possibly stern measures against corrupt officials, would give justice to the common people and would give honest advice in the administrative work.) 우리는 일본이 이 기회를 활용해 한국인에게 필요한 개혁을 잘 이끌어 줄 것으로 믿었습니다."

뜻밖에도 이위종은 연설 서두에 고종 정권의 부패 · 수탈 · 학정을 신랄하게 비판했다. 미국과 프랑스에서 학교를 다니고 독일 · 러시아 등에서 외교관 생활을 했던 이위종은 '외국이 본 대한제국'에 대하여 무엇보다 잘 알고 있었다.

조선을 네 차례 방문하여 고종과 민왕후를 여러 번 만난 영국의 지리학자 비숍 여사는 저서『조선과 그 이웃 나라들(1897년 간행)』에서 이렇게 적었다.

"여러 가지 개혁에도 불구하고 조선에는 착취하는 사람들과 착취당하는 사람들, 이렇게 두 계층만이 존재한다. 전자는 허가받은 흡혈귀라 할 수 있는 양반 계층으로 구성된 관리들이고, 후자는 전체 인구의 4/5를 차지하고 있는 하층민들이다. 하층민들의 존재 이유는 흡혈귀들에게 피를 공급하는 것이다. … 조선은 두 가지가 반드시 필요하다. 첫째로 조선 내부로부터의 개혁이 불가능할 때 외부로부터라도 개혁되어야 한다. 둘째로 군주의 권력은 엄중하고도 영원한 헌법의 아래에 놓여야 한다." (비숍 지음 · 신복룡 역주, 조선과 그 이웃 나라들, 2019, pp.458~462, 465)

하지만 비숍 여사의 희망은 이루어지지 않았다. 매관매직 풍조는 여전했고, 대한제국은 입헌군주국이 아닌 러시아 차르 체제를 닮은 전제군주국이 되었다.

또 다른 헤이그 밀사인 '파란 눈의 애국자' 헐버트는 1906년에 발간한 『대한제국 멸망사 The Passing of Korea』 '제3장 정치제도'에서 매관매직을 비판했다.

"19세기 초기에 정치에서 돈이 그 위력을 발휘하기 시작했으며 관직에 등용되는 데 돈의 구실이 그 어느 때보다도 컸다. …

관직은 일반상품과 마찬가지로 사고팔았다. 모든 관직은 그 가격이 결정되어 있어서 도의 관찰사는 미화로 5만 달러, 방백 수령들은 500달러 정도였다. 그 자리가 서울이라면 미관말직일지라도 상당한 수입이 생겨서 욕심을 채우기에 충분했고, 세력가들은 매관에서 나오는 엄청난 수입을 더욱 증가하고자 재임 기간을 짧게 해 상납의 횟수를 빈번하게 했다.

물론 각 관찰사나 방백 수령들은 자기의 짧은 재임 기간에 자기가 상납한 밑천을 뽑고 또 자기의 안락한 생활을 계속하기 위해서 백성에게 과중한 과세를 하지 않을 수 없었기 때문에 매관매직에서 거래되는 돈이란 결국 백성들이 부담하는 것이나 다름없다."

(헐버트 지음·신복룡 역주, 대한제국 멸망사, 2019, pp.60~61)

이위종은 연설을 계속했다.

"우리들은 일본이 부패한 관리들에게 엄격한 잣대를 적용하고, 만민에게는 정의를 구현하며, 행정 당국에게는 솔직한 조언을 해주리라 믿었습니다. 우리는 일본이 이 기회를 활용해 한국인에게 필요한 개혁을 잘 이끌어 줄 것으로 믿었습니다.

그러나 일본은 러시아와의 전쟁에서 승리하게 되자 태도를 바꾸기 시작했습니다. 일본은 놀랍게도 야만적이고 이기적인 본성을 드러냈습니다.

일본이 제일 먼저 요구한 것은 이른바 '황무지(荒蕪地) 개척권'이었습니다. 그때까지 개간되지 않은 전국의 많은 땅을 황무지라 하여 50년간 일본인에게 무상 대여하라는 것입니다. 그런 후에 그 땅들을 자기들이 비용을 들여 경제가치가 있는 땅으로 바꾸어 주겠다고 하였습니다.

이 제안이 너그럽고 합리적인 제안으로 들리십니까? 그들이 황무지라고 주장하는 땅은 우리가 잠시 사용하지 않는 땅일 뿐이지 버려진 땅이 아닙니다. 일본은 겉으로는 우리를 돕기 위한 제안처럼 보이지만 실제로는 우리나라 땅의 절반 이상을 공짜로 삼키겠다는 야욕에 지나지 않습니다.

하지만 일본의 이러한 계략은 우리 국민의 거국적인 반대에 부딪쳐 실행에 옮기지 못했으며, 이로 인해 우리 국민들 사이에는 일본에 대한 반발 심리가 크게 일었습니다.

일본은 황무지 개척 계획이 실패하자 을사보호조약을 체결하려 했습니다. 1905년 11월 초에 이토 히로부미가 일본 천황의 특명전권대사로 서울에 왔습니다. 그는 11월 15일에 일본의 기마병과 보명 그리고 포병을 총동원하여 왕궁을 포위한 후 고종 황제를 알현했습니다. 이 자리에서 이토는 이른바 보호조약을 승인하라고 황제에게 제시하였습니다.

그 내용은 4개 조항입니다.

첫째, 한국의 모든 외교권을 일본에 이양한다. 둘째, 한국 정부는 일본과 통하지 않고는 외국과 어떤 조약도 체결하지 않는다. 셋째, 서울에 일본의 통감부를 설치한다. 넷째, 일본이 필요하다고 인정할 경우 한국의 관공서에 일본인을 임명한다.

이토 히로부미의 강요에도 불구하고 황제 폐하와 대신들은 이를 완강히 거부했습니다. 황제 폐하는 '차라리 죽을지언정 그 조약에 동의할 수 없다'고 선언했습니다.

이후 황제 폐하와 대신들과 이토 히로부미 간의 담판은 17일 자정까지 이어졌으나 합의에 이르지 못했습니다.

그러자 일본의 위협이 점점 더 강해졌습니다. '조약을 조인하시오, 그렇지 않으면 당신들에게 큰 파국이 닥칠 것이요!' 일본 군인들이 다가와 발을 쾅쾅 굴러대는 공포속에서, 대신들의 심정은 어찌 상상이라도 하겠습니까? 대신들의 마음은 점점 약해져 갔습니다.

일본군들은 가장 거세게 반대하던 한규설 총리대신을 강제로 밀실로 처넣고 죽기겠다고 위협했습니다. 한규설은 끝까지 저항했지만 나머지 대신들은 일본의 무력에 굴복하고 말았습니다.

그들은 무력을 사용하여 우리 정부가 원치 않는 조약을 그들 뜻대로 얻어냈습니다. 하지만 일본 정부와 언론은 전 세계에 한국과 일본 간의 조약이 원만하고 우호적으로 체결되었다고 선전했습니다. 입으로는 우의와 형제애를 말하면서 손으로는 그 형제의 주머니를 훔치는 일본은 대낮의 강도보다도 더 비열하고 야수적입니다.

강제로 조약이 체결되었다는 소식에 우리 국민들은 저항하였습니다. 그러나 무도한 일본군은 총과 칼로 우리 국민들을 무자비하게 진압했습니다.

1905년 11월 17일에 일본은 오로지 무력으로 한국인의 모든 것을 빼앗아갔습니다. 일본은 한국 정부의 모든 기관을 접수하고 곧 그 기관들을 통하여 오로지 일본의 재정적인 이득만을 취했습니다.

일본인은 지난 3년 동안 공식적, 비공식적으로 한국인을 착취 · 강탈 · 학대했습니다. 이 피해는 우리 한국인이 가장 나쁜 구(舊) 정권(고종 정권을 말함-필자 주)에게 50년 동안 당했던 것보다 훨씬 심했습니다." (이승우 지음, 시베리아의 별, 이위종, 2019, pp.159~161, 342~345)

이위종은 한국인이 1905년 이후 3년간 일본에게 당했던 고통이 지난 50년간 가장 나쁜 고종 정권에게 당했던 고통보다 더 크다고 연설했다.

이어서 이위종은 일제의 학정을 비판했다.

"최근 간행된 책자에 따르면 이토 히로부미는 일본 산업은행에서 1천만엔(500만 달러)을 빌려다가 도로 건설, 수리 사업, 교육시설 건축을 위해 사용했다고 주장하고 있습니다. 대한제국의 실정을 모르는 사람들에게는 일본이 대한제국을 위해서 최선의 노력을 다하는 것으로 보이겠지만 실상은 전혀 그렇지 않습니다. 일본 정부의 약탈적이며 이기적인 수법을 다 아는 사람들에게는 속이 다 들여 보이는 허구일 뿐입니다.

1천만 엔을 빌려 온 것은 사실입니다. 그러나 그 돈이 한국인을 위하여 사용하였다는 것을 새빨간 거짓말입니다. 일본인은 대한제국의 요직이라는 요직은 모두 차지하고선 그들이 일본에서 받았던 월급보다 3-4배의 월급을 받고 있습니다. 이른바 수리 사업이라는 것도 서울과 제물포에 있는 일본인 거류지에만 국한된 사업이었습니다. 이처럼 1천만 엔이 탕진된 것입니다."

… 또한 일본은 대한제국의 행정제도를 개혁한다고 공언하지만, 실

은 유능한 우리 관리들을 축출하고 그 자리에 높은 봉급을 받는 무능한 일본인을 채우고 있을 뿐입니다. 일본 당국은 또 군사 목적을 핑계삼아 우리 정부의 공공건물뿐만 아니라 광범위한 개인 사유지까지도 정당한 보상없이 마구 빼앗아가고 있습니다. 이리하여 수천 가구의 사람들이 그들의 재산을 빼앗기고 파산지경에 이르렀습니다.

농지를 강탈당한 농부들은 산으로 들어가 화적이 되기도 하며 처자식을 데리고 오직 먹고 살기 위해 맨몸으로 국경을 넘어 만주 땅과 연해주 땅으로 나라를 떠나고 있는 실정입니다. …

일본인은 입만 열면 항상 '평화, 평화'를 부르짖습니다. 그러나 사람이 어찌 총구 앞에서 평화롭게 살 수 있겠습니까? 일본인이 생각하는 평화란 한국의 독립과 자유를 그들 손아귀에 쥐고 그들을 반대하는 한국인을 모두 죽였을 때에야 찾아올 것입니다. 그러니 한국의 독립과 자유가 실현되지 않는다면 동양평화란 있을 수 없습니다."

이 순간 연설회장에는 잠시 정적이 감돌았다. 이위종은 조용한 장내를 천천히 돌아보며 다시 입을 열었다.

"강한 나라가 약한 나라를 모두 먹어 치우는 세상이라면 그 세상은 정의의 신이 지배한다고 할 수 있겠습니까? 여러분이 믿는 정의의 신은 지금 무엇을 하고 있습니까? … 문명국가의 시민이자 그리스도인이라고 자부하는 여러분은 지금 일본의 침탈과 압제로 고통받는 우리 대한제국을 외면하고 있습니다. 우리 국민은 아직 잘 조직되어 있지 않으나, 독립과 자유라는 공동의 목표를 위해서 정신적으로 확고하게 결합되어 있습니다. 우리는 일본인의 잔인하고도 비인도적, 이기적인 침략이 종말을 고할 때까지 싸울 것입니다. 우리는 실패에 처하더라도 결코 절망하지 않고 다시 하나로 뭉쳐 최후의 한 사람까지 저항할 것입니다.

저는 이 자리에서 분명히 경고합니다. 침략의 야욕을 포기하지 않는다면, 일본에 저항하는 2천만 한국 국민을 한 명도 남김없이 죽이는 일이 결코 유쾌하지도, 쉽지도 않는 일이라는 것을 곧 깨닫게 될 것입니다. 게다가 일본은 이미 한국의 독립 약속뿐만 아니라 국제사회에 준엄하게 약속한 '개방'도 위반하였습니다. 끝까지 경청해 주시어 감사합니다."

이위종의 연설이 끝나자, 청중들은 '브라보'라는 함성과 함께 박수를 계속 쳤다. 사회자 스테드가 손짓하자 박수가 멈추었다. 순간 정적이 흘렀다. 이위종의 눈에는 뜨거운 눈물이 흘러내렸다.

각국 신문기자들은 이위종의 연설문 전문을 자기 나라로 송고하느라 분주했다. 기사의 제목은 '한국을 위한 호소(A Plea for Korea)' 였다.

7월 10일에 「헤이그 신보」는 이위종의 연설을 상세하게 실었다.

한편 이위종의 연설문은 1907년 8월 22일의 미국 「인디펜던트」 잡지에 게재되었다. 1907년 10월 19일에 뉴질랜드 신문 「오아마루 메일(Oamaru Mail)」도 이위종의 영문 연설문을 실었다. 뉴질랜드 신문의 영문 연설문은 이승우의 저서 『시베리아의 별 이위종』에 실려있다.(이승우 지음, 시베리아의 별 이위종, pp.341~347)

이준, 헤이그에서 순국하다.

1907년 7월 14일 저녁 7시, 헤이그 특사 이준(1859~1907)이 헤이그의 숙소인 바겐 스트라트(Wagen Straat) 124번지의 드융 호텔에서 갑자기 죽었다. 나이 48세였다.

헤이그 특사의 동향을 일일이 파악하고 있었던 헤이그의 일본공사관은 일본 외무성에 '한국 황제 밀사 이준 병사(病死) 건(件)'을 보고했고, 일본 외무성은 7월 17일 오후에 이토 통감에게 이 사실을 알렸다.

"문서번호 : 내전(來電) 제149호
발신일 : 1907년 7월 17일 오후 4시 7분 동경 발(發)
발신자 : 진전(珍田) 외무차관
수신일 : 1907년 7월17일 오후 7시 58분 경성 착(着)
수신자 : 이토 통감

제목 : 한국 황제 밀사 이준 병사(病死) 건(件)

한국인 이준 얼굴의 종기를 절개한 결과 단독증(丹毒病:헌데나 다친 곳에 연쇄상 구균이 들어가 생기는 급성 전염병)으로 엊그제 사망하여 오늘 아침 매장했음. 장례에 참석한 자는 호텔 사환과 동행한 한국인뿐임. 자살이라는 소문을 퍼뜨리는 자가 있으나 앞에 기록한 사실은 차츰 세상에 알려질 것으로 믿음."(국사편찬위원회, 한국사 데이터베이스, 주한일본공사관기록 통감부 문서 5권, 헤이그밀사사건및한일협약체결)

한편 헤이그에 있는 「만국평화회의보」와 「헤이그 신보」는 7월 17일 자 신문에 "이준이 얼굴의 종기를 제거하기 위한 수술 뒤 패혈증에 걸려 사망했다."고 보도했다.

「데 텔레그라프(De Telegraaf)」도 7월 17일에 "이준은 볼에 종기를 앓고 있었고 이를 수술로 제거했는데 불행하게도 이 수술의 충격으로 죽음을 맞이하게 되었다"고 보도했다.

하지만 고종의 퇴위 논의가 분분했던 한국에는 전혀 다른 내용으로 보도되었다. 1907년 7월 18일 자 「대한매일신보」 호외는 "어제 동경 전보를 접한즉 이준 씨는 분격을 이기지 못하여 자기의 복부를 할부자처(割剖自處)하여 만국 사신 앞에 열혈을 뿌려 만국을 경동하였다더라." 라고 이준의 순국 소식을 전하였다. 「황성신문」도 다음날 같은 내용의 기사를 실었다.*

7월 16일에 이준의 유해는 헤이그 아이큰 다우 공동묘지에 가매장되었다. 장례식은 이상설과 호텔 주인만이 참석한 가운데 침울하게 치러졌다. 한편 아내 앨리자베타의 와병 소식을 듣고 급히 상트페테르부르크로 갔던 이위종은 이준의 장례식 이틀 뒤에 헤이그에 도착했다.

이후 미국의 여론을 얻고자 한 달 동안 미국에 갔던 이상설 · 이위종이 8월 31일에 다시 헤이그에 나타났다. 9월 6일 오전 11시에 이준의 정식 장례식이 이준의 사촌동생 이운이 참석한 가운데 열렸다. 이준은 뉘애크엔다운 시립묘지에 안장하였다.

비문에 이상설이 '이준(李儁)'이라 이름자를 썼고 이위종이 영문으로

---

* 「대한매일신보」의 오보로 지금도 이준이 헤이그 만국평화회의장에서 할복자살한 것으로 알고 있는 사람들이 많다. 1956년에 문교부 장관은 국사편찬위원회에 진상 조사를 요청하였고 1962년에 국사편찬위원회는 이준은 할복자살이 아니라 분사(憤死)했다고 발표했다.(김태웅 · 김대호 지음, 한국 근대사를 꿰뚫는 질문 29, pp.400~401)

"1859년 한국 북청에서 출생하여 1907년 화란(和蘭) 공화국 헤이그에서 순절하다."라고 썼다.

한편 1945년 해방 이후 이준 열사에 대한 추모사업이 본격화되어 1946년 5월 이준열사추념대회준비위원회가 구성되었고, 7월 14일 순국 39주년을 맞아 이준 열사 추도식이 이승만과 김구 등이 참석한 가운데 천도교당에서 거행되었다.

1947년 8월에 체신부는 순국 40주년 기념 우표를 발행하였고 9월에는 '일성 이준선생기념사업회'가 결성되었다.

이후 유해 봉환 문제가 본격화되어 1963년 9월 30일에 이준의 유해가 순국 55년 만에 헤이그에서 고국으로 송환되었고, 10월 4일에 국민장(國民葬)을 치른 뒤 서울 수유리 선열 묘지에 안장되었다.

고종 황제, 강제 퇴위 당하다.

1907년 7월 2일에 고종 황제가 헤이그 만국평화회의에 밀사를 파견했다는 사실이 대한제국에 알려지면서 고종 황제의 운명도 마지막을 향해 치닫기 시작했다. 통감 이토 히로부미는 이 기회를 놓치지 않고 고종을 폐위시키기로 작정했다.

7월 3일에 이토는 고종을 알현했다. 그 자리에서 이토는 "일본에 대항하려면 공공연한 방법으로 하라"고 말하면서 헤이그에 밀사를 파견한 것은 일본에 대한 선전포고라고 협박했다. 이러자 고종은 밀사를 파견한 적이 없다고 잡아뗐다. 경운궁에서 나오자마자 이토는 이완용과 송병준을 불러 고종을 폐위시키라고 지시하였다.

이날 밤 총리대신 이완용은 고종을 알현하고 '황실을 보존하고 국가를 유지하기 위하여 퇴위가 불가피함'을 전언했다. 이러자 고종은 이완용의 행동이 신하의 도리가 아님을 지적하고 크게 역정을 냈다.

사흘 후인 7월 6일에 어전회의가 열렸다. 이 자리에서 농상공부대신 송병준은 고종이 스스로 일본 천황에게 가서 사과하든지 아니면 대한문 앞에서 하세가와 일본 주차군사령관에게 사죄하라고 2시간 동안이나 핍박했다. 송병준은 이토의 지시에 따라 고종 폐위에 앞장 선 것이다. 이러자 고종은 크게 진노했다.

7월 7일에 이토는 일본 정부에 대한제국의 상황을 보고하면서 '고종 폐위에 관련 처리요강'을 훈시해 달라고 전보를 보냈다.

이토 통감의 전보를 받은 일본 정부는 7월 10일에 원로대신 회의를 열고 이 문제를 논의했다. 7월 12일에 일본 정부는 메이지 천황의 재가를 받아 다음과 같이 회신했다.

"문서번호 : 제141호(극비)
발신 : 하야시 외무대신(1907년 7월 12일 오후 5시 10분 동경 발)
수신 : 이토통감(7월 12일 오후 9시 30분 경성 착)

제목 : 대한 정책에 대한 각의 결정 통보 건

사이몬지 총리대신 명에 의함

외무대신 앞으로 보낸 제57호 전보 건에 대해서는 원로 제공(諸公) 및 각료와도 신중히 숙의한 결과 다음과 같은 방침을 결정하고 오늘 재가를 받았음. 일본 정부는 현재의 기회를 놓치지 않고 한국 내정에 관한 전권을 장악할 것을 희망함. 그 실행에 대해서는 현지의 상황을 참작할 필요가 있으므로 이를 통감에 일임할 것.

만약 전기(前記) 희망을 완전히 달성할 수 없는 사정이 있을 때는, 적어도 내각 대신 이하 중요 관헌의 임명은 통감의 동의에 따라 집행하고, 동시에 통감이 추천한 일본인을 중요 관헌에 임명할 것. 본 건은 극히 중요한 문제이므로 외무대신이 한국에 가서 직접 통감에게 설명할 것임. 외무 대신은 15일에 출발할 예정임."

이런 와중에 대한제국 내각은 이완용과 송병준이 서로 앞장서서 고종 황제 폐위를 추진하고 있었다.

한편 일본 정부는 7월 18일에 외상 하야시 다다스가 서울에 도착한다고 공식 발표했다. 다급해진 이완용은 7월 16일에 입궐하여 고종에게 ①을사조약에 옥새를 찍을 것, ②황제 폐하가 일본에 가서 일본 황제에게 사과할 것, ③양위할 것을 상주했다. 하지만 고종은 완강히 거부했다.

17일에도 이완용과 송병준은 고종에게 노골적으로 양위를 요구했다. 이러자 고종은 철종의 사위 박영효를 궁내부대신으로 임명했다. 박영효는 1884년 12월 갑신정변을 일으킨 주역이다. 그러나 갑신정변이 삼일천하(三日天下)로 실패하자 김옥균 등과 함께 일본으로 망명하였다. 그는 1895년에 귀국하여 내부대신을 하다가 대역죄인에 몰려 다시 일본으로 갔다. 1907년 6월에 박영효는 비공식으로 귀국하여 부산에 체류하다가 상경하여, 궁내부 고문 가토 마스오(加藤增雄)와 접촉하여 특별사면을 받았다. 이런 박영효를 고종은 왕권을 지키기 위해 궁내부 대신으로 임명한 것이다. 고종은 이토 히로부미와도 친한 박영효가 나서서 자기를 보호해주리라 굳게 믿었다.

7월 18일 오후 5시에 고종은 이토를 불러, 자기는 헤이그 밀사 파견과 아무런 관련이 없음을 재차 해명했다. 하지만 이토는 그들이 개인 차원에서 행동했다 하여도 한국인이니 임금이 책임져야 한다고 물러서지 않았다. 이어서 고종은 양위와 관련하여 이토에게 물었다. 이토는 이 문제는 일본 천황의 신하가 왈가왈부할 일이 아니라고 시치미를 뗐다.

7월 18일 오후 8시쯤에 일본 외상 하야시가 서울에 도착하여 고종을 알현하고 입국 인사를 하였다.

이어서 이완용과 송병준 등은 고종을 알현하고 어전회의를 열었다. 이 자리에서 송병준은 가장 강경하고 불손한 행동으로 고종에게 양위를 강요했다. 고종은 단연코 거절하면서 궁내부대신 박영효를 불러오라고 했지만, 박영효는 병을 칭하며 오지 않았다.

이 날 밤 상황은 험악했다. 고종은 여차하면 대신들을 살육하려고 시위대 근위병을 궁중으로 불렀고 대신들은 만약의 사태에 대비해 권총을 품에 숨기고 들어갔다. 법부대신 조중응은 궁중과 외부의 연락이 가능한 전화선들을 모두 절단했다.

이 날의 상황을 황현은 『매천야록』에 적었다.

"이완용 등은 황태자에게 양위하라고 하였으나, 고종은 윤허하지 않았다. 이때 이완용은 칼을 빼어들고 '폐하께서는 지금이 어떤 세상이라고 생각하고 계십니까?'라고 고함 질렀다.

이때 폐하를 모시고 있는 무감(武監)과 액례(掖隷 액정서에 딸린 아전)들이 많았는데, 그들은 이완용의 행위를 보고 흥분하지 않는 사람이 없었다. 그들은 모두 칼을 빼어 들고 고종의 말 한마디만 기다리며 이완용을 갈기갈기 찢어 죽이려고 하였다.

그러나 고종은 참담한 표정으로 묵묵히 앉아 있다가 오랜 시간이 지난 후 이완용을 흘겨보며 '그렇다면 선위를 하는 것이 좋겠다.'라고 말하자 이완용 등은 물러나갔다."(황현 지음 · 임형택 외 옮김, 역주 매천야록 하, 2005, pp.405~406)

7월 19일 새벽 5시에 고종은 황태자에게 정사를 대리하도록 명했다.

고종의 '대리 청정' 조칙이 내려지자 이완용은 곧바로 '황제 대리' 의식을 거행하려고 하였다. 그런데 문제가 생겼다. 의식을 주관하는 궁내부 대신 박영효가 병을 핑계로 대궐에 나타나지 않은 것이다.

이에 내각 총리대신 이완용이 스스로 궁내부 대신 임시 서리가 되어 7월 20일 오전 9시에 경운궁 중화전에서 순종 즉위식을 거행했다. 즉위식은 고종과 순종 황제가 직접 참석하지 않고 궁궐의 내시가 대신하는 권정례(權停例)로 조촐하게 치러졌다.

고종(1852~1919 재위 1863-1907)은 12세의 나이로 왕위에 오른 지 44년 만에 파란만장한 역사의 무대에서 내려갔고, 대한제국의 마지막 황제인 순종(1874~1926)이 즉위했다.

그런데 순종이 즉위식을 올리는 그 시각에 이완용의 집이 불탔다. 반일 단체 동우회 회원들이 이완용의 남대문 앞 중림동 집으로 몰려가 집을 홀랑 태워버린 것이다. 이로 인해 가재도구는 물론 누대에 걸친 조상 신주까지 불 속에서 사라졌다. 양자를 잘못 들인 탓에 우봉이씨 조상들의 위패가 수난을 당한 것이다. 1905년 을사늑약 때는 박제순이 가장 욕을 많이 먹었는데 2년 후인 고종 퇴위를 계기로 이완용이 '매국노의 대명사'가 되어 민중들의 저주를 받았다. 이완용의 가족들은 '매국노의 가족들을 잡아 죽이자'는 군중들의 함성에 쫓겨 남산 아래 왜성구락부로 몸을 피했다.

이런 사실도 모르고 이완용은 순종의 즉위식을 주관했다. 즉위식이 끝나자 이토는 서둘러 이완용을 태우고 남산 통감 관저로 향했다. 오고 갈데없는 이완용 가족들은 이날부터 왜성 구락부에 머물렀고, 두 달이 지난 9월에 형 이윤용의 집에 들어가 함께 살았다.*

한편 일제는 서둘러 일본국 천황의 축하 전보를 보내 고종의 퇴위를 기정 사실화했고, 7월 20일에 순종은 통감 이토 히로부미와 각국 영사를 수옥헌(漱玉軒 지금의 중명전)에서 접견하였다.

그런데 고종의 퇴위 사실이 알려지자, 서울 시내 여기저기서 시민들의 통곡이 이어지고 수천 명이 모여 일본인들을 공격하는 폭동 사태가 연출되었다. 일진회 기관지인 「국민신보사」가 습격당하고, 시위군중 일부는 경운궁 대한문 앞 십자로에 수백 명이 꿇어앉아 고종에게 결코 양위하지 말라고 애원하기도 했다.

일제는 이런 군중 시위를 경찰과 주차군을 동원해 무자비하게 진압했다. 이처럼 막강한 물리력을 동원한 일제의 제압으로 퇴위 반대 시위는 점차 수그러들고 말았다.

---

* 1908년 1월 태황제로 물러난 고종이 '집도 없이 형에게 얹어 사는 이완용의 딱한 사정'을 듣고 중구 저동에 있는 남녕위 궁을 하사함으로써 이완용은 비로소 집을 장만하게 되었다.
고종은 퇴위를 강요한 이완용을 괘씸하게 생각할 만도 한데 그에게 집까지 하사한 것이다. 윤덕한은 『이완용 평전』에서 일반인이 생각하는 것과 달리 황실과 이완용은 돈독한 관계를 유지하고 있었다고 평가했다.(윤덕한 지음, 이완용 평전, pp.245~247)

✚ 게일 목사의 고종 황제에 대한 평가

게일 목사는 1909년에 발간한 『전환기의 조선』에서 이렇게 평했다.

"조선에서의 위대한 아버지는 그의 백성들을 유례없는 비탄의 상태로 빠뜨리고자 하나님이 선택한 폐위된 황제였다. 그런 상태 아래에서는 우리가 어떤 식으로 생각한다 할지라도 조선이 꿈꿔왔던 것보다 더 많은 희망이 가려진 것이다. 비록 황제가 20세기의 사람이 아니라는 사실과 또한 다른 외부 세력을 잊고 있었다고 할지라도 그는 "짐이 곧 국가이다."라고 말했던 루이 14세처럼 말할 수 있었다.

고종의 걸음은 퇴보했던 것이다. 근세에 이르기까지 동양의 군주들은 움직이면서 퇴보적인 행진에 호감을 가져 왔거나 그렇지 않으면 그들의 시선은 아무런 희망도 없이 머리 뒤에 고정되어 있었다. … 퇴위한 황제는 그 자신의 땅을 비천하게 만들고자 하나님에게 이용된 도구에 불과했다는 것은 의심할 나위도 없다.

고종은 어떤 새로운 시대와 접촉케 한다는 것은 불가능했다. 그는 친절하고 점잖으며 종종 동정심에 가득찼으나, 개혁을 하려는 생각은 그의 마음에 마성(魔性)을 불러일으킬 것이며, 어제의 친구를 고문할 것이고 그를 끌어내다가 당장 사지를 찢어 죽일 것이다.

그는 자신의 삶을 시험해왔던 지난 20년 동안 모든 점에서 실패했다. 이것이 오늘날 조선의 지위를 정치적으로 고려하면서 기억해야 할 첫 번째 사항이다. 조선은 퇴위한 황제에 의해서는 그가 살던 시대와 접촉할 수 없었던 것이다.

한편 황제와 백성들은 일치되지 않았다. 에슨 3세가 몇 년 전에 다음과 같이 기술했다.

'대한제국의 황제는 백성을 신뢰하지 않고, 백성은 일본인을 필요로 하지 않으며, 일본인은 황제를 믿지 않는다. 그 반대의 경우도 마찬가지이다. 황제는 일본인을 불신하고, 일본인은 그 백성을 불신하며, 백성들은 황제를 경멸한다.'"
(게일 지음 · 신복룡 역주, 전환기의 조선, 2019, pp.24~36)

정미 7조약 체결과 군대해산

순종이 즉위한 4일 후인 1907년 7월 24일에 통감 이토 히로부미는 전격적으로 대한제국의 국권을 완전히 장악할 수 있는 한일신협약을 제시하였다.

이에 이완용은 즉시 각의를 열고 일본 측 원안을 그대로 채택하고 순종의 재가를 얻은 뒤 7월 24일 밤에 이토의 사택에서 7개 조항의 한일신협약(보통 '정미 7조약'이라고 부른다)을 체결, 조인하였다.

대한제국은 1905년 11월에 을사늑약으로 외교권을 강탈당한 데 이어서 내정권도 빼앗겼다.

그런데 이토와 이완용은 이 조약을 체결하면서 비밀각서를 교환하였는데, 그 내용은 군대해산, 각부 차관의 일본인 임용, 통감부의 사법부와 경찰권 장악 등이었다.

이로써 정부 각부의 차관과 주요 국장 자리는 일본인들이 차지하여 한국인 대신(장관)은 결재만 하는 허수아비로 전락했다.

이러함에도 조정에는 조약에 반대하거나 조약을 체결한 대신을 처벌하라는 상소 한 장 올라오지 않자, 1907년 8월 11일 자 「대한매일신보」는 "세계 각국 사람들이여 매국노를 수입하려거든 대한국으로 건너오시오 … 황족 귀인과 정부 대관이 다 나라를 파는 중이요"라고 통탄했다.(윤덕한 지음, 이완용 평전, pp.250~251)

순종, 군대를 해산시키다.

한편 7월 24일에 순종은 「신문지법(新聞紙法)」을 반포하였다.(순종실록, 1907년 7월 24일 3번째 기사)

「신문지법」은 신문 발행 허가제, 신문 사전 검열제, 벌칙으로 발행 정지권과 시설 몰수권 등을 규정했다. 이 법은 언론 탄압과 언론 통제의 법적 근거가 되었으며 식민지 언론의 교두보가 되어 그 해악이 컸다.

이어서 순종은 7월 27일에 집회와 결사를 금지하는 「보안법(保安法)」을 반포하였다. 언론 통제에 이어 집회와 결사도 금지시킨 것이다.

이어서 7월 31일에 순종은 조령(詔令)을 내려 군대를 해산하였다.

"짐(朕)이 생각하건대 국사가 다난한 때를 만났으므로 쓸데없는 비용을 극히 절약해서 이용후생의 일에 응용함이 오늘의 급선무이다. 가만히 생각하면 현재 우리 군대는 용병(傭兵)으로 조직되었으므로 상하가 일치하여 나라의 완전한 방위를 하기에는 부족하다. 짐은 이제부터 군사 제도를 쇄신할 생각 아래 사관(士官)을 양성하는 데에 전력하고 뒷날에 징병법(徵兵法)을 발포(發布)하여 공고한 병력을 구비하려고 한다. 짐은 이제 유사(有司)에게 명하여 황실을 호위하는 데에 필요한 사람들을 뽑아두고 그밖에는 일시 해산시킨다. 짐은 너희들 장수와 군졸의 오랫동안 쌓인 노고를 생각하여 특히 계급에 따라 은금(恩金)을 나누어주니 너희들 장교(將校), 하사(下士), 군졸들은 짐의 뜻을 잘 본받아 각기 자기 업무에 나아가 허물이 없도록 꾀하라. 군대를 해산할 때 인심이 동요되지 않도록 예방하고 혹시 칙령을 어기고 폭동을 일으킨 자는 진압할 것을 통감(統監)에게 의뢰하라."(순종실록, 1907년 7월 31일)

당시의 군대 병력은 중앙에 4천 명(시위대 보병 2개 연대 약 3,600명, 기병 · 포병 · 공병 · 치중병 약 400명)과 지방에 8개 대대(수원 · 청주 · 대구 · 광주 · 원주 · 해주 · 안주 · 북청) 약 4,800명으로 도합 8,800여명이었다.

8월 1일 이른 아침에 이완용 내각은 중앙군 시위대 해산부터 시작했다. 오전 7시에 군부대신 이병무는 일본군 사령관 관저인 대관정에 시위대 각 대장들을 소집하고 해산 조칙을 전달했다. 그는 각 대장들에게 8시까지 훈련원(현 국립의료원 자리)에 맨손으로 모이라면서 10시에 해산식을 거행한다고 통보했다. 새벽부터 비가 퍼붓는 훈련원 해산식에 참가한 인원은 제1연대 제2대대 575명, 제1연대 제3대대 488명, 제2연대 제3대대 405명, 기병대 88명, 포병대 106명, 공병대 150명 등 총 1,812명이었다. 이때 정부는 하사에게는 80원, 병사 1년 이상자에게는 50원, 1년 미만자에게는 25원의 은사금을 지급하고 모자와 견장을 회수하고 고향으로 돌아가라는 명령을 내렸다.

그런데 같은 시각에 시위대 제1연대 제1대대장 참령 박성환(1869~1907)이 군대해산에 반대하여 권총으로 자결했다. 이를 계기로 시위대 제1연대 제1대대 군인들은 병영 내에 있던 일본인 교관에게 총을 쏘았고, 인근의 제2연대 병사들과 함께 병영 밖으로 뛰쳐나와 남대문 부근에서 기관포로 무장한 일본군 제51연대 소속 3개 대대 병력과 두 시간 이상 치열한 전투를 하였다. 이 전투에서 한국군은 200여 명(사망 68명), 일본군 90여 명(사망 4명)의 사상자가 발생했다.

한편 지방군인 진위대는 8월 3일 개성과 청주를 시작으로 9월 3일 북청 진위대까지 약 1개월에 걸친 해산계획이 세워졌다.

그러나 8월 6일 강원도 원주 진위대의 저항을 시작으로 강화도 분견대가 무장봉기하고 충주 · 제천 등 각지 진위대 군인들의 저항이 이어졌다. 그 와중에 진압에 나선 일본군의 사상자도 68명에 이르렀고, 한국 측 피해는 1,850명으로 집계되었다.

이어서 일제는 서울의 잔존 부대인 여단사령부, 연성학교, 헌병대,

치중대, 홍릉수비대, 군악대를 8월 28일에 해산시켰다.

한편 해산 군인들의 저항은 8월 이후 전국적인 의병 봉기의 열기로 연결되었다. 서울에서 내려간 시위대 병사나 각 지방 진위대 병사들이 무기를 지닌 채 경기도, 강원도 등지에서 충청도, 전라도 일대로 내려가면서 의병 부대에 합류했다.

안중근, 이토 히로부미를 처단하다.

1909년 10월 26일 오전 9시 반경 안중근(1879~1910) 의사는 중국 하얼빈 역에서 조선 침략의 원흉이며 동양 평화의 교란자 이토 히로부미(1841~1909)를 처단했다.

오전 9시경 이토 히로부미를 태운 특별열차가 하얼빈역에 멈췄다. 이토는 러시아 재무대신 코코체프와 약 25분간 대화를 나눈 뒤, 의장대를 사열하고 각국 사절단의 인사를 받았다.

의장대 뒤에서 기회를 노린 안중근은 이토가 10여보 떨어진 지점에 이르렀을 때 브라우닝 권총을 쏘았다. 제1탄은 이토의 가슴에 명중됐고, 제2탄은 흉부를 맞췄다. 제3탄이 복부를 관통하자 이토는 그 자리에서 고꾸라졌다. 안중근은 총 맞은 이가 이토가 아닐 수도 있다는 생각에서 3명에게 다시 각 1발씩 쏘았다. 이후 안중근은 '코레아 우라!'('대한국 만세'의 러시아어) 삼창을 외친 후 러시아 헌병에게 체포되었다.

한편 이토 히로부미는 열차 내 객실로 옮겨져 응급조치를 받았다. 이토는 가해자가 한국인이라는 말을 듣고는 '빠가(바보)'라고 중얼거린 뒤 10시경 절명했다. 탄환이 박힌 지 30분 후였다.

체포된 안중근은 역 구내 러시아 헌병대 분소에서 러시아 검찰관의 심문을 받았고, 밤 8~9시경 일본 영사관 지하 감방에 구금되었다.

11월 3일에 안중근은 뤼순 감옥으로 이감되었다. 일본은 이 사건을

'이토 암살사건'이라 칭하고 안중근을 흉한(兇漢: 테러리스트)으로 몰았다. 일본은 뤼순감옥에서 찍은 단지(斷指) 손이 잘 보이도록 가슴 가까이 얹은 초췌한 모습의 안중근 사진을 우편 엽서로 제작하면서, 하단에 "이토공을 암살한 안중근" 제하에 "한인(韓人)은 고래(古來)로부터 암살의 맹약으로 무명지를 절단하는 구관(舊慣)이 있다"라는 저주의 문구를 적어 판매했다.

안중근의 공판은 1910년 2월 7일부터 14일까지 뤼순의 관동도독부 지방법원에서 단 6회로 끝났다.

2월 12일에 안중근은 재판에서 자신을 테러리스트로 몰아붙이는 일본 검찰관에게 이렇게 외쳤다. "나는 개인 자격으로 이 일을 행한 것이 아니요. 대한의 군 참모중장의 자격으로 조국의 독립과 동양평화를 위해서 행한 일이니 나를 사형 피고로 다루어서는 안 되며 만국공법에 따라 처리하도록 하시오."

이어서 안중근은 이토 히로부미를 죽인 이유 15가지를 토씨 하나 틀리지 않고 피력하였다. 첫 번째 명성황후를 시해한 죄, 두 번째 대한제국의 황제를 강제 퇴위시킨 죄, 세 번째 을사조약과 정미조약을 강제로 체결한 죄, 네 번째 무고한 한국인들을 학살한 죄, 다섯 번째 정권을 강제로 빼앗은 죄, … 열네 번째 동양평화를 깨뜨린 죄, 열다섯 번째 일본의 태황제를 죽인 죄이다.

1910년 2월 14일 오전 10시 반, 일본 관동 도독부 지방법원 마나베 재판장은 안중근을 흉한(兇漢)으로 몰아 일본 형법의 살인죄를 적용해 사형을 언도했다.

항소 기한은 5일이었다. 2월 17일에 안중근은 히라이시 고등법원장을 만났다. 안중근은 동양평화론을 집필하도록 한 달의 시간을 주면 항소를 포기하겠다는 의견을 피력했다. 히라이시는 몇 달이라도 집필할 시간은 충분히 주겠다고 굳게 약속했다. 이를 믿고 안중근은 항소를 포기했다.

사형을 앞둔 안중근은 『안응칠역사』와 『동양평화론』 저술에 몰두했다. 그는 1909년 3월 15일에 『안응칠역사』를 탈고하고 『동양평화론』 집필에 들어갔다. 그런데 일본은 사형집행일을 3월 26일로 앞당겼다. 약속을 헌신짝처럼 버린 것이다. 안중근은 서문과 전감(前鑑) 일부를 쓰고, '현상 · 복선(伏線) · 문답'이란 목차만 적은 후 펜을 놓았다.

3월 11일에 안중근은 뤼순 감옥에서 경근과 공근, 두 동생과 빌렘 신부를 면회한 자리에서 두 가지 사항을 유언으로 남겼다.

하나는 '2천만 동포에게 남긴 유언'이다. 이 유언은 「대한매일신보」가 안중근이 죽기 하루 전인 3월 25일에 보도했다.

"나는 한국 독립을 회복하고 동양평화를 유지하기 위하여 3년간 해외에서 풍찬노숙하다가 마침내 그 목적에 도달하지 못하고 이 땅에서 죽는다. 그러니 우리 2천만 형제 자매는 각자 분발하여 학문을 면려(勉勵)하고 실업을 진흥하여 나의 유지(遺志)를 이어 자유 독립을 회복하면, 죽어도 한이 없을 것이다."

두 번째는 자신의 유해에 대한 유언이다.

"내가 죽은 뒤에 나의 뼈를 하얼빈 공원 곁에 묻어 두었다가, 우리 국권이 회복되거든 고국으로 반장(返葬 원래의 위치에서 고향으로 옮겨서 장례를 치름. 안중근의 고향은 황해도 해주임)해다오. 나는 천국에 가서도 또한 마땅히 우리나라의 독립을 위해 힘쓸 것이다."

3월 26일 사형집행일. 뤼순의 하늘은 추적추적 비가 내리고 있었다. 아침식사를 마치고 안중근은 평소 그를 지성으로 돌보아 준 간수 지바 도시치가 부탁한 휘호를 써 주었다.

"爲國獻身 軍人本分(위국헌신 군인본분 ;나라를 위해 몸을 바치는 것은 군인의 본분이다.)"

이후 안중근은 어머니가 보내준 흰 한복으로 갈아입고 사형장으로 향했다.

오전 10시, 마지막 유언을 묻는 집행관에게 안중근은 "나의 거사는 오직 동양평화를 위한 것이었으므로 바라건대 이 자리에 있는 일본인들도 나의 뜻을 이해하고 피차의 구별 없이 합심하여 동양의 평화를 이루는데 힘쓰기를 기원할 뿐이다. 마지막으로 '동양평화 삼창'을 하고 싶다"고 말했다. 하지만 집행관은 만세 삼창을 불허했다.

10시 4분에 안중근은 교수대에 올랐고 10시 15분에 절명했다. 10시 20분에 시신은 교회당에 옮겨져 우덕순 · 조도선 · 유동하 등 거사했던 동지들이 영결하였다.

사형 집행 후 안중근 의사의 두 동생은 필사적으로 유해 인도를 요구했지만 일본은 거절했다. 안의사 묘소가 독립운동의 성지(聖地)가 될 것을 우려한 것이다.

오후 1시경 일본은 안중근의 시신을 뤼순 감옥 묘지 어느 곳에 비밀리에 매장했다.

중국은 안중근을 영웅으로 추앙했다. 일본으로 망명한 사상가 양계초는 '가을바람이 부니 이토 히로부미를 단죄하네.(秋風斷藤曲)'란 시를 지어 찬양했다. 중국 초대 대통령 손문도 안중근을 추앙하는 시를 썼다.

"공은 삼한을 뒤덮고 이름은 만국에 떨치나니 백세의 삶은 아니나 죽어서 천추에 드러나리 약한 나라 죄인이요, 강한 나라 재상이라 그래도 처지를 바꿔놓으니 이토도 죄인이라."

훗날 중국 총리 주은래는 "(조선과 중국) 두 나라 인민의 일본 제국주의를 반대하는 공동투쟁이 시작되었다"고 평가했다.

지금도 일본 정부는 "안중근은 일본 초대 총리 이토를 살해한 테러리스트"라고 주장한다. 고무적인 것은 일본에서도 안중근을 독립운동가, 평화운동가로 평가하는 사람들이 늘어나고 있는 점이다. 심지어 도쿄 품천구 교육위원회는 1996년에 제작한 이토 히로부미 묘소 안내판에 '이토가 조선의 독립운동가에 의해 저격당해 69세에 숨졌다'고 적었다.

대한제국이 망하다.

1910년 8월 29일에 대한제국이 망했다. 1909년 초부터 일본은 한국의 병탄 논의를 구체화했다. 고종 퇴위 이후 2년간 병탄이 유예된 것은 항일 의병 투쟁 때문이 아니라 열강들의 승인이 필수였기 때문이었다.

1909년 3월에 일본 수뇌부는 한국 병합을 결정했다. 4월에 총리대신 가쓰라와 외무대신 고무라는 일본에 일시 귀국한 이토 히로부미를 만나 한국 병합에 합의했다. 6월에 각의는 이토 히로부미를 경질하고 후임에 소네 아라스케를 임명했다.

7월 6일에 일본 각의는 '적당한 시기에 한국 병합을 단행한다.'는 내용의 '한국 병합에 관한 건'을 통과시켰다. 이 건에 첨부된 '대한 시설 대강'에는 다수의 헌병과 경찰관을 파견할 것, 외교 사무를 완전히 장악할 것 등을 명시했다.

8월 14일에 한국 임시파견대 사령부는 '남한폭도대토벌실시계획'을 세우고 9월부터 10월까지 '남한폭도 대토벌 작전'을 벌였다. 이는 사실상 호남 의병 학살 작전이었는데, 일본군 2,300명과 군함 10척이 동원되었다. 이때 전사한 호남 의병이 420명, 체포나 자수한 자가 2천여 명이었다. 특히 심남일, 안규홍 등 약 26명의 주요 의병장이 체포되었고, 이들을 포함해 체포된 의병 대다수가 현장이나 감옥에서 처형당했다. 이후 근거지를 상실한 의병세력은 만주 · 연해주 등지로 이동하여 본격적인 항일 무장투쟁을 하였다.

한편 1909년 10월 26일에 하얼빈에서 안중근 의사가 이토 히로부미를 처단했다. 이러자 송병준이 이끄는 일진회는 12월 4일에 한일합방 청원서를 내각에 제출했다. 이완용은 크게 당황했다. 그는 12월 7일에 대신 회의를 열어 청원을 각하했다.

1909년 10월 미국 태프트 행정부의 녹스 국무장관은 '만주 철도 중립화안'을 구상했다. 이는 국제 컨소시엄을 구성해 중국에 대규모 차관을 제공하여 동청철도(블라디보스토크-북만주)와 남만주철도(장춘-뤼순)를 매입하거나 금애철도를 부설해 문호개방정책을 추진한다는 달러외교였다. 11월 6일에 녹스는 영국에 동참을 요구했다. 그런데 일본과 동맹인 영국은 완곡하게 거절했다.

12월 14일에 녹스는 일본 · 러시아 · 프랑스 · 독일 등에 협조를 구했다. 일본과 러시아는 즉각 거부했다. 이럼에도 녹스가 철도중립화안을 계속 추진하자 일본과 러시아는 1910년 3월에 공동대응하기로 합의했다. 이 과정에서 러시아는 4월에, 영국은 5월에 대한제국의 병합을 승인했고 7월 4일에 러일협약이 체결되었다.

그런데 일본은 미국에 한국 병합 사실을 사전 통보조차 하지 않았다.

포츠머스 회담이 열리기 5일 전인 1905년 8월 4일에 이승만은 사가모어 힐 별장에서 루스벨트 대통령을 만났다. 이때 이승만이 "일본인들이 장차 미국의 후환이 될 터이니, 지금 대한제국을 도와 일본인들의 계획에 빠지지 말아야 한다."고 주장했던 사실을 떠올리게 하는 대목이다.(서영희 지음, 일제 침략과 대한제국의 종말, pp.261~262)*

한편 열강 제국의 승인을 얻은 일본은 1910년 5월 30일에 소네 아라스케를 해임하고, 후임에 군부 실세인 육군대장 데라우치 마사타게(寺內正毅

---

* 일본은 1941년 12월 8일에 하와이 진주만을 기습하여 태평양 전쟁을 일으켰다. 국익을 위해선 영원한 우방이 없음을 실감하게 하는 대목이다.

1852–1919)를 임명했다. 6월 3일에 일본 각의는 '병합 후 한국에 대한 통치 방침과 총독의 권한 등'을 확정했다. 여기에는 ① 조선에는 당분간 일본 헌법을 시행하지 않고 대권(大權)에 의하여 통치할 것, ② 총독은 천황에게 직접 예속하고 조선에서 모든 정무를 총괄하는 권한을 가질 것, ③ 조선의 정치는 최대한 간명하고 쉽게 해 나갈 것 등이 포함되었다.

7월 23일에 3대 한국 통감 데라우치가 서울에 도착했다. 대한제국은 그야말로 긴장, 초긴장이었다.

이완용의 매국

1910년 8월 4일 밤 11시에 총리대신 이완용의 비서 이인직(1862~1916)이 통감부 외사국장 고마쓰 미도리를 방문했다. 신소설 『혈의 누(血一淚)』의 작가로 잘 알려진 이인직은 28세(1900년)에 관비 유학생으로 일본 유학길에 올라 도쿄 정치학교에서 공부했는데, 고마쓰는 이 학교 국제법 교수였다.

1903년에 이인직은 한국 정부의 유학생 소환령을 거부하고 미야코 신문사의 견습 기자로 일하다가 일본 육군성 통역으로 들어가 1904년 러일전쟁 때 종군했다. 이후 그는 1906년 2월에 송병준이 창간한 일진회의 기관지 「국민신보」 주필이 되었다가 「만세보(萬歲報)」 주필을 거쳐 이완용의 추천으로 「대한신문」 사장이 되었다. 이인직은 1906년 7월 22일부터 10월 11일까지 「만세보」에 '혈의 누'를 연재했다. 청일전쟁 때 평양이 첫 배경인 이 소설은 문명사회에 대한 동경과 자유결혼을 주제로 하지만 지나치게 친일적이다.

한편 이인직은 고마쓰에게 "역사적 사실에서 보면 병합이란 결국 종주국을 중국에서 일본으로 옮기는 것"이라고 말했다. 이러자 고마쓰는 "병합 후 한국 황실은 일본 황족의 대우를 받으며 충분한 세비를 지급받는다. 내각 대신과 관리들도 불온하지 않다면 귀족 대우를 받고 세습재산도 받는다."고 답변했다.

이인직은 이 사실을 즉시 이완용에게 알렸고, 이완용은 한일병합 추진을 결심했다. 며칠 후 이인직은 고마쓰를 두 차례나 더 만나 이완용의 조속한 병합 제의를 알렸다. 당시에 일본은 더위나 가시면 합병을 추진할 생각이었다. 나중에 고마쓰는 1936년에 발간한 저서 『명치외교 비사』에서 "그물 속으로 물고기가 뛰어든 기분이었다."고 적었다.

8월 16일에 이완용은 농상공부 대신 조중응을 통역 겸 참모로 데리고 통감 관저로 데라우치를 찾아갔다. 방문 목적은 도쿄를 휩쓴 수재 위문이었지만, 실제로는 병합 문제를 조속히 마무리 지으려는 것이었다.

이완용은 일본이 제시한 병합안에 대부분 동의하면서 국호와 황실 존칭 문제에 대하여는 이의를 제기했다. 이러자 일본은 국호(한국을 조선으로 개칭함)는 고수했고, 황실 존칭은 이완용의 의견을 받아들여 고종은 이태왕, 순종은 이왕, 영친왕은 왕세자로 양보했다.

이완용과 데라우치의 한일병합 협상은 30분 만에 끝났다. 당시 내외 신문과 통신들은 매국 협상을 전혀 눈치채지 못했다.(이덕일 지음, 근대를 말하다. pp.84~95)

8월 18일에 병합조약안은 별다른 수정 없이 내각회의를 통과했고, 8월 22일에는 창덕궁 대조전 흥복헌에서 형식적인 어전회의를 거쳐 이완용이 전권위원으로 임명되었다.

이 날 순종은 조령(詔令)을 내려 병합조약을 맺도록 하였다.

"짐(朕)이 동양 평화를 공고히 하기 위하여 한일 양국의 친밀한 관계로 피차 통합하여 한 집으로 만드는 것은 상호 만세(萬世)의 행복을 도모하는 까닭임을 생각하였다. 이에 한국 통치를 들어서 이를 짐이 극히 신뢰하는 일본국 황제 폐하에게 양여하기로 결정하고 이어서 필요한 조장(條章)을 규정하여 장래 우리 황실의 영구 안녕과 생민의 복리를 보장하기 위하여 내각 총리대신 이완용을 전권위원으로 임명하고 일본국 통감 데라우치 마사타케와 회동하여 상의해서 협정하게 하는 것이니 제신(諸臣) 또한 짐의 결단을 체득하여 봉행하라."(순종실록, 1910년 8월 22일)

이러자 이완용은 곧장 통감부로 가서 데라우치 통감과 조약을 조인하였다.

조약 내용은 1910년 8월 22일 자 『순종실록』에 나와 있다.

"한국 황제 폐하 및 일본 국 황제 폐하는 양국 간의 특별히 친밀한 관계를 고려하여 상호 행복을 증진하며 동양의 평화를 영구히 확보하기 위하여, 이 목적을 달성하려고 하면 한국을 일본국에 병합하는 것만한 것이 없음을 확신하여 이에 양국 간에 병합조약을 체결하기로 결정한다.

이를 위하여 한국 황제 폐하는 내각 총리대신 이완용을, 일본 황제 폐하는 통감 자작 데라우치 마사타케를 각각 그 전권위원에 임명한다. 위의 전권위원은 회동하여 협의하여 다음의 여러 조항을 협정한다.

제1조 한국 황제 폐하는 한국 전부(全部)에 관한 일체 통치권을 완전하고도 영구히 일본 황제 폐하에게 양여한다.

제2조 일본 국 황제 폐하는 전조에 게재한 양여를 수락하고 또 완전히 한국을 일본 제국에 병합하는 것을 승낙한다.

제3조 일본 국 황제 폐하는 한국 황제 폐하, 태황제 폐하, 황태자 전하와 그 후비 및 후예(後裔)에게 각기 지위에 상당한 존칭 · 위엄 및 명예를 향유하게 하고 또 이를 보지(保持)하는 데 충분한 세비(歲費)를 공급할 것을 약속한다.

제4조 일본 국 황제 폐하는 전조(前條) 이외에 한국의 황족(皇族) 및 후예에 대하여 각각 상당한 명예 및 대우를 향유케 하고 또 이를 유지하는 데 필요한 자금을 제공할 것을 약속한다.

제5조 일본 국 황제 폐하는 훈공이 있는 한인(韓人)으로서 특히 표창하는 것이 적당하다고 인정되는 자에 대하여 영예 작위를 주고 또 은금(恩金)을 준다.

제6조 일본 국 정부는 전기(前記) 병합의 결과로 한국의 시정(施政)을 전적으로 담임하여 당해 지역에 시행할 법규를 준수하는 한인의 신체 및 재산에 대하여 충분히 보호하고 또 그 복리의 증진을 도모한다.

제7조 (생략)

제8조 본 조약은 한국 황제 폐하 및 일본 국 황제 폐하의 재가를 얻어서 공포일로부터 시행한다."

이렇게 대한제국은 일본의 식민지가 되었다. 황제와 대신들은 백성들에겐 극비(極祕)로 하고 2천만 백성의 운명을 송두리째 일본에 내준 것이다.

외사국장 고마쓰등의 회고

8월 22일에 한일병합조약이 체결되자 통감부 외사국장 고마쓰는 이렇게 회고했다.

"8월 22일은 한일관계에서 가장 기념할 만한 하루였다. 오전 10시 도쿄 추밀원 임시회의에서 메이지 천황이 병합조약을 재가하고, 오후 2시에는 한국 정부 어전회의에서 순종 스스로 병합조약을 가납했다. 이어 데라우치 총감과 이완용 총리가 조약에 조인하고 모든 절차를 완료했다. 데라우치는 군인 한 명도 움직이지 않았고 피 한 방울 흘리지도 않았다. 담판 개시일부터 조약 조인까지 딱 일주일 걸렸다."(박종인 지음, 매국노 고종, pp.321~322)

궁내부 사무관이었던 곤도 시로스케도 8월 22일의 어전회의를 이렇게 회고했다.

“(전략) 어전회의는 오후 2시가 좀 지난 시각에 창덕궁 대조전 흥복헌에서 열렸다. 회의는 약 한 시간 만에 끝났으며, 마침내 전하께서 이완용 총리에게 전권위원장을 내리셨다. … 전하께서는 이미 대세를 달관하신 것인지 조금도 주저함 없이 결단을 내리시고 이를 번복할 의사가 없으셨으므로, 조선 500년의 마지막에 나라와 백성을 구하기 위해 미증유의 이 중대 안건을 평화로운 분위기 속에서 한 시간의 어전회의를 통해 결정하신 다음 폐회를 선언하셨다.”(곤도 시로스케 지음 · 이언숙 옮김, 대한제국 황실 비사, pp.92~93)

8월 29일에 한일병합조약이 공포되었다. 을사늑약 같은 조약들은 즉시 공포되었는데 왜 이 병탄 조약은 1주일 뒤에 공포되었을까?

『한국 근대사 강의』 책에는 ‘일본은 한국인의 반발을 우려하여 조약 체결 사실을 1주일간 극비에 붙였다가 29일에야 발표했다.’고 적혀 있다.(한국근현대사학회 엮음, 한국근대사강의, 2013, p.287)

그런데 일본에 망명 중인 중국의 양계초는 1910년 9월 14일에 「국풍보(國風報)」에 게재한 「일본병탄 조선기」에서 이렇게 썼다.

“합병 조약은 22일에 임시 추밀원 회의를 열어 25일 공포하기로 결정되었다. 그런데 한국 정부가 갑자기 8월 28일 순종 즉위 4주년 기념회를 열어 축하한 뒤 발표하기를 청하자, 일본인들이 허락했다. 이날 대연회에 신하들이 몰려들어 평상시처럼 즐겼으며, 일본 통감 역시 외국 사신의 예에 따라 그 사이에서 축하하고 기뻐했다. 세계 각국에 무릇 혈기 있는 자들은 한국 군신들의 달관한 모습에 놀라지 않을 수가 없었다.”(량치차오 지음 · 최영욱 옮김, 량치차오, 조선의 망국을 기록하다, 2014, p.164)

국치일(國恥日)에

국치일에

8월 29일 국치일(國恥日) 서울 남산 밑 일본인 거주지에는 집집마다 일장기가 게양되고 시내 곳곳에는 오색등이 설치되어 저녁에 있을 등불 행렬을 준비했다. 일본이 동원한 인파 약 6만여 명은 총독부를 비롯한 총독 · 정무총감 · 경무총감 · 군사령관의 관저 앞에서 만세 삼창을 하며 대한제국이 조선으로 바뀐 것을 축하했다.

이 날 종로 거리의 한국인들은 마치 아무 일도 없었던 것처럼 장사를 하고 흥청거리며 먹고 마시는 평소의 모습을 보였다.(김태웅 · 김대호 지음, 한국 근대사를 꿰뚫는 질문 29, 2019, p.433)

양계초는 1910년 9월 14일에 『국풍보』에 발표한 「조선 멸망의 원인」에서 이렇게 적었다.

"합병조약이 발표되자 이웃 나라의 백성은 오히려 조선을 위해 흐느껴 울며 눈물 흘렸는데, 조선 사람들은 술에 취해 놀며 만족했다. 더구나 고관들은 날마다 출세를 위한 운동을 하고, 새 조정의 영예스러운 작위를 얻기를 바라며 기꺼이 즐겼다."(량치차오 지음, 위 책, p.100)

한편 8월 29일에 순종이 칙유했다.

"짐이 부덕(否德)으로 간대(艱大)한 업을 이어받아 임어(臨御)한 이후 오늘에 이르도록 정령을 유신하는 것에 관하여 누차 도모하고 갖추어 시험하여 힘씀이 이르지 않은 것이 아니로되, 원래 허약한 것이 쌓여서 고질이 되고 피폐가 극도에 이르러 만회할 가망이 없으니 밤중에 우려함에 선후책(善後策)이 망연하지라.

이러한 일이 더욱 심해지면 끝내는 수습할 수 없을 것이니 차라리 대임(大任)을 남에게 맡겨서 완전하게 할 방법과 혁신할 공효(功效)를 얻게 함만 못하다. 그러므로 짐이 결연히 내성(內省)하고 확연히 결단을 내려 한국의 통치권을 종전부터 친근하게 믿고 의지하던 이웃 나라 대일본 황제 폐하에게 양여하여 밖으로 동양의 평화를 확고히 하고 안으로 팔역(八域)의 민생을 보전하게 하니 대소신민(大小臣民)은 국세(國勢)와 시의(時宜)를 깊이 살펴서 번거롭게 소란을 일으키지 말고 각각 그 직업에 안주하여 일본 제국의 문명한 새 정치에 복종하여 행복을 함께 받으라.

오늘의 이 조치는 그대들 민중을 잊음이 아니라 참으로 그대들 민중을 구활하고자 하는 지극한 뜻에서 나온 것이니 그대들 신민들은 짐의 이 뜻을 능히 헤아리라."(순종실록, 1910년 8월 29일)

이처럼 순종은 무책임하고 무능했다.

 # 메이지 천황의 조서

8월 29일에 고종(1852~1919)과 동갑내기인 일본 메이지 천황(1852~1912)이 조서(詔書)를 내렸다.

"짐이 동양 평화를 영원히 유지하여 제국의 안전을 장래에 보장함을 생각하며, 또 항상 한국이 화란(禍亂)의 근원 됨을 돌아보아 지난번에 짐의 정부로 하여금 한국 정부와 협정하게 하고 한국을 제국의 보호 아래 두어 화의 근원을 두절하고 평화의 확보를 기하였다. … 짐은 한국 황제 폐하와 더불어 한국을 일본 제국에 병합하는 것이 시세의 요구에 응함이 부득이하다고 생각하여 영구히 한국을 제국에 병합케 한다. 한국 황제 폐하 및 황실 각원(各員)은 병합 후라도 상당한 예우를 받을 것이고, 민중은 직접 짐의 위무 아래에서 그 강복(康福)을 증진할 것이며, 산업 및 무역은 평온한 통치 아래에서 현저한 발달을 보이기에 이를 것이니, 동양의 평화가 이에 의하여 더욱 공고하게 함이 짐이 믿어 의심치 아니하는 바이다."

한국을 강점한 것이 동양 평화와 한국인의 복리증진을 위한 것이라는 메이지의 조서에 울화가 터진다.

이윽고 메이지 천황은 여러 개의 칙령을 발표했다.

"칙령 제318호
한국의 국호(國號)를 고쳐 지금부터 조선이라 칭한다.

칙령 제319호
조선에 조선총독부를 설치한다.(후략)"
(순종실록부록, 1910년 8월 29일)

순국열사들과 황실 그리고 친일파들

순국 열사들

나라가 망했다. 망국에 순국열사가 없지는 않았다. 『한국독립운동사자료』 4권의 '순국 의사' 조에는 순국 의사 29명의 명단이 실려 있다. 실제로는 훨씬 많을 것이다.

"금산군수 홍범식, 주러시아 공사 이범진, 승지 이만도, 진사 황현, 판서 김석진, 내관 반학영, 참판 송도순, 정언 정재건, 의관 송익면, 감역 김지수 등."

소설 『임꺽정』의 저자 홍명희의 아버지인 금산군수 홍범식은 목매어 자결했고, 헤이그 특사 이위종의 아버지 이범진은 러시아에서 권총 자결, 퇴계 이황의 후손인 이만도는 안동에서 단식하다 순국했다. 작위와 은사금을 거부한 판서 김석진은 음독 자결했으며, 환관 반학영은 파주에 은거 중 할복 자결했다.

『매천야록』의 저자인 황현도 9월 10일에 전라도 구례 자택(지금의 매천사)에서 유서와 절명시 4수를 남기고 순국했다.

"나는 국가에 녹을 먹지 않아 죽어야 할 의무는 없지만, 나라가 선비를 기른 지 500년에 나라가 망하는 날, 한 사람도 죽는 사람이 없어서야 어찌 슬프지 않겠는가?"

경남일보 주필 장지연은 10월 11일 자 「경남일보」에 황현의 자결 소식과 함께 절명시 4수를 실었다.

> "새 짐승도 슬피 울고 바다 산도 찡그리네.
> 무궁화 온 세상 이미 가라앉아버렸구나.
> 가을 등불 아래 책 덮고 옛일 곰곰이 생각하니
> 글 배운 사람 구실 참으로 어렵구나."

이로 인해 경남일보는 10월 15일부터 정간되어 10월 25일에 속간되었지만 1914년에 폐간되고 말았다.

한편 해외로 망명한 독립운동가도 여럿이었다. 이회영 6형제는 서울 명동 일대의 가산을 모두 정리한 돈 600억 원을 들고 중국 서간도로 망명하였고, 안동의 이상룡 일가도 가산을 정리하여 만주로 갔다. 이건승 · 정원하 · 홍승헌 등 강화학파 선비들도 압록강을 건넜다.

나라는 망했어도, 황실과 친일파는 호사를 누리다.

그런데 나라가 망했어도 황실은 '한일 병합조약' 제3조에 의거 예우를 받고 세비(歲費)도 받았다. 순종은 '창덕궁 이왕'으로, 고종은 '덕수궁 이태왕'으로 격하되었지만, 10월 10일에 조선총독부는 특별회계 세출예산 외에 이왕가(李王家)의 세비 금(金) 50만 원(圓)을 지출하였다.(순종실록부록, 1910년 10월 10일)

조선총독부 통계 연보에 따르면 이왕가에게 지급한 세비는 1911년부터 1920년까지 매년 150만 엔(현시가로 198억 원)이었다. 1921년부터 1945년까지 매년 180만 엔을 지급했다. 1911-1913년 회계연도 조선총독부 세출예산은 5,047만 엔이었다. 조선총독부 세출의 3%가 이왕가에게 매년 지급된 것이다.(박종인 지음, 매국노 고종, 2020, p.347)

10월 7일에 일본은 '한일병합 조약' 제5조에 의거 매국 친일파 76명에게 귀족의 칭호를 주었다.

후작(侯爵)은 이재완, 이재각, 이해창, 이해승, 윤택영, 박영효, 백작(伯爵)은 이지용, 민영린, 이완용(李完用 총리대신), 자작(子爵)은 이완용(李完鎔), 이기용, 박제순, 고영희, 조중응, 민병석, 이용직, 김윤식, 권중현, 이하영, 이근택, 송병준, 임선준, 이재곤, 윤덕영, 조민희, 이병무, 이근명, 민영규, 민영소, 민영휘(민영준에서 개명), 김성근, 남작(男爵)은 윤용구, 홍순형, 김석진, 한창수, 이근상, 조희연, 박제빈, 성기운, 김춘희, 조동희, 박기양, 김사준, 장석주, 민상호, 조동윤, 최석민, 한규설, 유길준, 남정철, 이건하, 이용태, 민영달, 민영기, 이종건, 이봉의, 윤웅렬, 이근호, 민형식, 김가진, 정낙용, 민종묵, 이재극, 이윤용, 이정로, 김영철, 이용원, 김종한, 조정구, 김학진, 박용대, 조경호, 김사철, 김병익, 이주영, 정한조였다.(순종실록부록, 1910년 10월 7일)

작위를 받은 76명을 분석하면 세 가지 큰 흐름이 나타난다. 첫 번째는 왕실인사이다. 후작 이재완(대원군 조카), 이재각, 이해창, 이해승, 윤택영(순종비 친아버지), 박영효(철종의 사위)는 모두 왕실 인사였다.

두 번째는 집권당인 노론이 절대다수이다. 작위를 받은 76명 중 소속당파를 알 수 있는 64명을 분석하면 56명(87.5%)이 노론이고, 소론이 6명, 북인이 2명이며 남인은 없다(이덕일 지음, 근대를 말하다, 2012, pp.93~95).

세 번째는 명성황후 민씨 척족이 다수 포함되어 있다는 점이다. 민병석, 민영규, 민영소, 민영휘, 민상호, 민영달, 민영기, 민종묵, 민형식이 그들이다.

그런데 76명 중 8명은 작위 수여를 거부했다. 한규설(을사늑약 반대 참정대신), 유길준(개화파), 김석진(작위 거부 후 자결), 홍순형(궁내부 특진관), 윤용구(총리대신), 조경호, 조정구(대원군의 사위), 민영달(김홍집 내각 내부대신)이다.

나머지 68명은 은사금을 받았다. 은사금은 후작 16만 8천 원, 백작 10만 원, 자작 5만 원, 남작 2만 5천 원이었다. 현시가로 2만 5천 원은 3억3천만 원에 해당하는데 은사금은 공채 이자로 받았다.

아울러 일본 천황은 대사령을 내려 국사범과 정치범 8백 명을 석방했고, 은사공채 3천만 엔(3,960억 원)을 발행해 왕족, 대신부터 시골 양반, 효자 · 열녀에 이르기까지 89,864명에게 골고루 뿌렸다.

이처럼 일본은 당근을 주어 친일파를 만들었다.

고종 승하와 3.1 운동 그리고 대한민국의 탄생

나라가 망하자 고종은 덕수궁에서 생활했다. 그런데 영친왕의 생모 엄귀비가 1911년 7월에 별세했다. 새옹지마랄까? 1912년 5월에 복녕당 양씨가 덕혜옹주를 낳았다. 61세에 딸을 본 것이다. 고종은 사는 맛이 났다.

1914년 7월에는 광화당 이씨가 이육을 낳았고, 1915년 8월에는 보현당 정씨가 이우를 낳았다. 늦게 두 아들을 얻은 고종은 더욱 기뻤다. 그런데 1916년 1월에 이육이, 7월에는 이우가 죽었다.

이 시기 다섯 살 덕혜옹주가 유치원에 입학했다. 이후 고종은 덕혜옹주와 함께 함녕전에서 지냈다. 덕혜옹주의 재롱을 보며 하루하루를 지내던 고종은 1919년 1월 21일 묘시에 덕수궁 함녕전에서 식혜를 먹고 갑자기 승하했다.

그런데 1월 20일의 숙직이 이완용이었고, 일제는 고종의 사망 사실을 하루 동안 숨겼다가 '신문 호외'로 발표했다. 일제가 발표한 사인은 뇌일혈이었다. 이러자 '고종 독살설'이 널리 유포되었다. 가장 유력하게 퍼진 설은 '이완용 등이 두 나인에게 독약 탄 식혜를 올려 고종을 독살했는데, 그 두 나인도 입을 막기 위해 살해했다.'는 설이었다.(이덕일 지음, 근대를 말하다, pp.230~231)

고종 인산일(因山日)인 3월 1일에 백성들은 독립 만세 운동을 벌였다. 3월 1일 오후 2시 서울 태화관에서 민족 대표 33명 중 29명이 참석하여 독립선언식을 거행했다. 2시 반에는 탑골공원에서 5천 명의 학생과 시민이 선언식을 하고 만세 시위를 벌였다. 3.1운동은 8월까지도 계속되었다.

3.1운동이 전국적으로 확산되면서 임시정부가 6개 이상 조직되었다. 가장 먼저 생긴 곳은 연해주 블라디보스토크였다. 3월 17일에 블라디보스토크의 대한국민의회는 대통령에 손병희, 국무총리에 이승만을 추대했다. 상해에서도 4월 10일에 프랑스 조계에서 임시의정원 대표 29명이 모여 4월 11일 오전 10시에 '대한민국 임시헌장'을 채택하였고, 국무총리에 이승만을 임명했다.

4월 23일엔 서울 봉춘관에서 13도를 대표하는 24명이 모여 한성임시정부 선포문과 정부 명단을 발표했다. 집정관 총재 이승만, 국무총리 이동휘 등이었다. 3개의 임시정부 외에도 조선민국임시정부(서울, 4월 10일), 신한민국 정부(평안도, 4월 17일)등도 등장했지만 이들은 문서로만 알려진 이른바 "전단(傳單) 정부"였다. 나중에 연해주와 한성 임시정부는 상해임시정부와 통합하였고, 통합된 임시정부는 상해에 두는 것으로 마무리되었다.

이어서 상해 임시정부는 대한민국 임시헌장 제1조에서 '대한민국은 민주공화제'로 한다고 선포했다. 이는 1899년에 선포된 「대한국 국제」에서 규정한 '전제 군주국'에서 벗어나 국민이 주인이 되는 '대한민국'의 탄생을 의미한다. 이로써 황제의 나라 대한제국은 망국 9년 만에 영원히 역사에서 사라졌다.

✚ 양계초, 조선의 망국 글을 쓰다

1898년 9월 무술변법이 좌절되자 일본으로 망명한 청나라의 개화사상가 양계초(1873~1929)는 일본에서 14년간 살면서 조선의 망국에 관한 글을 여러 편 썼다.

그는 1904년 9월 「조선망국사략(朝鮮亡國史略)」을 시작으로, 1907년 10월 「아! 한국, 아! 한국 황제, 아! 한국국민」, 1910년 9월에 「조선 멸망의 원인」과 「일본병탄 조선기」를 썼다. 아울러 1909년 12월에 안중근 의거를 찬양하는 장편시 「가을바람이 등나무를 꺾다」와 1910년 9월에 「조선 애사(哀詞)」 24수를 지었다.

먼저 1904년 9월 24일에 쓴 「조선망국사략」 서두를 읽어보자.

"장대(章臺) 궁전의 버들이여! 옛날에는 무성하더니 지금도 그러한지? 설사 긴 가지 옛날과 같았어라도, 필경 남의 손에 당겨져 꺾였으리라!

청일전쟁 전의 조선과 청일전쟁 후의 조선을 비교해 볼 때, 더구나 청일전쟁 후의 조선과 러일전쟁 후의 조선을 비교해 볼 때 나는 눈물이 눈썹에 넘쳐흐름을 금치 못하겠다. 이제 조선은 끝났다. 지금부터 세상에 조선의 역사가 다시 있을 수 없고, 오직 일본 번속 일부분으로서의 역사만 있을 뿐이다. … 지금 3천년 된 이 오래된 나라가 하루아침에 갑자기 멸망하는 데 그와 친속의 관계를 가진 이로써 어찌 그 종말을 장식하게 된 사실에 대해 기록하지 않을 수 있겠는가? 아! 이로써 비애(悲哀)를 생각하니 그 비애를 가히 알겠다."(량치자오 지음 · 최형욱 엮고 옮김, 량치차오, 조선의 망국을 기록하다, 2014, p.14)

1907년 10월에 양계초는 「아! 한국, 아! 한국 황제, 아! 한국 국민」 글을 발표했다.

"한국 황제가 양위하고, 한국 군대가 해산하고, 한일신협약이 성립되었다. 아! 한국이 망했다. 아! 한국이 완전히 망했다. 온 세상에 바삐 돌아다니며 서로 알리기를 일본인들이 한국을 망하게 했다고 한다. 일본인들이 어찌 한국을 망하게 할 수 있겠는가? 한국이 망한 것은 한국 황제가 망하게 한 것이요, 한국 인민이 망하게 한 것이다. 한국 황제가 어떻게 한국을 망하게 했는가? 기지가 조금 있으나 독단으로 처리하기를 좋아하고 정해진 의견이 없으며, 오직 그럭저럭 버티는 데에만 힘쓰며 사람들의 이목을 막으려고만 했다. … 또 늘 외국에 기대어 그 지위를 보존하고자 했다. 10년 동안 개혁 조칙들이 수십 차례 내려졌으나 정치는 전에 비해 조금도 변하지 않았다. 한국에 이러한 황제가 있음으로 한국은 마침내 망했다.(후략)"(량치차오 지음, 위 책, pp.82~84).

1910년 9월 14일에 양계초는 「일본병탄 조선기」를 썼다.

그는 일본의 조선 병탄을 이렇게 분석했다.

"합병은 단지 그 명의일 뿐이나, 합병행위가 아니었더라도 어찌 조선이 멸망하지 않았다고 말할 수 있었겠는가? 무릇 나라는 반드시 스스로 정벌한 연후에 남이 정벌한다. 조선이 만약 스스로 망하지 않는다면 망하게 할 수 있는 자는 없다.

40년 동안 일본이 했던 바를 하고자 했던 나라는 한 나라가 아니었다. 그런데 그 열매를 획득한 나라가 어째서 오직 일본이었는가? 이는 단지 천행이라고만 할 수 없다. 중국이 조선에서 쌓았던 2천 년의 위엄 위에 다시 대의명분으로 임했다면, 일의 추세가 순조로워 일본은 중국 만분의 일에도 미치지 못했을 것이다. 러시아가 그 광활한 영토와 많은 인민을 가지고 조선을 빼앗아 선성(先聲)을 올렸고, 조선을 중시한 것 또한 몇 배나 됐다.

그러나 일본은 지극히 순조롭지 못한 지경에 처해서도 지극히 끈질긴 힘을 떨쳐 이 두 강자와 패권을 다투었고, 그 득실의 정세는 믿었던 바에 반대가 됐다.
내가 자주 논했거늘, 일본이 승리한 것은 8단(端)을 알았다는 것이다. 첫째, 일본은 조선을 도모함에 있어 수십 년간 정책이 일관됐다. 둘째, 일본은 조선에서 실패 역시 여러 번 했지만, 처음에 세운 뜻을 버리지 않고 실천했다. 셋째, 기회를 살피는데 지극히 민첩하고 나아가는 것 또한 신속했다. 넷째, 위험을 무릅쓰고 매진해 다른 나라가 하지 않은 일을 할 수 있었다. 다섯째, 일본은 마치 수은이 땅에 흐를 때 들어가지 않는 구멍이 없듯이 어느 방면을 막론하고 다 힘을 썼다. 여섯째, 다른 나라들은 인민 여론의 세력에 대해 조금도 뜻을 두지 않았으나, 일본은 40년 동안 경영하기를 게을리하지 않았다. 즉 일진회 등을 만들어 교묘한 책략들을 제공했다. 일곱째, 다른 나라들이 키우고자 서둘렀던 것은 오직 정치 세력이었으나, 일본은 경제 세력과 정치세력을 동시에 맹렬히 나아가며 쉬지 않았다. 여덟째, 다른 나라의 주동자들은 우리의 원세개나 러시아의 베베르 같은 이가 있으되 불과 한두 사람이었다. 일본은 여러 방면 모든 갈래를 나누어 활동하는 이들이 있어 위로는 장교로부터 아래로는 병졸에 이르기까지 모두 그 직책에 따라 함께 달려갔다. … 저들이 우승의 기술을 지니고, 마음으로 도모하고 눈으로 집중하는 것이 어찌 조선 하나뿐이겠는가? 이에 나는 조선의 멸망을 보며 춥지도 않는데 전율을 느낀다."(량치차오 지음, 위 책, pp.106~170).

이어서 양계초는 1910년 9월 14일에 상해에서 발행한 『국풍보(國風報)』에 「조선 멸망의 원인」을 게재했다.

"아! 이제 조선은 명실상부하게 멸망했다. 다시는 군주가 없고, 다시는 정부가 없고, 다시는 민족이 없고, 다시는 언어와 문자 · 종교가 없게 됐다. 조선 멸망의 최대 원인은 사실 궁정(宮廷)에 있다. 오늘날 입헌국가에서 군주는 정치적 책임이 없고 악정(惡政)도 할 수 없다. 전제국가의 경우는 이와 다르다. 국가의 명운이 전부 궁정에 달려 있다. … 대한제국이 망한 것은 고종이 망하게 한 것이다."

이어서 양계초는 양반이 나라를 농단했다고 비판했다.

"조선 사회는 망국의 사회다. 양반이라는 자들이 나라를 농단했다. 양반은 모든 악의 근원이다. 양반은 관리로 임용되면 제 맘대로 빼앗고 가져가니 각종 조세 중 국고에 들어가는 것은 그들이 백성으로부터 갈취한 것의 1/3도 안 됐다. 이런 까닭에 관리는 조선에서 가장 이익이 남는 장사였으니 양반들은 관리가 되기 위해 마치 오리 떼가 달리듯 했다."

양계초는 조선 백성에게도 비판적이었다.

"이번에 합병조약이 발표되자 이웃 나라의 백성은 오히려 조선을 위해 흐느껴 울며 눈물 흘렸는데, 조선 사람들은 술에 취해 놀며 만족했다. …"

이처럼 양계초는 조선은 썩어 문드러져 스스로 망한 것이라고 논평했다.

" … 대체로 조선 정치의 문란함은 다스릴 수도 없고, 썩어 문드러져 가까이 갈 수도 없었다. 한마디로 말하자면, 어지러움을 도모함에 부지런히 힘쓰고, 분발해 스스로를 죽이는 것이었다. … 조선을 망하게 한 것은 조선이지 일본이 아니다. 무릇 조선 사람들은 망하는 것을 스스로 즐겼으니, 또한 무엇을 가엾게 여기겠는가?

… 아! 이제 조선은 끝났다. 황실의 위엄이 어디 있으며, 관리의 권세가 어디 있으며, 양반의 가문이 어디 있으며, 백성의 기름을 짜내서 이룬 경복궁이 어디

있으며, 삼청동의 여러 민씨의 웅장하고 아름다운 저택들이 어디 있으며, 일진회 · 대한협회가 어디 있으며, 뇌물을 쌓고 쌓던 허리춤 전대가 어디 있겠는가? … 오직 한 매국노의 이름을 사적(史籍)에 길이 남겨 만세에 비웃음과 욕을 먹게 했다. … 천지간의 귀신에게도 물을 수 없는 얼마의 수단을 써서 그 뇌물 상자를 불렸던가? 이제는 모두 재처럼 타다가 날아가 없어지고 소리없이 사라졌다. 깊이 생각하고 찬찬히 살펴보노라니, 도대체 누구를 위해 그랬던가? 그런데도 조선 사람들은 실로 오늘에 이르기까지 아직도 깨어나지 못하고 있는 것 아닌가? 아!"(량치차오 지음, 위 책, pp.85~105).

신채호 · 박은식 · 장지연 등에게 영향을 주었던 양계초는 조선은 국왕에서부터 정부 관료 그리고 백성에 이르기까지 망국의 길을 자초했다고 평가했다. 그리고 중국인들에게 조선을 반면교사(反面教師) 삼아 대오 각성을 촉구했다.

마치면서

1897년 10월에 탄생한 대한제국은 일본과 러시아의 세력 균형 속에서 자주독립과 근대 국민국가를 수립할 마지막 기회였다. 하지만 대한제국은 탄생 13년만인 1910년 8월에 망했다.

역사에는 가정법이 없다지만 1894년 4월 하순에 전봉준이 이끄는 동학농민군이 전주성을 점령했을 때, 고종이 전봉준을 직접 만나 설득을 하고, 청나라에 원병을 요청 안 했다면 청일전쟁은 일어나지 않았을 것이다.

1898년 12월에 고종황제가 독립협회를 강제 해산하지 않고 중추원에 의회 기능을 부여했더라면 대한제국은 근대적 국민국가로 거듭날 수 있었을 것이다.

하지만 고종은 그리하지 않았다. 고종은 절대군주였고, 신민(臣民)은 오직 복종과 착취의 대상이었다.

국제관계도 고종은 아관파천 이후 러시아를 짝사랑하면서 이이제이(以夷制夷)로 10여 년간 일본을 견제했지만, 러일전쟁에서 일본이 이기자 대한제국은 일제의 식민지가 되고 말았다.

대한제국이 망한 것은 크게 보아 국내 문제와 국제관계로 볼 수 있다.

국내 문제는 '견제 없는 절대 권력' 때문이었다. 암군(暗君) · 혼군(昏君)으로 평가되는 전제군주 고종은 부패하고 무능했다.

1887년 4월 5일, '해가 지지 않는 나라 대영제국'을 이룬 빅토리아 여왕(1819~1901, 재위 1837-1901)시절에 살았던 액턴 경(1834~1902)은 "권력은 부패하며, 절대권력은 절대적으로 부패한다."라고 말했다. 자유당

당수를 지냈고, 수상을 4차례나 역임한 글래드스턴(1809~1898)은 "부패는 망국의 지름길이다."라고 역설했다.

국제 문제는 '코리아 패싱'이다. 1895년 시모노세키조약, 1896년 베베르-고무라 각서 등 여러 번의 러일협정, 그리고 1902년 제1차 영일동맹과 1905년 가쓰라-태프트 조약과 제2차 영일동맹 그리고 포스머츠 조약에서 조선은 번번이 패싱 당했다.

고종이 고작 한 일은 한반도 중립화 선언이었지만 자강(自强) 없는 선언은 국제적 웃음거리였다. 여담이지만 1945년 8월 15일에 한국은 해방되었지만 곧 미소 열강에 의해 남북이 분단되고 말았고 아직도 통일은 머나 먼 길이다.

부록

대한제국 연표

• 1894년(고종 31년)

1.10 (음력) 고부농민봉기
4.27 동학군, 전주성 점령
6.21 일본군 경복궁 점령
6.23 풍도해전
7.1 (양력 8.1) 청일전쟁 선전포고

• 1895년(고종 32년)

2.12 일본, 청나라 북양함대 궤멸시킴
3.29 전봉준을 교형에 처함
4.17 (양력) 시모노세키 조약
4.23 (양력) 러시아 · 독일 · 프랑스 3국 간섭
8.20 (양력 10.8) 을미사변(민왕후 시해당함)
8.22 민왕후, 폐서인 되다.
10.11 (양력 11.27) 춘생문 사건(미국공사관 피신 미수)
11.15 단발령

• 1896년(고종 33년)

1.1 태양력 사용(1896년 이후는 양력)
2.11 고종, 아관파천
4.7 서재필, 독립신문 창간
5.26 민영환, 니콜라이 2세 대관식 참석(모스크바)
11.21 독립협회, 독립문 기공식

• 1897년(고종 34년)

2.20　고종, 러시아 공사관에서 경운궁(지금의 덕수궁)으로 환궁
8.14　연호를 광무로 정함
10.12 대한제국 탄생
11.22 명성황후 국장(國葬)

• 1898년(고종 35년)

3.10　만민공동회 개최
3.23　러시아 군사교관과 재정고문 철수
4.25　로젠-니시 협정
9.11　김홍륙 독다 사건
10.29 관민공동회
12.25 독립협회 강제 해산

• 1899년(고종 36년)

5.17　전차 개통식
8.17　대한국 국제 반포

• 1900년(고종 37년)

3.30　마산포 조차. 한러협정 체결

• 1901년(고종 38년)

1.7　주일 러시아 공사 이즈볼스키, 한반도 중립안 제의
5월　제주민란 (일명 이재수의 난)

• 1902년(고종 39년)

1.30　제1차 영일동맹
6.3　서경(西京) 공사 시작

- 1903년(고종 40년)

4.15 군함 양무호 제물포에 입항
4.21 러시아, 용암포 점령
가을 고종 즉위 40주년 경축식 무산
11.8 서경의 태극전과 중화전 완성

- 1904년(고종 41년)

1.21 대한제국 전시중립선언 발표
2.8 러일전쟁 개전
2.23 한일의정서 체결
4.14 경운궁에 큰 화재
5.21 고종, 염근공신 칙유
7.15 중추원 의관 안종덕 상소
8.22 고문 용병협약(제1차 한일협약)체결
9.2 의정부 참정 신기선 상소

- 1905년(고종 42년)

1.1 일본, 뤼순 점령
3.10 일본, 봉천 점령
5.27-28 쓰시마 해전(일본, 발트 함대 궤멸시킴)
7.29 가쓰라-태프트 밀약
8.4 이승만, 미국에서 루스벨트 대통령 면담
8.12 제2차 영일동맹 성립
9.5 포츠머스 강화조약 체결(러일전쟁 종식)
11.6 일진회, 보호조약 찬성선언서 발표
11.9 이토 히로부미 내한
11.15 고종과 이토 히로부미 독대
11.17 을사늑약(제2차 한일협약) 체결

11.20 장지연, 「황성신문」에 '시일야방성대곡'을 게재.
11.30 민영환 자결
12.1 조병세 음독자살

• 1906년(고종 44년)
2.1 통감부 설치
3.2 초대 총감 이토 히로부미 부임

• 1907년(순종 즉위년)
2월 국채보상운동 시작
5.22 이완용 내각 성립
6.27 헤이그 특사, 각국 대표에게 보내는 탄원서 발표
7.8 이위종, 신문 기자단 국제협회에서 '한국을 위한 호소' 연설
7.14 헤이그 특사 이준 사망
7.19 고종 황제 퇴위
7.24 정미 7조약(제3차 한일 협약) 체결
7.31 군대 해산

• 1909년(순종 2년)
6.14 소네 아라스케 2대 통감에 취임
7.6 일본, 대한제국 병합 건 확정
10.26 안중근, 하얼빈에서 이토 히로부미 사살
12.4 일진회 합방성명서 발표
12.7 이완용 내각, 일진회 합방 청원서 각하

• 1910년(순종 3년)
3.26 안중근 사형집행

7.23 데라우치 3대 통감 서울에 도착
8.22 한일병합 조약 체결
8.29 한일병합 조약 공포(망국)

• 1919년

1.21 고종, 덕수궁 함녕전에서 승하
3.1 3.1운동, 고종 인산일
4월 상해 임시정부 '민주공화제 대한민국' 선포

참고문헌

- 가와시마 신 지음 · 천성림 옮김, 중국근현대사 2 근대국가의 모색 1894 - 1925, 삼천리, 2013
- 가토 요코 지음 · 박영준 옮김, 근대일본의 전쟁 논리, 태학사, 2003
- 가토 요코 지음 · 윤현명 · 이승혁 옮김, 그럼에도 일본은 전쟁을 선택했다, 서해문집, 2018
- 강동국 외 5인, 일본, 한국을 상상하다, 선인, 2021
- 강준만 지음, 한국 근대사 산책 1, 2, 3, 4권, 인물과 사상사, 2007
- 게일 지음 · 신복룡 역주, 전환기의 조선, 집문당, 2019
- 곤도 시로스케 지음 · 이언숙 옮김, 대한제국 황실 비사, 이마고, 2007
- 교과서 포럼 지음, 한국 근 · 현대사, 도서출판 기파랑, 2008
- 구태훈 지음, 일본제국, 일어나다. 재팬리서치 21, 2010
- 국사편찬위원회, 한국사 데이터베이스, 주한일본공사관기록 통감부 문서 등
- 국사편찬위원회, 조선왕조실록 포털사이트
- 국사편찬위원회, 한국사 37, 38, 39, 41,42, 43, 44 탐구당, 2003
- 기획 김홍식 · 해설 김성희 · 편집 김영선, 1면으로 보는 근현대사, 서해문집, 2009
- 김기협 지음, 망국의 역사, 조선을 읽다, 돌베개, 2010
- 김동진 지음, 파란 눈의 한국 혼 헐버트, 참 좋은 친구, 2010
- 김삼웅, 보재 이상설 평전, 채륜, 2016
- 김세곤, 부패에서 청렴으로, 온새미로, 2016
- 김영수 지음, 명성황후 최후의 날, 말글빛냄, 2014
- 김용삼 지음, 지금, 천천히 고종을 읽는 이유, 백년동안, 2020
- 김태웅 · 김대호 지음, 한국 근대사를 꿰뚫는 질문 29, 아르테, 2019
- 김희영 지음, 이야기 중국사 3, 청아출판사, 2006

• 딕키 · 도헤티 · 제스티스등 지음 · 한창호 옮김, 해전의 모든 것, 휴먼앤북스, 2010
• 량치차오 지음 · 최영욱 옮김, 량치차오, 조선의 망국을 기록하다, 글항아리, 2014
• 매켄지 지음 · 신복룡 역주, 대한제국의 비극/한국의 독립운동, 집문당, 2019
• 박민영 지음, 이상설 평전-독립운동의 대부, 신서원, 2020
• 박시백 지음, 박시백의 조선왕조실록 18,19,20, 휴머니스트, 2015
• 박은식 지음 · 김승일 옮김, 한국통사, 범우사, 1999
• 박은식 지음, 한국통사, 동서문화사, 1987
• 박종인 지음, 매국노 고종, 와이즈맵, 2020
• 박찬승 외 편, 한국근현대사를 읽는다. 경인문화사, 2010
• 백성현 · 이한우 지음, 파란 눈에 비친 하얀 조선, 새날, 2006
• 백영서 · 박훈 · 히로시 지음, 동아시아 근대 이행의 세 갈래, 창비, 2009
• 비숍 지음 · 신복룡 역주, 조선과 그 이웃 나라들, 집문당, 2019
• 샌즈 지음 · 신복룡 역주, 조선비망록, 집문당, 2019
• 서영희 지음, 일제 침략과 대한제국의 종말, 역사비평사, 2019
• 시바 료타로 지음 · 박재희 옮김, 대망 36 언덕 위 구름, 동서문화사, 1979
• 신동준 지음, 인물로 읽는 중국 근대사, 에버리치홀딩스, 2010
• 신명호 지음, 고종과 메이지의 시대, 역사의 아침, 2014
• 신복룡, 이방인이 본 조선 다시 읽기, 풀빛, 2002
• 신복룡, 을사늑약 117년에 생각나는 사람들, 월간 순국 2022.11
• 신채호,박은식 지음 · 윤재영 옮김, 조선상고사 한국통사, 동서문화사, 2012
• 안중근 저, 안중근 의사 자서전, 범우사, 2000
• 안중근 의사 기념관 · 국가보훈처 공동발행, 민족의 영웅 안중근 의사

- 알렌 지음 · 김원모 옮김, 알렌의 일기, 단국대학교 출판부, 1991
- 알렌 지음 · 신복룡 역주, 조선견문기, 집문당, 2019
- 와다 하루키 저 · 이경희 역, 러일전쟁과 대한제국, 제이엔씨, 2011
- 연갑수 · 주진오 · 도면회, 한국 근대사 I-국민국가 수립 운동과 좌절, 푸른 역사, 2016
- 윌리엄 위어 지음 · 이덕열 옮김, 세상을 바꾼 전쟁, 시아출판사, 2009
- 윤덕한 지음, 이완용 평전, 도서출판 길, 2012
- 윤재운 · 장희홍 지음, 한국사를 움직인 100인, 청아출판사, 2010
- 윤효정 지음 · 박광희 편역, 대한제국아 망해라, 다산북스, 2010
- 이덕일 지음, 근대를 말하다, 역사의 아침, 2012
- 이매뉴얼 C. Y. 쉬 · 조윤수, 서정희 옮김, 근 · 현대 중국사 (하권), 까치, 2013
- 이상각 지음, 이경 고종황제, 추수밭, 2008
- 이성환, 러일전쟁, 살림출판사, 2021
- 이순우 지음, 정동과 각국 공사관, 하늘재, 2012
- 이순우 지음, 손탁호텔, 하늘재, 2012
- 이승우 지음, 시베리아의 별, 이위종, 김영사, 2019
- 이윤섭 지음, 다시 쓰는 한국 근대사, 평단, 2009
- 이이화 지음, 한국사 이야기 17,18,19, 한길사, 2015
- 이종각 지음, 미야모토 소위, 명성황후를 찌르다. 메디치, 2015
- 장영숙 지음, 망국의 군주, 개혁군주의 이중성,역사공간, 2020
- 장영숙 지음, 고종 44년의 비원, 너머북스, 2010
- 정성화 외, 러일전쟁과 동북아의 변화, 선인, 2005
- 정승교 지음, 미래를 여는 한국의 역사 4, 2011
- 제임스 블래들리 지음 · 송정애 옮김, 임페리얼 크루즈, 프리뷰, 2010
- 진실과 미래, 국치100년 사업공동추진위원회, 100년 전의 한국사, 휴머니스트, 2010
- 최덕수 지음, 근대조선과 세계, 열린 책들, 2021

• 최문형 지음, 한국을 둘러싼 제국주의 열강의 각축, 지식산업사, 2001
• 최문형 지음, 러일전쟁과 일본의 한국 병합, 지식산업사, 2004
• 최문형 지음, 명성황후 시해의 진실을 밝힌다, 지식산업사, 2006
• 최문형 지음, 러시아의 남하와 일본의 한국 침략, 지식산업사, 2007
• 쿠로파트킨 지음 · 심국웅 옮김, 러일전쟁, 한국외국어대학교출판부, 2007
• 하라다 게이이치 지음 · 최석완 옮김, 청일 · 러일전쟁, 어문학사, 2013
• 하지연, 기쿠치 겐조, 한국사를 유린하다, 새해문집, 2015
• 한국고전번역원 인터넷 사이트, 한국고전종합 DB
• 한국근현대사학회 엮음, 한국근현대사강의, 한울, 2013
• 한중일 3국 공동역사편찬위원회 지음, 한중일이 함께 쓴 동아시아 근현대사 1, 휴머니스트, 2012
• 함규진 지음, 조약의 세계사, 미래의 창, 2014
• 함규진 지음, 한국인이 알아야 할 조선의 마지막 왕 고종, 자음과 모음, 2015
• 홍문숙 · 홍정숙 엮음, 중국사를 움직인 100대 사건, 청아출판사, 2013
• 황현 지음 · 허경진 옮김, 매천야록, 서해문집, 2006
• 황현 지음 임형택 외 옮김, 역주 매천야록 상, 하, 문학과 지성사, 2005
• KBS 역사저널 그날 제작팀, 역사저널 그날 8권 순조에서 순종까지, 민음사, 2017